应用文写作实训教程

主 编 祝子媛
副主编 何玲玲 毛 玉
　　　 柯 田 刘萍萍

东南大学出版社
SOUTHEAST UNIVERSITY PRESS
南京

图书在版编目(CIP)数据

应用文写作实训教程 / 祝子媛主编. -- 南京：东南大学出版社, 2024.9. -- ISBN 978-7-5766-1574-6

Ⅰ. H152.3

中国国家版本馆 CIP 数据核字第 2024ZG3983 号

责任编辑：褚　婧　　责任校对：子雪莲　　封面设计：毕　真　　责任印制：周荣虎

应用文写作实训教程

主　　编：祝子媛
出版发行：东南大学出版社
出 版 人：白云飞
社　　址：南京市四牌楼 2 号　邮编：210096　电话：025-83793330
网　　址：http://www.seupress.com
经　　销：全国各地新华书店
排　　版：南京布克文化发展有限公司
印　　刷：常州市武进第三印刷有限公司
开　　本：787 mm×1092 mm　1/16
印　　张：14.25
字　　数：320 千
版 印 次：2024 年 9 月第 1 版第 1 次印刷
书　　号：ISBN 978-7-5766-1574-6
定　　价：49.80 元

本社图书如有印装质量问题，请直接与营销部联系(电话：025-83791830)

前　言

在这个信息爆炸、交流频繁的现代社会，优秀的应用文写作能力已经成为衡量个人综合素质和专业竞争力的重要标准。特别是在当前全球化和数字化背景下，无论是商务交流、学术研究还是日常沟通，高效、准确、得体的应用文撰写能力都显得尤为重要。它能够帮助我们更加高效地传递信息、处理事务、解决问题，乃至于建立和维护人际关系。因此，良好的应用文写作能力，不仅能帮助学习者在学术道路上更加顺利，也是他们步入社会、融入职场的必备技能，更是他们终身学习和持续发展的必要条件。

为了适应高等职业教育的特点和实际需求，强化职业能力培养，顺应当今多元化发展趋势，我们编写了《应用文写作实训教程》一书，旨在帮助读者特别是高职院校的学生，系统学习和掌握各类应用文的写作方法与技巧，引导读者从实际应用的角度出发，深入理解不同类型应用文的格式规范、语言风格及其背后的沟通逻辑，从而有效提升应用文写作的能力。

作为高职院校公共基础课（综合素质课）之一的应用文写作课程，一直肩负着提升大学生职业素养的使命。掌握应用文写作能力意味着能够更高效地进行信息交换，更准确地表达自己的观点和需求，更有效地与他人建立联系和合作。这不仅对个人的职业发展有着深远的影响，也为社会的良性运行提供了润滑剂，促进了信息的流通和知识的传播。

本教材依据课程特点，以培养学生应用文写作能力、提升应用文写作思维能力为目标，全书按理论基础、职场通用应用文、专业应用文、党政机关公文四大模块，设计二十七个写作任务近百篇例文。本教材的基本框架是：以"情境导入"激发学习兴趣，以"知识梳理"打好理论基础，以"范文评析"开展写作指导，以"注意事项"强调写作要求，以"写作实训"强化写作练习，以"知识链接"进行能力拓展。

本教材坚持注重理论的系统性，突出文体的实用性、案例的丰富性和实践的可操作性，并力求理论学习与实践练习的有机结合。在编写过程中，突出了以下几个特色：

1. 精选文种，突出实用性

本教材力求做到"三个服务"（服务专业、服务职业、服务学生可持续发展）。在文种选择上，注重学生的日常文体写作需要和将来就业的写作需求，所选的都是使用频率较高、实用性较强的文种；在内容编写上，适应高职高专人才培养特点，突出应用性和针对性，力求以实践教学缩短学生与未来工作岗位的距离。

2. 精心设计，增加趣味性

写作的枯燥和乏味容易让学生产生畏难情绪，与此同时，还有很多人意识不到写作对于职业发展的重要作用。因此，本教材设置了"情境导入"，以职场情境增强代入感，让学生能够体会并感知写作的重要性和趣味性，从而提高学习的积极性。

3. 强化实训，提升应用性

本教材适当精简理论部分，增加"范文评析"和"写作实训"。所选范文丰富多样、指导性强，"写作实训"切合实际、针对性强。这两个部分结合理论基础能更好地使读者融会贯通。

本教材由湖北工业职业技术学院祝子媛主编，何玲玲、毛玉、柯田、刘萍萍老师担任副主编。在编写过程中，我们参阅了不少相关资料，尤其是范文部分，大都保持原文并注明了出处，在此特向这些文章的作者致以最诚挚的谢意！本教材所有的参编人员都是高校专业教学的骨干教师，但由于时间有限以及自身知识水平的不足，疏漏之处在所难免，恳请读者批评指正。

最后，我们衷心地希望通过本教材的学习，读者能够激发学习兴趣，提升应用文写作的实战能力，不仅掌握写作技巧，更重要的是培养逻辑思维能力、语言表达能力和解决问题的能力，将来在职场中乘风破浪，拥有出色的表现。愿每一位读者都能通过本书，开启一段精彩的应用文写作之旅。

编者

2024 年 8 月

目 录

模块一　理论基础 ……………………………………………………… 001
　　任务一　掌握应用文写作基础 ………………………………………… 003

模块二　职场通用应用文 ……………………………………………… 013
　　任务二　撰写条据 ……………………………………………………… 015
　　任务三　撰写求职信 …………………………………………………… 020
　　任务四　撰写个人简历 ………………………………………………… 029
　　任务五　撰写竞聘词 …………………………………………………… 033
　　任务六　撰写会议记录 ………………………………………………… 040
　　任务七　撰写申请书 …………………………………………………… 047
　　任务八　制订计划 ……………………………………………………… 052
　　任务九　撰写活动策划书 ……………………………………………… 059
　　任务十　撰写总结 ……………………………………………………… 067
　　任务十一　制定规章制度 ……………………………………………… 078

模块三　专业应用文 …………………………………………………… 091
　　任务十二　撰写广告文案 ……………………………………………… 093
　　任务十三　撰写商品说明书 …………………………………………… 101
　　任务十四　撰写设计说明书 …………………………………………… 109
　　任务十五　撰写市场调查报告 ………………………………………… 118
　　任务十六　撰写招标书 ………………………………………………… 128
　　任务十七　撰写投标书 ………………………………………………… 136
　　任务十八　撰写导游词 ………………………………………………… 142
　　任务十九　撰写旅游线路规划 ………………………………………… 149
　　任务二十　撰写实验报告 ……………………………………………… 156
　　任务二十一　撰写合同 ………………………………………………… 163
　　任务二十二　撰写财务年度报告 ……………………………………… 175

任务二十三　撰写新闻稿…………………………………………………… 184

模块四　党政机关公文………………………………………………………… 193
　　任务二十四　撰写请示……………………………………………………… 195
　　任务二十五　撰写通知……………………………………………………… 202
　　任务二十六　撰写通报……………………………………………………… 208
　　任务二十七　撰写会议纪要………………………………………………… 215

参考文献……………………………………………………………………………… 222

模块一

理论基础

任务一 掌握应用文写作基础

学习目标
◆ 了解学习应用文写作的重要性
◆ 理解应用文写作的概念和基本特征
◆ 掌握应用文写作的常用方法和语言特征
◆ 提高对应用文写作的兴趣

一、情境导入

《颜氏家训·勉学》中记载了这样一个故事:"博士买驴,书券三纸,未有驴字。"说的是当时有个博士,熟读四书五经,做什么事都要咬文嚼字一番。有一天,博士到市场上买一头驴。双方讲好价后,要写买卖契约。结果博士写了满满三张纸,连个"驴"字也没有。后人形容写文章或讲话废话连篇、不得要领为"博士买驴"或"三纸无驴",也就是所谓"下笔千言,离题万里"。

这是一则关于"博士买驴"的笑话,从这则笑话中我们不难看出应用文写作在社会中的重要性。应用文的使用非常广泛,几乎涉及各个领域。比如,科研单位的人员,需要用学术论文;政府机关指导工作,需要用公文;工商企业经营,需要用合同;打官司,需要用诉状;即使个人生病了,也需要用到请假条。

正如叶圣陶先生所说的那样:"大学毕业生不一定能写小说诗歌,但是一定要能写工作和生活中实用的文章,而且非写得既通顺又扎实不可。"

应用文是任何企事业单位和个人日常工作、生活中不可缺少的一个重要工具。

二、知识梳理

(一) 应用文的概念

1. 应用文的定义

通常所说的应用文,是指党政机关、企事业单位、社会团体以及人民群众在行政管理、社会交往和活动中,用以办理公务以及个人事务、沟通信息、交流情况、表述意愿的、具有惯用格式和直接实用价值的文体总称。

2. 应用文的种类

应用文按照使用领域划分,可分为四大类:党政机关公文、事务文书、专业工作应用文、日常应用文。

(1) 党政机关公文。全称为中国共产党机关和国家行政机关公文。其写作要求比较严格,具有一定的法律效力。2012年,中共中央办公厅、国务院办公厅印发了《党政机关公文处理工作条例》,其中规定了党政机关公文种类有15种,分别是决议、决定、命令(令)、公报、公告、通告、意见、通知、通报、报告、请示、批复、议案、函、纪要,比2000年发布的《国家行政机关公文处理办法》中规定的种类多了决议和公报,并且将"会议纪要"改称"纪要"。

(2) 事务文书。是党政机关、社会团体、企事业单位处理日常事务,用来沟通信息、总结经验、研究问题、指导工作、规范行为的实用性文书。具体包括简报、计划、总结、调查报告、规章制度、介绍信、证明信等。

(3) 专业工作应用文。指在一定的专业部门或者专门的业务活动领域内,因特殊需要而专门形成和使用的应用文。

(4) 日常应用文。简称日常文书,是个人用来处理日常生活事务和表达礼节的应用文。例如:书信、启事、请柬、讣告。

(二) 应用文的特点

应用文以实用为目的,与文学作品相比,在文体特征、写作特点、写作规律、写作方法、社会作用等许多方面大不相同。这里所谈的应用文的特点,主要是就其与文学作品的比较而言的。

1. 实用性

文章的写作都有明确的目的,都是为实现一定的目的而写的。比如文学作品的写作目的是反映社会生活,表达人们的思想感情。应用文写作则不同,它以实用性为出发点和归宿,是人们为实现某种实际效用、达到某种实用目的、解决某个实际问题而运用的一种必不可少的手段、工具。比如写一篇请示,是为了向上级请求批准办理某一事项;写一份财务报告,目的是向上级报告财务收支状况;写一篇广告,是为了向公众宣传某种商品和服务。

2. 规范性

文学作品只有体裁上的区别,而在同一体裁中可以千姿百态、争奇斗艳。在文学创作中,我们反对格式雷同,走程式化道路。但是,应用文恰恰在格式上具有程式化、规范化的特点。按照规范格式进行写作,这是应用文的基本写作要求和最显著的特点。写作格式是应用文必不可少的组成部分。

首先,不同的文种具有不同的写作格式,这种要求不仅有利于区分不同文种,便于应用文的分类和管理，还可以提高工作效率。其次，规范格式本身就带有一定的权威性和严肃性。比如中共中央办公厅和国务院办公厅对国家党政机关公文规定了非常细致严格的格式（包括公文用纸、版面形式等），这些格式从外观上就给人以庄重、严整的印象。再次，相对固定的规范格式有利于应用文的作者根据文章的用途迅速理清自己的思路，确定主题，选择材料，写出符合要求的文书，同时也有利于读者迅速抓住文章的主要精神，理解领会作者的写作意图，贯彻执行，落实工作。

3. 真实性

文学创作可以虚构，文学作品中的人不等于生活原型，故事情节也不都是真实事件，正所谓"艺术来源于生活但是高于生活"。但是应用文是为办事而写的文章，解决实际问题是写作应用文的直接目的。作为解决实际问题的应用文体，它必须如实反映客观现实。因此，和文学作品允许虚构、强调艺术加工的创作要求不一样，材料真实、论据确凿、据实行文是应用文最基本的写作要求。弄虚作假、材料不实不仅不能解决实际问题，反而会误事、坏事，甚至会损害发文单位的公信力。

4. 针对性

针对性指的是应用文的写作意图清楚，作者和受文对象明确，行文目的指向单纯。

文学作品的作者并无限制，只要有能力，谁都可以写；其受文对象也是全民性的，各个阶层、各个年龄阶段的人都能看；其写作意图并不十分明确，多系作者有感而发，所以对于同一部作品，不同的读者就会有不同的理解，所谓"一千个人心中有一千个哈姆雷特"，原因就在于此。而应用文一般来说都有明确的作者和受文对象，如党政公文的作者是法定的作者，党政公文的读者是特定的行文对象。又如请示是写给上级机关的，批复是写给来请示的下级机关和单位的。因而其受众对象往往是受限的，这也要求应用文要根据不同的文种、不同的受众对象选择不同的写作内容和格式。此外，由于应用文是缘事而作的文体，因此在撰文之前，其意图和目的就非常明确，这是不以作者和受文对象的意志为转移的。

5. 时效性

应用文是为解决当下的具体问题服务的，指向明确，因而有很强的时效性。这种时效性表现为制文须及时、发文须迅速，否则会耽误工作。而一旦工作完毕，问题解决，其实用价值一般便不复存在。文学作品则不同，它往往是"十年磨一剑"写出来的，而且经典文学作品经得起时间的考验，如中国的"古典四大名著"、英国的莎士比亚戏剧作品都能够历经时间的考验而流传下来，成为我们代代相传的精神财富。这是两者之间的又一大不同之处。

（三）应用文的作用

1. 交流沟通信息

应用文在人与人之间、单位与单位之间、单位与人之间起着交流沟通、上传下达的不可或缺的作用，为各方的交流沟通合作搭建了一个很好的桥梁。因而，应用文在社会活动中有着不可替代的地位。

2. 宣传贯彻政策

在我国,党和国家的大政方针、决策、措施等都是通过各种应用文(尤其是党政公文、事务文书)层层下达,广泛宣传,进而才能得到贯彻、落实和实施的。这种情况即使是在电子政务已逐渐推广的今天,依然如此。这是因为虽然传播的媒介发生了变化,但应用文的拟写以及通过应用文来传达上级精神的目的依然没有改变。

3. 指导规范行为

用来制定政策、发布法规、指导工作的应用文,在特定范围内对机关、组织以及个人都起着指导和规范的作用。

4. 记录传承历史

许多记录重要社会信息的应用文,在实现现实效能后,还具有史料价值,成为随时备查的历史档案资料,以供后人借鉴和研究。

(四) 应用文的语言

任何文章都需要借助语言才能得以表达,但不同的文体又受制于一定的语体形式。一般来说,文学作品、记叙文运用文艺语体,说明文运用科技语体,议论文运用政论语体,应用文运用事务语体。尽管由于交际语境的纷繁复杂,一定的语体与一定的文体并不完全构成简单的一成不变的对应关系,但是总的来说,应用文对语体的要求更加严格和规范,它所遵循的语言规律和准则形成了这种文体独特的表达方式。具体来说,应用文语言的基本要求:明确、简洁、平实、得体。

1. 明确

应用文具有很强的现实针对性,直接作用于人们的实际需要,并且一经传达便即时对现实发生作用,即产生现实的约束力,这就要求我们在语言表达中充分遵循明白准确的原则。我们可以从以下两个方面来实现这一要求:

(1) 具备正确的指导思想,准确把握有关的方针政策、法律法规,切实做到文章中的每一个事实、细节和数据都准确无误。比如,在制定2023年湖北省普通高校招生主要政策规定时,湖北省教育厅需要参照上级教育管理部门的相关政策,并在此基础上拟定条款,对招生时间、地点和办法做出详细介绍,对报名、考试、评卷、录取等各个环节做出明确规定,其中每一个步骤都要做到科学、认真、细致,只有这样才能避免信息误导,有效地落实政策。

(2) 仔细辨析词语的性质、范围、程度和表述对象,避免语法、逻辑、文字和标点等的错误,从而做到用词准确、语意完整。在应用文撰写过程中,一字之差或是一个简单的标点符号的错误使用,就可能导致严重的后果。比如,"订金"不同于"定金",购买汽车和商品房时预付"订金",不能写成"定金",因为如果将来交易不成,"定金"是不能退还的。再比如,在某供应合同中,付款条款对付款期的表述是"货到全付款",而该供应是分批进行的,在合同执行中,供应方认为,合同解释为"货到,全付款",即只要第一批货到,购买方即

"全付款";而购买方认为,合同解释应为"货到全,付款",即货全到后,再付款。从字面上看,这两种解释都可以,这就难免双方各持己见,争执不已,终至对簿公堂。可见,应用文的明确性要求是从每个词语的使用开始的。

2. 简洁

简洁即要求语言有张力,要以最简练的文字直陈语意,做到"文约而事丰"。应用文要求高效、迅速地传递信息,处理公私事务,因此,它的语言除了准确之外,还应做到简洁畅达、精练明快,使读者能够迅速、正确地获取信息,理解主旨。为此,我们可以从以下几个方面入手:

(1) 句式上多使用陈述句和祈使句,以使行文严肃、简约。在说明事务、陈述事实的行文中,我们可以用陈述句来明确主旨;在表达请求、命令、禁止的语气时,我们可以用祈使句来强化主旨。比如,在科研类文书中,有人将多媒体技术解释为:"多媒体技术就是把声、图、文、视频等多种媒体信息通过计算机集成在一起的技术。"这种运用陈述句下定义的方式,就使我们能够清晰地把握多媒体技术的主要特点。在党政公文类的写作中,祈使句使用频率更高,比如"以上报告,如无不妥,请批转各地区各部门执行""严禁国家工作人员搞权钱交易"等。

(2) 句式上常用变式句,如无主句、倒装句等,从而使行文简洁有力。比如在2006年国务院公报《中共中央关于构建社会主义和谐社会若干重大问题的决定》中对构建社会主义和谐社会提出了六项原则:"必须坚持以人为本。始终把最广大人民的根本利益作为党和国家一切工作的出发点和落脚点……""必须坚持科学发展。切实抓好发展这个党执政兴国的第一要务……""必须坚持改革开放。坚持社会主义市场经济的改革方向,适应社会发展要求……""必须坚持民主法治。加强社会主义民主政治建设,发展社会主义民主……""必须坚持正确处理改革发展稳定的关系。把改革的力度、发展的速度和社会可承受的程度统一起来……""必须坚持在党的领导下全社会共同建设。坚持科学执政、民主执政、依法执政……"这六个"必须"句式都统一采取了无主句的方式,但并不影响整个语意表达的准确性,反而使行文更加庄重严肃。

(3) 正确使用简称和缩略语。简称和缩略语是人们在实际工作中经过长期加工提炼,约定俗成的语言。因为它随现实需要应运而生,又取得了广泛的社会认同,所以具有简便实用的功效。比如"人大""中共中央""海协会"等简称以及"八荣八耻""一国两制""创文""三农""两步走"等缩略语都经常出现在应用文中,这样也能使应用文简洁明了。

(4) 适当使用文言词汇。应用文的应用历史悠长,文言词汇在使用过程中,传承下来一些精练的语汇,比如"以上意见妥否,请批示""承蒙贵公司大力支持,特表谢意""希予接洽为荷"等句子中的"妥否""承蒙""为荷",它们在现代写作中运用起来,既使文章更加庄重大方,又体现了应用文简洁晓畅的特点,因而仍然具有生命力。

(5) 广泛使用专业性强的固定词汇。应用文在长期社会实践中逐渐形成了一套比较稳定的专业惯用词语,这些词汇能够将相对模式化的内容表现得更加简明扼要、条理清楚,所以在写作过程中应多加使用。

为方便记忆,特做如下总结:

称谓用语,用来称己方和对方。如:本、贵、该,等等。

领叙用语,用来引出所叙事情的依据。如:据、根据、依照、按照、本着(……的原则)、查、鉴于、据悉、为了……特……、现……如下,等等。

补叙用语,用于对上文的叙述做补充说明。如:另、再,等等。

经办用语,用来引出对事情过程的叙述和说明。如:经、业经、前经、并经,等等。

承转用语,用来作为过渡,或对上文进行总结,或对自己的观点进行阐述。如:为此、故此、据此、综上所述、总而言之、有鉴于此、由此可见,等等。

请示用语,用来提出请求或希望。如:祈请、拟请、恳请、烦、希、希即、希予、尚祈、务盼、切盼,等等。

征询用语,用来征询意见或期望对方予以答复。如:妥否、当否、能否、是否可行,等等。

受事用语,为表示感激承受而使用。如:蒙、承蒙、荷、是荷(这里表示感谢的意思)、为荷,等等。

感盼用语。如:深表谢意、以……为感(用于平行文)、以……为盼、切盼,等等。

判断用语。如:系、确系、果系、纯系,等等。

令知用语。如:责令、责成、务必、严禁、不得,等等。

告诫用语。如:不得有误、毋违、切切,等等。

见解用语。如:应、理应、确应、应予、应将、应以、均应、本应、准予、特予、不予、同意、不同意、我们认为、以为、可行、宜,等等。

时态用语。如:兹、顷、业经、嗣后、即、即日、不时、届时、值此、逾期、亟待、俟,等等。

目的用语。如:特此、以资鼓励、以利、以便,等等。

报送用语。如:呈请、呈报、呈送、呈上、报送、送达,等等。

颁行用语。如:颁发、公布、下达、批转、转发、执行、遵照执行、认真贯彻执行、参照执行、暂行、试行,等等。

核查用语。如:审核、审定、审议、核发、核销、查询、查收、备查,等等。

结尾用语(命令)。如:此令、毋违、以上命令由……执行、自……起施行、不得有误,等等。

结尾用语(决定)。如:自……起实行、特此决定,等等。

结尾用语(请示)。如:当否、请批复、请批复为盼、请审批,等等。

结尾用语(报告)。如:特此报告、请批示,等等。

结尾用语(函)。如:特此函告、特此函复、此复、请即见复为盼、请示复、……为盼、……为荷、此致、谨致谢忱,等等。

3. 平实

一般来说,除了演讲稿、广告文案、书信等具有一定个性化特征的文种外,绝大多数应用文都追求平易近人、质朴无华的表达效果,以便直接告诉人们做什么、怎么做。为此,我们应注意以下几点：

(1) 实事求是，不说空话，不讲大话，不滥用溢美之词。

(2) 直陈其意，不绕弯子，不故作艰深，不追求华丽的辞藻和奇巧的形式。

(3) 注重论述，不随意使用描写、抒情等表达方式，不滥用夸张、拟人等修辞手法。

4. 得体

得体是指语言得当、恰如其分，即根据不同的内容、不同的目的、不同的对象选择相应的用语。譬如就行文对象而言，上行文的用词要谦和而不阿谀奉承，常用"请""恳请""拟请""特请"等词，结尾收束常用"当否，请指示""如无不当，请批转""如无不妥，请批准""特此报告""以上报告，请审核"等；下行文的用词要郑重严肃，要关爱下级而不简单粗暴，常用"希""望""尚望""请""希予"等词，结尾收束常用"为要""为宜""为妥""希遵照执行""特此通知""此复""现予公布"等词；平行文的用词要以诚相见，相互尊重，常用"请""拟请""特请""务请""如蒙"等词，而表示结尾收束常用"此致敬礼""为盼""为荷""特此函达""特此证明""尚望函复"等词语。

就不同的文种而言，语言的使用也有相应的讲究。公告、通告的语言要深入浅出；商业广告的语言则要生动活泼，灵活多变；报喜、祝捷、祝贺、感谢信、慰问信等事务和日常文书使用的语言应当热烈、欢快、真挚……因此，运用语言要因体而异，合理选择，做到恰当得体。

(五) 学习应用文的重要性和方法

1. 学习应用文的重要性

美国未来学家约翰·奈斯比特在《大趋势——改变我们生活的十个新方向》一书中曾经有过这样的论述："在这个文字密集的社会里，我们比以往任何时候都更需要具备最基本的读写技能。"足以应付日常工作和生活所需的写作能力，就是应用文写作能力。

随着社会的进步和信息技术的发展，伴随着人们日常联系的日趋密切，应用文的应用也越来越广泛。在大学学习时，我们需要制订学习计划、撰写学习总结、实验报告和请假条等，临近毕业时我们需要撰写求职信、个人简历等；将来在单位工作时，我们需要撰写通知、请示，制定规章制度，写作市场预测报告、调查报告、新闻稿等。但通过调查我们发现，虽然大多数人对应用文有所认识，但了解、掌握的程度并不理想。大学毕业生不会写个人简历、求职信，参加公务员考试的考生不熟悉国家机关公文的基本格式等，这样的例子在我们身边并不罕见。

应用文的写作有其自身的表达方式和文体格式规范。应用文写作作为一门综合性很强的基础课程，它介绍应用文体的主要文种及格式规范，讲授其基本的写作方法和技巧，并结合例文加以评析，以达到提高学习者写作应用文的能力的目的。对于当代大学生来说，这是一种非常重要而且十分必要的学习和训练。

2. 学习应用文的方法

(1) 端正认识，树立正确的学习态度。

态度决定行为。很多人认为应用文写作是"小儿科""雕虫小技"，不像写文学作品那样容易出名;还有人认为应用文文种多而杂,格式上生硬无变化,既难写又枯燥乏味,不像写文学作品那样可以创造、可以虚构。这两种看法对学好应用文写作是极为不利的,必须纠正。应用文写作不是"小儿科"和"雕虫小技"。文体之间绝无高下尊卑之分,而是各负使命。不管是应用文还是文学作品及其他,只要写得好,都是有意义、有价值的。写应用文确实有一定的难度,但应用文规范化的格式从某种意义上说更便于初学者模仿借鉴,掌握其写作的基本规律。因此,写应用文比写其他体裁的文章入门快,进步更明显。只要方法得当,反复训练,是完全可以写好应用文的。

(2) 熟悉方针政策。

应用文写作是为现实生活和各项工作服务的,不了解有关的方针政策,不熟悉有关的法律规定,就不可能写好应用文。只有努力学习,积极钻研党和国家的方针政策,不断提高写作水平,才能以正确的立场、观点、方法分析问题并解决问题,推动各项工作的顺利进行。

(3) 勤于学习,扩大信息储存量。

写作的过程是作者处理信息的过程。其过程是:信息输入—信息加工—信息输出。

储存的信息是应用文写作的前提。储存的信息量愈大,写作应用文就愈容易。写作信息包括自然信息、社会信息和语言信息。撰写应用文的作者,应从实际出发,尽可能多地储存信息。撰写自然科学类的应用文,储存的自然信息量愈大,就愈容易正确认识并表述自然规律。撰写社会生活类的应用文,就要多方面储存社会生活的信息,如写经济类文书,就要储存丰富的经济管理信息。涉及现代经济管理内容的写作,离开了对信息源的开发、利用,是寸步难行的。语言信息也非常重要,如果词汇贫乏,找不到充分表情达意的语句,也不可能写好应用文。收集储存信息的途径很多,但最重要的有两条:一是深入实际,调查研究;二是阅读报刊图书,间接取得并储存信息。

(4) 注重应用文写作的基本功训练。

写作是一项综合性、实践性很强的劳动,一般人没有一定的写作基本功是难以胜任的。搜集材料、提炼观点、选取材料、安排结构、锤炼语言、起草修改以及根据目的、内容采取叙述、议论、说明等方法,都是应用文写作的基本功。练好这些基本功要靠长期训练。一是认真学习、了解教材中介绍的各类应用文的基础知识,熟悉和掌握它们的格式和写作方法。二是学习、借鉴他人的写法,在此基础上进行拟写。三是结合实际进行实践训练。比如,既可结合班级、学校开展的各项活动和个人生活与学习的实际需要,也可利用社会实践活动等各种途径,进行有针对性的写作训练。四是勤于修改。好文章是改出来的,即使是较简短的应用文也要修改,决不能马虎。对于重要的或篇幅较长的应用文,应反复、全方位地修改,包括主题的确定、材料的选用、结构的安排、语言的表述、文种的选用及其格式等方面的审核。最后还有一点也是非常重要的,在科技迅速发展的今天,计算机已进入办公室和家庭,运用计算机写作也逐步变成不可或缺的一种能力,同学们应时常进行应用文写作的上机操作训练,以适应时代的要求。

总之,只要我们从思想上深刻认识学写应用文的重要性,从行动上不断提高自身各方面的素养,注意积累,加强练习,一定能写出符合需要的高质量的应用文。

【思考】

怎样培养对应用文写作课程的兴趣？

知识链接

应用文撰写规范（数字、标点符号）

1. 阿拉伯数字的使用规范

一般来讲，凡是可以使用阿拉伯数字而且又很得体的地方，特别是当所表示的数字比较精确时，均应使用阿拉伯数字。遇特殊情况，可以灵活变通，但全篇体例应相对统一。以下情况考虑使用阿拉伯数字：

（1）统计表中的数值，如正负整数、小数、百分比、分数、比例等，必须使用阿拉伯数字。如：28、0.5、20％、3/5、5∶8等。

（2）表示长度、质量、时间、电流、热力学温度、物质的量等物理量值，通常使用阿拉伯数字。如10千米、500克、37℃等。

（3）日常生活中使用的一般量值，通常情况下应当使用阿拉伯数字。

（4）代码、代号和序号、番号以及文件编号、证件号码和其他序号，必须使用阿拉伯数字。如8341部队、中发〔2016〕1号等。

2. 汉字数字的使用规范

汉字数字在应用文写作中也有严格的规定：

（1）定型的词、词组、成语、惯用语、缩略语或具有修辞色彩的词语作为语素的数字必须使用汉字数字。比如：四书五经、四通八达、五四运动、第一学年等。

（2）中国干支纪年、农历月日必须使用汉字数字。如：甲子年三月、八月十五中秋节等。

（3）星期几必须采用汉字的数字。如：星期一。

（4）相邻的两个数并列连用表示概数，必须使用汉字数字，并且连用的两个数字之间不得用顿号隔开。如：一两个小时、三四次、四十五六岁等。

3. 标点符号的规范使用

公文中标点符号的使用应严格按照《标点符号用法》(GB/T 15834—2011)的规定执行。另外要提醒大家注意以下几点：

（1）文件中独立成行的小标题末尾一般不用句号。

（2）完整引文的句号应该标在双引号内侧（"……。"），部分引文的句号应该标在双引号外侧（"……"。）。

（3）数字和拉丁字母作序号时，后面的标点符号应使用实心圆点"."。如：

规范：1. 2. 3.

不规范：1、 2、 3、

（4）加了括号的序号，不再加标点符号。如：

规范：（一）（二）（三）

不规范：（一）、不规范（二）、不规范（三）、

模块二

职场通用应用文

任务二 │ 撰写条据

学习目标
◆ 掌握条据的基本格式
◆ 掌握条据的主要内容及写作重点
◆ 培养学生的规范意识和基本的法律意识
◆ 精讲多练,培养学生自主学习能力
◆ 写作能力与口头汇报能力相结合,培养综合素质

一、情境导入

在生活中,同学们可能会因各种情况而需要向亲朋好友借钱或借物,这时对方往往会让我们写一份借条作为归还钱财或物品的凭证。写借条原本是一件普通而常见的事情,可是由于很多人在书写过程中不注意借条的写作规范,导致在还钱的过程中发生纠纷,最终朋友失和甚至反目。这些纠纷的产生多数是因为写借条的一方在书写过程中忽略了一些重要的注意事项。

例如:

借　条

今因买房向好友小李借款 10 000 元,一年后连本带息归还。

借款人:王××
二○××年五月五日

这份借条看似规范,实则漏洞百出,这些细节问题都会为今后还钱埋下隐患。一份小小的条据也有很多需要注意的事项和规范。

二、知识梳理

(一)概念

条据是人们在日常工作、生活中,彼此之间为处理财物或事务往来,写给对方的作为

某种凭证或有所说明的字条。

它是人们在日常工作或生活中经常使用的一种应用文体。

(二) 种类

凭证类条据的作用是作为证据、凭证，具有法律效力。如收条、领条、借条、欠条。

说明类条据的作用主要是告知对方某个信息，向对方说明某件事情。这类条据只起到说明告知的作用，不具有法律效力。如留言条、便条、请假条。

(三) 特点

(1) 一文一事，使用便捷。
(2) 文字简明，记事扼要。
(3) 时间性强。

(四) 格式

1. 凭证式条据的结构

凭证式条据的结构包括标题、正文、落款三个部分。

标题是用来标明条据性质的，如借条、欠条、收条、领条等，写在第一行正中间，字体要求大些，多使用黑体，以表醒目。

正文开头多用"今借到""今收到""今欠""今领到"等字样开头，用来说明条据性质。然后写明条据内容。如借到××单位或××人多少钱多少物，什么时间归还和处理等，有时还要写出用途。正文写完后，空两格另起一行，写上"此据"。

落款包括署名和日期。署名：在条据正文的右下方写上经手人姓名，并加盖公章（私章）。日期：在签名的下方写上经办的日期。

2. 说明式条据的结构

说明式条据的结构一般包括标题、称谓、正文、落款四个部分。

标题用来表明条据的性质，如留言条、请假条等。

称谓用来说明此条是留给谁的。

正文要将需要对方办的事情说清楚。如留言条的正文，不仅要把自己要对对方说的话、要请对方办的事阐明清楚，如需另约见面，还要在留言条上写好另约的时间地点，请对方安排好时间；请假条要写清楚请假的原因、理由，请假的起止时间。无论哪一种说明式条据，结尾都要写上敬语，如"此致敬礼""请在家等候""请批准""请批准为盼"等。

落款包括署名和日期。署名表明此据是谁写的，位置在正文的右下方。日期表明写此据的具体时间，在署名下方。

三、范文评析

【例文一】

借　条

今借到财务处人民币壹仟零伍拾圆整,用于购买教学用书,五天内归还。

此据

借款人:××(本人签字)
二〇××年十月五日

评析:借条是借到个人或单位的现金、财物时写给对方的条据,这张借条交代了所借的币种(人民币)、数量、用途,还写清了归还的时间。内容具体,言简意赅。

【例文二】

收　条

今收到旅游学院植树节植树捐款捌仟陆佰玖拾贰圆整。

此据

经手人:××(本人签字)
公章
二〇××年三月二日

评析:收条是在收到别人或单位的钱款、财物时写给对方的条据。这张收条说明了款项来源、款项用途、款项数量,语言表达清晰、明了。

【例文三】

欠　条

今购买××电子商城联想电脑柒仟捌佰圆整,现已支付捌佰圆整,还欠柒仟圆整,十天内一次还清。

此据

欠款人:××(本人签字)
二〇××年十一月二日

评析:欠条是借了个人或单位的钱物,还了一部分,还有一部分拖欠,对拖欠部分写的条据。这张欠条说明了欠了哪个单位什么用途的多少款项,以及偿还时间,语言表达清晰、明了。

【例文四】

领　条

今领到教材库《电子技术与运用》教材陆拾本、练习册壹佰贰拾本,用于电子系××级电子专业课堂教学训练。

此据

经手人:××(本人签字)
二〇××年八月三十日

评析:领条是个人、团体或机关在领取钱物时,写给负责发放人留存的条据。这张领条说明了所领之物——教材、练习册,以及它们的数量、用途,说明具体,简洁明了。

【例文五】

留 言 条

李经理:

  昨天下午3:00我来你办公室找你商谈新项目调查事宜,恰好你外出未归,请你明天下午3:00到广告部办公室,我们再面谈。

  祝好!

广告部:陆××
二○××年九月十二日

评析:这张留言条写明了留言原因并重新约定了商谈事务的时间、地点,起到了有效沟通的效果,符合写作要求。

【例文六】

请 假 条

关老师:

  我因夜里感冒发烧,今天要到医院打针,今天不能去上您的课,现需请假两天(6月5—6日),6月7日上午上课前返校,恳请批准。

学生:×××
20××年6月5日

评析:请假条是因有事或有病不能到校上课,或不能按时上班,或不能出席会议,而写给学校老师或单位负责人的条据。这张请假条把请假的原因、请假的时间、返校的时间都写得清清楚楚,理由充足,正文的结尾还用了礼貌用语,表达了对老师的敬重,易于被老师批准。

四、注意事项

写借条的注意事项有:

(1)写借条的时候必须由借款人或借物人当面书写,字间不留空当,防止他人添改。

(2)字迹清晰工整,不使用易褪色文具,涂改无效,谨慎书写。

(3)借条的标题具有法律效力,不可缺少。

(4)借条中涉及姓名的时候必须书写准确,必要时写上身份证号码以防止同名。

(5)不管是借钱还是借物,在数量的后面一定要加一个整字,目的是防止他人添加涂改。

(6)借条中的归还时间应约定好并写准确截止时间,建议写具体日期并规范日期书写格式。

(7)如果双方约定了利息,利率一定要合法。2020年发布的《最高人民法院关于审理民间借贷案件适用法律若干问题的规定》对利率作了规定,超过合同成立时一年期贷款市场报价利率(LPR)四倍的利率是不受法律保护的。

(8)借条正文的最后一定要写"此据"一词表明该借条已写完,以防止他人添加正文内容。借条写完后一定要仔细检查,保障自己的权益,避免纠纷。

五、写作实训

（一）文种评析

指出下面条据的错误之处，并加以改正。

借　条

今借到文××800元。

此据。

借款人：李××

收　条

今收到人民币叁佰圆整。

此据。

二〇××年三月二日

欠　条

原借王××陆佰元，现在还欠200元未还。

此据。

张××

领　条

今领到计算器一个。

此据。

领用人：王××
二〇××年四月三十日

（二）写作训练

你所在的班级进行体育训练，老师请你去体育器材室领3个铅球、10根跳绳，体育器材室保管员要你写张条据。请根据情况拟写一份条据。

知识链接

欠条和借条的性质是不一样的。它们形成的原因不同：借条主要是因借贷而产生；欠条则可能是因为买卖、租赁、利息等原因产生。它们的诉讼时效不同：借条如果没有约定还款日期，那么债权人可以在任何时间索要，诉讼时效从债务人拒绝还款时起算，最长时效不得超过三年；如果约定了还款期限，则诉讼时效从还款期满时起算。欠条如果没有约定还款期限，则诉讼时效从欠款形成之日起算；如果约定了还款期限，则诉讼时效从还款期满时起算。也就是说，约定了还款期的借条和欠条，诉讼时效是一样的；没有约定还款期的借条和欠条，诉讼时效则是有区别的。

任务三 ｜ 撰写求职信

学习目标
◆ 了解求职信的用途、特点和内容要素
◆ 掌握求职信的写作步骤和格式要求
◆ 会针对自身特点和岗位写作求职信
◆ 培养职业意识
◆ 写作能力与实践能力相结合，培养综合素质

一、情境导入

丁××是×××职业院校工程造价专业即将毕业的一名学生，为了能找到一份自己满意的工作，他上网登录了许多求职网站。网上的招聘信息很丰富，可以按地区或者岗位查询，非常方便。抱着多多益善的想法，面对自己心仪的企业，丁××给每个职位——从总经理助理到业务员——都投递了求职信和简历，他觉得这样可以增加成功的概率。如果遇到特别中意的公司，在第一次发出简历和求职信没有回音后，他会将求职材料重复发送一遍。转眼间，一个多月过去了，丁××还是没有收到任何回复，他投递的所有资料如石沉大海。

求职材料应该有针对性地制作，许多求职者都没有弄清楚自己的求职岗位和招聘条件就频频向招聘单位发送求职材料，肯定会在第一时间被招聘企业淘汰。用这种"广撒网"的方式发送求职材料，会让人力资源经理认为求职者缺乏求职意向，没有明确自己的职业定位，不具备相关职业素养。

在应聘知名企业，特别是外企或500强企业时，一封出色的求职信是必不可少的。而撰写一封得体的求职信可能是你在准备应聘的过程中遇到的最棘手的问题。在求职的过程中，只有能体现个人才智的求职信，才能帮助你顺利地得到面试机会，谋求一份理想的工作。

二、知识梳理

（一）求职信的概念

求职信是求职者向招聘者或招聘单位自荐谋求职位所提交的书信。它包括自荐信和应聘信。一封得体的求职信有助于求职者谋求到一份理想的工作。

（二）求职信的特点

1. 自荐性

要恰如其分地展现求职者的成绩、特长、优势，尤其可充分利用求职者的个性、闪光点来吸引招聘单位。

2. 针对性

针对用人单位对职业或岗位的要求；针对个人的特点、求职目标；针对招聘者的心理。

3. 求实性

求职信要实事求是，不能夸大、缩小或造假。

4. 独特性

求职信的内容不同于一般书信，它是全面表现求职者的思想水平和表达能力的重要方式。求职者要想在竞争求职的过程中出奇制胜，不妨利用求职信表现出创造性和独特性来引起用人单位的注意。

（三）求职信的格式

求职信属于书信范畴，与书信的写作格式基本一致。求职信的写作格式一般包括七个部分，即标题、称呼、问候语、正文、结尾、落款、附件。

1. 标题

标题通常为文种名称"求职信"，也可写成"求职书""自荐信""应聘信"等；还可采用主副标题的形式。标题位于首行正中，字迹要端正、醒目。

2. 称呼

顶格写称呼，在称呼后加冒号。求职信的称呼要比一般书信正规，应视具体情况而定，一般可写求职单位名称或单位的领导、负责人、联系人的姓名和称呼，也可直接称呼其职务，如"××公司""××经理""尊敬的××局局长""××先生（女士）"等。通常写给国有企事业单位时，称呼写单位名称或单位的人事部，也可用"尊敬的××司长（处长等）"称呼；写给民营、私营或合资、独资企业时，称呼一般写公司老板或人事部负责人姓名，如"尊敬的××董事长（或总经理）""尊敬的××厂长"。注意不要使用"××老前辈""××师兄（傅）"等不正规的称呼。

3. 问候语

问候语写在称呼下一行，空两格。一般写上"您好""近好"加感叹号，这是对收信人表达尊敬。

4. 正文

可另起一行，空两格写正文内容。正文是求职信的主体和重点，形式多种多样，但内容都要求说明求职信息的来源、应聘职位、个人基本情况、工作成绩等事项。它一般包括以下几个部分：

（1）写信的原因。写明求职信息的来源与求职的动机、原因、目的，表明谋职要求——所要申请的职位、希望得到何种工作岗位和职务、能胜任何种工作岗位和职务等。开头通常要说清写信的由来，如果是有明确目标的求职信，可先谈谈招聘信息来源渠道，比如招聘广告的出处或者其他第三方媒介的介绍。可以开门见山地写："本人十分仰慕贵公司，近日在××网站上看到贵公司要招聘×××一名，激发起我到贵公司求职的渴望。"

如果你的目标公司并没有公开招聘人才，你可以写一封自荐信去投石问路，如："久闻贵公司实力不凡，据悉贵公司欲开拓国外市场……故冒昧写信自荐，热切希望加盟贵公司。我的基本情况如下……"

（2）个人的基本情况。简明扼要地介绍本人基本情况：姓名、性别、年龄、籍贯、健康状况、学校、学历、学位、职称、学习及工作经历等，与目标职位有关的个人爱好、特长。毕业生还可概括地介绍与招聘单位对口或接近的专业课成绩、与求职岗位相关的社会实践和成绩等情况，还可介绍实习经历、兼职经历等，给用人单位一个初步的印象。

（3）胜任所应聘岗位工作的各种知识和技能。目的就是要明确表明自己具有该岗位所需的专业知识、工作经验、工作能力、业务专长技能和成就，要突出具有与该岗位工作要求相关的特长、兴趣、性格和能力。这是求职信的核心部分，应做到不落俗套，以达到吸引和打动对方的目的。如果在竞争中处于劣势或者自身存在不足，要巧妙地化劣势为优势。

（4）自己的潜力。针对用人单位的招聘信息和要求，具体地将自己潜在的能力和优点全部呈现出来。比如，介绍自己曾经做过的各种工作及所取得的经验和成绩，展示你所具备的发展潜力，使用人单位认为你是最佳人选。

（5）结束语。另起一行，表达写信人希望被录用的愿望以及受聘后的承诺。可表明对该工作的热爱和迫切的态度，再谈谈如果被录用有何想法、打算或计划，以增强用人单位录用你的意愿。

5. 结尾

向对方单位表示祝愿及其他。

一是提出希望和要求，再次强调自己的求职愿望，恳请对方给予答复，并希望能够得到参加面试的机会，比如"如蒙赐复，不胜感激""若认为本人条件尚可，请惠予面试，本人将准时赴试"等。

二是表示敬意、祝福之类的简短词句，如"深表谢意""顺祝愉快安康""祝贵公司兴旺发达""祝贵公司财源广进""愿贵公司鹏程万里，事业发达"等；也可以用"此致"之类的通用词,即另起一行空两格写"此致",再另起一行顶格写"敬礼"。

三是认真写明自己的详细通信地址、邮政编码、联系电话、电子邮箱或QQ等联系方式,在简历里已注明的可以省略不写。如需他人转告,则要注明联系人的姓名、联系方式以及与你的关系,以便用人单位与其联系。

6. 落款

在正文的右下方署上求职者的姓名及成文的日期。

署名:应注意在求职人姓名后可以用"敬上"或"谨呈"等词以示礼貌和谦逊。如求职信是用打印机打出,最好在求职人姓名处使用亲笔签名。

日期:在署名下方写上成文的年、月、日。

7. 附件

指附在求职信后面能证明自己学习、工作经历和能力,展示自己优势的相关材料。如:求职简历、推荐信、获奖证书及复印件等。

三、范文评析

【例文一】

求 职 信

××汽车贸易公司经理:

您好!

我是××职业技术学院的一名即将毕业的学生,想在贵公司找一份关于汽车贸易方面的工作。

我在大学期间所学的专业是汽车贸易。目前已经出色完成了大学期间的全部学业,我的每门课程成绩均在88分以上。附上一份个人简历和大学期间的成绩单一览表,请您参详。从我的简历中您可以看到,由于我的良好表现,我在大学期间曾多次受到学校的表彰。除此之外,我在大学期间还经常跟老师一起从事关于汽车贸易的技术服务项目,我撰写的一篇专业论文《××××》曾有幸在《××××》期刊上发表,并荣获了20××年度××省优秀大学生科研成果一等奖。为适应社会发展需要,我还利用业余时间学习电脑知识,我能熟练操作和使用最新的办公软件。

20××年年初,我很荣幸地在贵公司实习了两个月。实习期间,我深感贵公司领导对于人才的重视。贵公司办事效率很高,员工内部之间的团结协作和不怕吃苦、甘于奉献的敬业精神深深感动着我。我甚至想象过如果能在这样的公司工作,成为其中的一员并跟这样的同事共事该是多么自豪的一件事。

当然我也明白想进条件如此优越的公司工作,并非易事。但我对自己有信心,我坚信能通过自己的能力和优秀表现让贵公司接纳我。在大学期间,我已熟练掌握了本专业的基础理论知识和操作技能。我在大学期间通过了1+X职业资格等级证书考试,还拿到了汽车修理技术××省中级证书,我的英语也过了四级。我在贵公司实习期间发挥自己的专业特长,由于我的良好表现我获得了贵公司和所在部门同事的一致好评。

最后,我诚恳希望贵公司能给我一个为贵公司效力的机会,衷心希望能得到您的答复。

此致

敬礼

联系地址(省略)

联系电话(省略)

求职人:××敬上
20××年9月11日

附件(省略)

评析: 这份求职信开门见山地提出求职岗位,让人对其求职目的一目了然。作者比较客观地介绍了自己的经历,写出了自己最好的成绩和关键的经历、重要的技能及自己的愿望,最大限度地展示了自身的亮点,没有夸夸其谈的言语,没有自我吹嘘的感觉。行文简明扼要、言语得体礼貌,有说服力。

【例文二】

求 职 信

尊敬的领导:

您好!我叫刘××,是××职业技术学院会计电算化专业的一名应届毕业生。近日,在我院就业指导中心举行的招聘会上得知贵公司需要招聘会计三名。我自问能胜任此项工作,所以大胆应征,望贵公司能予以考虑。

忙碌而充实的三年大学生活即将结束,在这三年里我从各方面严格要求自己,努力提高自己的专业知识水平、学习适应能力、人际交往能力。大学期间我每门课的成绩都在87分以上。此外,我还取得了会计从业资格证书,并通过了英语四级考试。我还熟练地掌握了办公自动化的相关软件。

我有不断进取的精神,在取得会计从业资格证书之后,还参加了学校组织的初级会计职称培训,并在培训班中表现良好。此外,20××年暑假期我曾在××公司做过兼职,担任促销员的工作。做兼职工作的这段经历,锻炼了我吃苦耐劳的精神,我的表现也赢得了同事们的认可。

我做事认真,勤于思考,敢于创新,并具有较强的责任心。我对自己充满信心,希望能够得到领导的赏识,给我一个展现自己的平台。我必将以务实的作风和实干的精神,发挥我的专业技术能力,全身心地投入工作,以优异的成绩、出色的表现得到您的信任与肯定。

感谢您在百忙之中审阅我的求职信,并以录用为盼!

求职者:刘××敬上
二〇××年五月十四日

(例文选自"个人简历模板网",http://www.jianli-sky.com,有改动)

评析: 这份求职信从读信人的角度组织内容,格式正确、行文流畅、突出重点。开篇写明了个人情况及用人信息的获得渠道,交代应聘职位,求职意向明确;之后从专业学习和社会实践方面来写明自己能胜任这份工作;行文结尾恳切地表达了自己希望被择优录用的愿望。

【例文三】

求 职 信

尊敬的公司领导:

  您好!

  我叫陈××,是××职业技术学院机械设计与制造专业的应届大专毕业生。从学校就业指导中心的网站上获悉贵公司在我院的招聘信息。对照贵公司的录用要求,我觉得自己符合招聘条件。自进入学校以来,我严格遵守学校的各项规章制度,刻苦学习,尊敬师长,团结同学,乐于助人,积极参加学校的各种课外活动,努力提升自己的综合素质。经过努力,大学三年期间我在各方面都取得了长足的发展,目前我已顺利完成了大学阶段的学业,我的机械设计制作、模具设计、特种加工等专业课成绩优异。

  在校期间我还利用课余时间学习了许多与专业相关的课程,比如WORD、手绘到AutoCAD的机绘,再到SolidWorks的三维建模,我都有较深入的涉猎,磨床铣床已取得相应的证书。

  在思想上,我积极要求进步,20××年12月我光荣地成为中国共产党中的一员。除学习外,我还积极参加了许多社团活动,从中锻炼和提高自己。平时我热爱运动,乒乓球、篮球、羽毛球等球类运动都是我的爱好,我还喜欢阅读书籍。

  希望领导能够接纳我成为贵公司的一员。凭借我的热情和才能,我将不遗余力地和大家一起为贵公司的腾飞做出自己的贡献。最后,谨祝贵公司事业蒸蒸日上,前程似锦。

  此致

敬礼!

求职人:陈××
20××年4月27日

评析: 这份求职信体现出了求职者的专业水平,语言表达简洁、明确,用词恰当,格式规范,具有个人特色。在信中求职者介绍了自己的专业特长、综合表现等,给用人单位一个初步又完整的印象,以达到全方位展示自己的目的,从而为自己争取到面试机会。

四、注意事项

1. 态度要诚恳

  求职信是求职人用来向用人单位"求"职的。所以,通常情况下,求职者的语气要谦恭、礼貌,表述要得体,用语要亲切。对于迫切希望得到某个职位的求职者来说,在求职信中除了恭敬与礼貌外,在展示自身才能的同时,还应该表达一种恳切之情,力求以情感人,加深对方的印象。

2. 内容要真实

求职信中所反映的个人信息及其他相关情况应该做到真实,不弄虚作假。要有什么说什么,表达要明确,不能有意在求职信中使用模糊词句,含糊其词,更不要夸夸其谈。一般的用人单位招聘员工往往要通过面试,聘用后还有试用期。如果求职者弄虚作假,迟早会被发现,到时得不偿失,还会让用人单位对求职者的品行产生怀疑,甚至影响求职者以后的职业发展。

3. 目标要明确

即求职目标意向要明确,一方面对自己希望获得什么职位要表达清楚,另一方面对于自身从事的相关工作、履行的相应职责所应具备的基本素质或特殊才能也要表述清楚。这样才有可能增强吸引力,帮助对方认识和了解自己,赢得信任,从而获得心仪的职位。目标定位要准确,不要过高,要恰如其分,与自己的实际能力和工作经历相称。只宜选取一个职位目标,不要一次选择多个职位。

4. 语言要简洁

求职信中的语言表达要简明扼要,不要使用修饰性词语,切忌错别字和语法错误。求职信的内容要能够让招聘人员比较迅速地看完,同时要重点突出求职者与求职单位的实际情况及求职岗位的特点相匹配的强项。要舍弃与求职岗位不相关的内容,避免喧宾夺主,切忌面面俱到。

5. 书写要规范

每年到招聘的时候,一个企业尤其是大企业会收到很多份求职信和简历,工作人员不可能每份都仔细研读。所以在写求职信时一定要注意内容主次分明、重点突出。建议求职信的篇幅控制在一页纸左右。另外还必须注意求职信的基本格式,力求做到书写整洁、清晰、规范。求职信的制作要简洁、朴素、大方,避免华而不实的修饰。

五、写作实训

(一) 文种评析

请分析这份求职信中存在的问题。

求 职 信

刘总经理:

您好!

我叫王××,女,××年生,现为××职业技术学院20××级会计专业学生,即将毕业。经过三年的专业学习,现已较系统地掌握了会计专业的基本知识,并具备了较强的会计工作能力。在校期间我曾系统学过以下课程:会计学原理、商业会计、成本会计、统计学、会计法、管理会计、工业会计、计算机语言、会计电算化等,考试成绩在班级均名列前茅。我愿接受用人单位的考核与挑选,希望您能给我一个为您效力的机会,期待您的答复。

　　敬礼

求职人:王××
20××年5月5日

(二) 写作训练

　　张××,女,是××职业院校涉外文秘专业即将毕业的一名学生。张××在校期间的专业课成绩良好,英语已经过四级,并且英语打字和计算机操作技术水平达到高级水平,拿到了高级工等级证书。她的口头表达能力较强,曾在××市大学生英语演讲比赛中获得一等奖。同时,在校期间她还选修过管理学、公共关系学、社交礼仪等方面的课程,并较好地掌握了这些方面的知识和技能。张××在校期间还担任过系学生会主席一职。她性格开朗自信、诚实热情、办事细致,能吃苦,有毅力,在银河股份公司实习期间,曾因表现突出受到过公司的表扬。张××准备毕业后到银河股份公司(中外合资)应聘文秘一职。

　　请你结合以上内容,以张××的身份为她撰写一份求职信。

(三) 拓展训练

　　以下是20××届毕业生小文的求职经历:

　　小文是一个向往独立生活、自力更生的人,他希望凭借自己的能力找到一份工作,因而从来没跟亲戚朋友透露过自己找工作的打算或求职意愿。

　　9月的时候,他觉得时间还早,而且自己也没有明确的求职意向,所以他没有做任何找工作的准备。到了10月,身边的同学纷纷开始找工作,小文也觉得是时候找一份工作了。于是,他从网上找来模板撰写了一份求职信,准备找工作,其中社会实践经历部分表述如下:"20××年至今多次做过家教,20××年的1月在某酒店餐厅做服务员,20××年1月寒假期间在家乡某销售公司实习一个半月。"求职材料做好后,他开始奔走于各大招聘会、宣讲会,他还经常通过各大招聘网站投递自己的简历,但始终没有收到过面试通知。一个月后,他终于收到一个面试通知,但他却记不起应聘的是什么职位,只好硬着头皮打电话向招聘单位询问自己应聘的职位。面试当天,他特地向同学借来正装,准点到达面试地点。面试中他问了用人单位几个薪水问题后,发现与他的要求相去甚远,最终他也没收到录用通知。

　　请你仔细阅读小文的求职经历,分析总结出他在求职过程中的不当之处有哪些,并给他提供一些合理的参考建议。

(四) 情景模拟

　　教师设置一个求职场景,例如:某建筑公司招聘办公室文员、工程师助理;某广告公司招聘广告策划人员；某电子有限公司招聘技术人员等。4位学生以随机选择或主动报名的形式，和教师一起作为本次招聘的面试主考官，3～6名学生作为应聘者，进行模拟面试。其他同学现场观摩，仔细观察，安静倾听。面试结束后，请参与者和观摩者谈谈自己的感受。最后教师点评，指出存在的问题，并给出一些合理的求职建议。

知识链接

求职信与求职简历的异同

求职信与求职简历的撰写目的是相同的，都是引起用人单位的兴趣，争取面试的机会。

两者也有所不同：求职信是针对特定的个人来写的，而求职简历却是针对特定的工作职位来写的；求职信主要表述求职者的主观愿望，而求职简历主要叙述求职者的客观情况；求职简历要求简洁、格式化，与人的情感或情绪上的交流不明显，而求职信更要集中地突出个人的特征与求职意向，可以较充分地表现细节，还可以表达个人对公司的情感及对所谋职业的渴望，从而打动招聘人员的心。

求职时简历一般不能单独寄出，需要附在信件——求职信——后面。求职信是对简历的简要概述和补充。

任务四 ｜ 撰写个人简历

学习目标
- 掌握个人简历的结构特点
- 掌握个人简历的特点和写法
- 培养撰写个人简历的规范意识和创新意识

一、情境导入

• 2011年，一段视频简历红遍网络，吸引了众多毕业生的眼球。简历以约1分钟的视频形式呈现，主人公是某动漫游戏职业培训中心动漫专业的应届毕业生彭×依据自身形象设计出的一个卡通人物。视频由卡通人物跳着月球漫步开始，动感的舞蹈结束后，一句"老板，要人吗？"表明了这是一份与众不同的求职简历。随后彭×讲述了自己的专业和学习背景，并通过一系列特效展示了他多年来的动漫设计作品和自己的一幅半身肖像素描。视频最后，彭×表达了自己想要寻求一份动漫相关专业的意愿。随着这段视频在网络爆红，这个没有纸质简历、没有奔走于各大招聘会的应届毕业生，收到了全国40多家企业抛来的"橄榄枝"。

• 余××毕业于广东外语外贸大学英语专业，她在网上发布了自己的求职简历。简历标题抓人眼球："I Want A Job!"并将自己化身为卡通形象"代言人"，一个有着棕栗色卷发、圆脸大眼，还戴着粉色蝴蝶结的女孩。整份简历是一幅漫画式的图表，这位卡通形象代言人在不同板块讲述余××的大学生活和优秀的实践经历，主持、导游、平面模特、翻译经历丰富，做过国际志愿者，上过报纸、杂志，懂得营销，有想法也有能力付诸实践，求职目标是"曾是一个好学生，想做一个好雇员"。

这份"史上最牛简历"的制作人余××，非常重视实践活动。从事多年人力资源招聘工作的程经理表示，余××的简历蹿红不仅因为简历的形式新颖、图文并茂，更是因为她十分丰富的实践经历。没有十八般武艺的求职者，是衬不起这样一份简历的。程经理建议求职者在重视简历个性化的同时，一定要注重实践经验的积累，有的放矢，努力挖掘自己的闪光面。

二、知识梳理

（一）概念

个人简历是求职者向招聘单位所作的简明扼要的书面介绍。包含自己的基本信息、联系方式，以及自我评价、学习经历、工作经历、荣誉与成就、求职愿望、对这份工作的简要理解等。

（二）特点

1. 简

个人简历尽量简短，这是因为招聘方没有时间或者不愿意花太多的时间阅读一篇冗长空洞的个人简历。篇幅最好在一页纸之内，一般不要超过两页。

2. 真

不能凭空编造自己的经历，一定要按真实的情况填写，不要过分夸大自己的能力。

3. 明

用人单位招聘的是适合某一特定职位的人，如果简历的陈述没有突出工作和职位的重点，或是把自己描述成一个适合于所有职位的求职者，可能将无法在任何求职竞争中胜出。

（三）格式

1. 标题

在正上方标明"简历"二字即可。

2. 个人基本情况

基本情况，"基本"即可，主要包括：姓名、性别、出生日期、政治面貌、籍贯、学历、专业、毕业学校、联系方式。

3. 教育经历

按倒序写明何时何地在何校学习，可以列出在学阶段的部分课程，但无需面面俱到，而是列出体现与所谋求的职位有关的课程即可。

4. 实践、工作经历

这部分是简历的重点。按倒序列出在学阶段所担任的职务、在各种实习中承担的工作。描述实践经历时切忌含糊不清，一定要将自己的具体工作明确地描述清楚。对于实习经历，最好用一两句话概括自己的最大收获。叙述时不要面面俱到，要将自己参加的有较大价值和收获的社会实践活动写在简历上。如：参加过学校哪些组织和社团，担任什么职位，主要职责是什么，完成了哪些任务，有一些什么成果；大学期间在哪些机构、公司、团体兼职、实习过，其间担任什么职位，主要负责什么，完成了哪些任务，有一些什么成果。

5. 能力、性格评价

包括个人基本技能、所获得的荣誉以及自我评价等。对基本技能和荣誉的介绍要具体,要与所谋求的职业特点、要求相吻合,必要时可以用数字加以说明,比如获得奖学金的同学可以说明该奖学金在整个年级有多少人获得等。

在评价自己的时候不要套话、空话连篇,要注意突出对求职有利的专长、兴趣、性格、气质等。

三、范文评析

【例文】

个 人 简 历

姓名:×× 性别:女
籍贯:山东省济南市 出生年月:20××年10月
专业:电子商务 毕业院校:××职业技术学院
邮箱:××××@××.com 联系方式:×××××××××××

求职意向:销售部主管

工作经历:

20××年5月—20××年3月,担任××公司的市场部业务员。

主要负责与经销商签订经销合同,并办理产品的包装、运输、保险、货款结算、售后产品跟踪和市场反馈等业务;负责维护客户关系及开拓新的销售渠道;负责公司新业务员的培训,在实际工作中具体指导和协调业务员的销售工作,多次受到公司的表扬。

20××年7月—20××年5月,担任××公司市场调查员。

以电话形式向客户收集对产品的意见,并填写相应的表单转报给公司。

教育经历:

20××年9月—20××年7月,就读于××职业技术学院电子商务专业。

在校期间一直担任学生干部,工作认真负责,学习成绩优秀,多次被学院评为优秀学生干部、优秀团干、优秀个人标兵等。

培训经历:

20××年9月—20××年11月,通过英语中级口译考试。

20××年7月—20××年9月,通过外销员考试。

外语水平:

可与外商进行日常沟通,能阅读业务范围内的英文资料。

电脑操作能力:

能熟练运用办公软件进行文档编辑、数据处理等工作。

评析:这是一篇复合型简历,简历清晰地写明了求职者的个人基本信息、求职意向、工作经历、教育经历以及相关的技能水平。全文条理清楚,使阅读者一目了然。

四、注意事项

1. 简历五要

（1）要突出姓名；

（2）要突出实践经历；

（3）要针对不同的公司做不同的简历；

（4）要用数字体现个人业绩；

（5）联系方式要写清楚。

2. 简历三不能

（1）不能出现拼写、语法、标点或打印错误；

（2）不能太花哨；

（3）不能出现薪金的历史记录和待遇要求。

五、写作实训

假如你是求职大军中的一员，请根据自己的个人情况、专业特点、求职意向写一份个人简历。

知识链接

编写简历是很多求职者的必修课。然而近年来微博上却流行着不以求职为目的的各种版本的简历，网友称之为"微简历"。在有限的字数里介绍自己、展示自己，如此精练的文字比正规的简历还要考究功力。难怪如今网上流传的各种版本微简历基本以搞笑为主，求职为辅。

说起微简历的起源，那得追溯到"童话大王"郑渊洁。他率先用诸多网络流行语为自己编写了一份趣味十足的简历。这份不以求职为目的的搞笑简历引起了一波转发热潮后，也孵化出了微简历这么一个新鲜玩意儿。许多人相继模仿，"凡客体""咆哮体""古文体""三字经体""打酱油体"等各类微简历层出不穷，微简历已经成为表现网民们无穷智慧的一个载体。如今，或文言或白话的各类微简历相继出炉，轻松诙谐又能表现自我，微简历已成为不少网友在网上的最好名片。

任务五 ｜ 撰写竞聘词

学习目标
◆ 掌握竞聘词的主要内容及写作重点
◆ 培养表达能力，锻炼表达的层次性、逻辑性
◆ 培养自信心

一、情境导入

"如果我竞聘成为院长助理，我首先要改善课堂学习氛围，倡导同学们不在课上玩手机。"20××年11月24日，在××职业技术学院举行的院长助理竞聘大会上，站在台上竞聘的不是教工，而是12位"90后"学生，其中既有优秀的班级学生干部，也有专业成绩过硬的同学。此次学生竞聘的选拔流程与学校选聘中层干部的流程完全一致，经过自愿报名、资格审查和笔试，在最终考核环节，学校将考核竞聘者的团队组织能力、专业技能、动手能力和对时事政治、学校规章制度以及职业教育发展趋势的了解情况。

××职业技术学院院长张××表示，经常有企业反馈，技能人才应聘时"敏于行"却"讷于言"，羞于推销自己。为此，该校通过选聘学生院长助理等举措，激发学生自主提升综合素质的积极性。

二、知识梳理

（一）竞聘词的概念

竞聘词是指参加竞聘者为了实现竞争上岗，就自我竞聘条件、未来的施政目标和构想所发表的公开演讲。

（二）竞聘词的特点

1. 目标的明确性

在竞聘演讲时，竞聘者向评审人员及听众讲清自己的应聘条件，突出自己的优势，以

及将来如何完成应承担的职务和工作。其总体内容应始终围绕岗位职务工作进行，做到目标明确，不可开口千言、离题万里。

2. 内容的竞争性

竞聘除了必须达到基本素质条件之外，更重要的是目标与措施的竞争。只有具备了明确、先进的目标，且有切实可行的措施来保证，才会取得竞争的成功。

3. 措施的条理性

为了把措施讲得有条理，可用列条的方法，如"第一点""第二点"或"其一""其二"等表示。另外，在每一"步"之间要用"过渡语"来承上启下。如，当自我介绍之后，可以说"我之所以敢于来竞聘，是因为我具备以下条件"来引出下文；讲完条件后，可以再搭一个"桥"："以上我讲了应聘的条件，那么，假如我竞聘上了××岗位，会采取什么措施呢？下面就谈谈我的初步设想。"这样不仅条理清楚，而且使演讲上下贯通，浑然一体。

（三）竞聘词的格式要求

1. 标题

竞聘词的标题有三种写法。一种是文种标题法，即只写"竞聘词"；一种是公文标题法，由竞聘人和文种构成或竞聘职务和文种构成，如《关于竞聘××公司经理的演讲》；还有一种是文章标题法，可用单行标题拟制，也可采用正副标题形式，如《让收音机制造厂腾飞起来——关于竞聘××收音机制造厂厂长的演讲》。

2. 称谓

称谓即对评委或听众的称呼。一般用"各位评委""各位听众"即可。

3. 正文

（1）开头。为制造友善、和谐的气氛，开篇应以"感谢给我这样的机会让我参加竞聘""请评委及与会同志指教"等礼节性致谢词导入正题。紧接着阐明自己发表竞聘演讲的理由。开头应写得自然真切，干净利落。

（2）主体。首先，介绍个人简历，可分两个层次：第一层简明介绍竞聘者的基本情况；第二层系统介绍自己与竞聘岗位有联系的工作经历、资历，以便于评审者比较与选择。

其次，摆出竞聘条件。竞聘条件包括政治素质、政策水平、治理能力、业务能力以及才、学、胆、识各方面的条件。可以结合自己前一时期的工作来写，如自己曾做过什么工作，效果如何，从中展露出自己的水平、能力、知识和才华。

最后，提出目标、构想、方案。这部分是竞聘者假设自己被聘任后，对应聘岗位所提出的目标及实现的具体措施。措施必须针对目标来制定，要明确具体，可操作性强，且密切联系岗位实际，从岗位工作出发。

（3）结尾。写出自己竞聘的决心和信心，请求有关部门和代表考虑自己的愿望和请求。

三、范文评析

【例文一】

竞 聘 词

尊敬的各位领导、老师：

大家好，我叫李明，今年21岁，毕业于××经贸学院财会专业，今天我参与竞聘的岗位是财务部经理。

财务部经理是一个业务性强、责任心强、原则性强的"三强"岗位，这必然要求该岗位人员必须具有丰富的管理经验、良好的职业道德。大学期间，我始终本着"勤勤恳恳、扎扎实实、好学上进"的态度，努力学习会计岗位知识。在公司实习期间认真学习了会计法，严格遵循《企业会计准则》，进行会计核算、纳税申报、汇算清缴等工作。经过组织的培养、工作历练和学习充电，我的工作经验日渐丰富，理论知识也日益扎实，业务工作能力、组织协调能力都有了很大的提高，也具备了一定的管理经验。当然这一切都离不开领导、同事们的关心、支持与帮助。

如果有幸被领导认可而被聘任，我将做到以下几点：

1. 积极为公司发展做贡献。踏踏实实做人，兢兢业业工作，恪尽职守，坚持依法依规办事，以准确高效的业务能力回报公司。

2. 认真履行岗位职责。依据会计法与有关财经法规、政策、制度的规定，仔细审查会计资料，做好会计核算，确保数字准确、真实、可靠。

3. 善于学习，勤于思考，不断提高自身综合素质。干一行、爱一行、钻一行，在积极进取中完善自己，提高工作能力，不断适应形势发展的需求。

4. 持续发扬严谨、细心、肯于吃苦奉献的精神，维护单位利益。

5. 服从组织安排。在思想上树立主人翁观念，以公司为重，维护公司形象，讲团结、顾大局，让领导放心、群众满意。

竞聘上岗使我体会到了领导以人为本、与时俱进、锐意进取的时代精神，也感受到公司的未来充满无限生机与活力。如能蒙贵公司不弃，有幸成为贵公司的一员，我将竭尽所学，为贵单位的发展贡献自己的一份力量。祝愿我们的公司前程无限好，也祝愿在座的每一位明天更灿烂美好。

评析：这是一篇极具说服力的竞聘词，对于个人的竞聘优势、财务经理的工作职责以及未来的认知打算都做了清晰且全面的陈述，语言平实得体，态度诚恳，能给评委留下深刻印象。

【例文二】

学生会主席的竞聘词

尊敬的各位领导、老师、学生代表们：

大家上午好！我是机电学院的李明。首先，感谢学校提供这次竞聘机会，感谢大家的支持，让我能够在这里展现自己。今天，我要竞选的是学生会主席一职。我来参与竞选的目的只有一个：更好地服务于广大同学。

我热情活泼，兴趣广泛，擅长体育活动、主持和演讲等。曾代表学院参加田径大赛并获得400米跑冠军，也曾在院英语演讲比赛、主持人大赛等比赛中获得奖项。在参加各项活动的过程中，我在学习上也丝毫没有松懈，去年获得了一等奖学金。

我有丰富的相关工作经验。曾担任过青春志愿队队长，长达2年的学生干部工作，不但让我积累了宝贵的工作经验，还锻炼了我解决问题的能力。我有较强的沟通协调能力，学生会的工作其实是服务与沟通协调的工作。

如果我能竞聘成功，我会进一步完善自己，提高各方面的能力，以饱满的热情和积极的心态去对待每一件事，在学校老师的领导下，认真工作，全心全意为同学们服务。我一定会保持求实的工作作风，经常检查自己，取长补短，树立起学生会干部的良好形象，做到严以律己，处处起带头作用。我将服从学校的安排，合理划分时间，提高工作效率和工作质量，以高昂的热情去感染每一个人。我将和学生会的成员们一起加强自身建设，优化服务职能，提高沟通能力，举办丰富多彩的课外活动，让同学们的课余生活更加多姿多彩。

我今天来参加竞聘，凭的是三颗红心：一是服务同学的热心，二是对工作的责任心，三是永不停息的进取心。我知道，灿烂的语言只不过是一瞬间的智慧与激情，朴实的行动才是开在成功之路上的鲜花。如果我当选，一定言必信，行必果。请各位评委相信我，把您手中宝贵的一票投给我！

谢谢大家！

四、注意事项

竞聘词的写作质量不仅取决于竞聘者的文字水平，也是其综合素养、业务能力等多方面的综合反映。因此，除了观点鲜明、内容充实、语言通顺外，还要注重以下问题：

1. 实事求是，明确具体

竞聘者应实事求是，言行一致。每介绍一段经历、一项业绩都必须客观实在，如给单位创造了什么效益等，一定要讲清楚，不能吞吐、模棱两可。要言而有信，不说过头话。

2. 调查研究，有的放矢

竞聘演讲是针对某岗位而展开的，因此，写作前必须了解招聘单位情况，以便在演讲时有的放矢，战胜对手。

3. 谦虚诚恳，平和礼貌

竞聘者是通过答辩实现被聘用目的的，只有给人以谦虚诚恳、平和礼貌的感觉，才能被认可和接受。所以，竞聘词十分讲究语言的分寸，表述既要生动，有风采，打动人心，同时又要谦诚可信，情感真挚。

五、写作实训

(一) 文种评析

当竞聘演讲结束时,一般都要礼貌地说声"谢谢"。但"谢"字也有会说不会说之分。会说的,其演讲词不仅可以表现自己礼貌待人的文明素质,还可成为沟通人们心灵的虹桥。

请看下列三段结尾,分析这三种结尾的优劣。

1. "我的演讲完了,谢谢。"
2. "最后,让我再次感谢领导给我这个难得的竞聘机会,感谢各位评委和在座的所有听众对我的支持和鼓励。"
3. "今天天气这么冷大家还都来捧场,这使我非常感动。无论我竞聘是否成功,我都要向各位领导、评委和在座的朋友们表示深深的谢意!"(说完给大家深深地鞠了一躬)

(二) 写作训练

假设你们学校将进行学生会换届竞聘,请你作为候选人之一发表你的竞聘演讲。根据个人意愿,拟写一则竞聘词。

(三) 情景模拟

模拟竞聘:竞选学生会主席(或其他学生干部)。

具体步骤:将教学班级分成若干组,每组推选一名组员代表作为竞选学生会主席(或其他学生干部)的候选人。再从各班推选出主持人1人,评委6人(也可从每小组推选人选担当评委)。候选者抽签决定顺序,依次上台发表竞选演讲;评委打分(要求记录下粗略意);评委合议;评委代表宣布竞选结果,并对候选人的表现进行点评;最后教师点评。

(四) 拓展训练

下面是面试时可能会涉及的提问,你觉得怎么回答才算得体? 请试回答。

1. 请你作一下自我介绍。
2. 你觉得你个性上最大的优点是什么?
3. 说说你最大的缺点。
4. 你对加班有什么看法?
5. 你对薪资有什么要求?
6. 如果通过这次面试我们单位录用了你,但工作一段时间却发现你根本不适合这个职位,你怎么办?

7. 在完成某项工作时，你认为领导要求的方式不是最好的，自己还有更好的方法，你应该怎么做？

8. 如果你的工作出现失误，给本公司造成经济损失，你认为该怎么办？

9. 如果你在这次考试中没有被录用，你怎么打算？

10. 如果你做的一项工作受到上级领导的表扬，但你主管领导却说是他做的，你该怎么做？

11. 你怎么理解你应聘的职位？

12. 你喜欢这份工作的哪一点？

13. 就你申请的这个职位，你认为你还欠缺什么？

知识链接

演讲的技巧和注意事项

（一）演讲时的姿势

演讲时的姿势（posture）也会带给听众某种印象，例如堂堂正正的印象或者畏畏缩缩的印象。演讲的姿势，要让身体放松，反过来说就是不要过度紧张。过度的紧张不但会表现出笨拙僵硬的姿势，而且对于舌头的动作也会造成不良的影响。

诀窍之一是张开双脚与肩同宽，挺稳整个身躯。另一个诀窍是想办法减轻施加在身体上的紧张情绪。例如将一只手稍微插入口袋中，或者手触桌边，或者手握麦克风等等。

（二）演讲时的视线

在大众面前说话，亦即表示必须忍受众目睽睽的注视。克服这股视线压力的秘诀，就是一面进行演讲，一面从听众当中找寻对自己投以善意而温柔眼光的人，并且无视那些冷淡的眼光。此外，把自己的视线投向强烈"点头"以示首肯的人，对巩固信心来进行演说也具有效果。

（三）演讲时的脸部表情

演讲时的脸部表情无论好坏都会带给听众极其深刻的印象。紧张、疲劳、喜悦、焦虑等情绪无不清楚地表露在脸上，这是很难借由本人的意志来加以控制的。即使演讲的内容再精彩，如果演讲者表情缺乏自信，老是畏畏缩缩，演讲就会欠缺说服力。

控制脸部的方法，一是"不可垂头"。人一旦"垂头"就会予人"丧气"之感，而且若视线不能与听众接触，就难以吸引听众的注意。另一个方法是"缓慢说话"。说话速度一旦缓慢，情绪即可稳定，脸部表情也得以放松，全身上下也能够为之泰然自若起来。

（四）演讲时的服饰和发型

服装也会带给观众各种印象。尤其是东方男性总是喜欢穿着灰色或者蓝色系列的服装，难免给人过于刻板无趣的印象。轻松的场合不妨穿着稍微亮眼一点的服装。不过如果是正式的场合，一般来说仍以深色西服等正装为宜。另外，通过变换发型也可塑造出各种形象。

（五）演讲的声音和腔调

演讲的语言从口语表述角度看，必须做到发音正确、清晰、优美，词句流利、准确、易懂,语调贴切、自然、动情。

(六) 说话的速度

为了营造沉着的气氛,说话稍微慢点是很重要的。标准大致为 5 分钟 3 张左右的 A4 原稿。不过要注意的是,倘若从头至尾一直以相同的速度来进行,听众会觉得无聊。

科学的发音取决于科学的运气,有些演讲者时间稍长点就底气不足,出现口干舌燥、声音嘶哑的现象,此时只得把气量集中到喉头,使声带受压,变成喉音。

科学地运用运气发音方法可以使声音更加甜美、清亮、持久、有力。要达到这个目的,平时要加强训练,掌握胸腹联合呼吸法。其要领是:双目平视,全身放松,喉松鼻通;无论是站姿还是坐式,胸部稍向前倾,小腹自然内收。

吸气方法是:扩展两肋,向上向外提起,感到腰带渐紧,后腰有撑开感。横膈膜下压腹部扩大胸腔体积,小腹内收,气贯"丹田"。用鼻吸气,做到快、缓、稳。

呼气方法是:控制两肋,使腹部有一种压力,将气均匀地往外吐。呼气时用嘴,做到匀、缓、稳。

任务六 ｜ 撰写会议记录

学习目标
◆ 掌握会议记录的基本格式
◆ 掌握会议记录的主要内容及写作重点
◆ 培养听说能力和概括能力
◆ 精讲多练，培养自主学习能力

一、情境导入

经过3个月的实习，刘××正式成为某科技有限责任公司的员工。20××年10月10日下午，公司召开了主题为"落实网上销售实施方案"的会议。作为公司的重点培养对象，销售部经理让刘××也参加会议，并将记录会议内容的重要任务交给他，以便他尽快熟悉业务情况。

请思考：刘××应该记录哪些内容？

二、知识梳理

（一）会议记录的概念

会议记录是由会议组织者指定专人，如实、准确地记录会议的组织情况和会议内容的一种应用性事务文书。

"记"有详记与略记之别。略记是记会议要点，会议上的主要或重要言论。详记则要求记录的项目必须完备，记录的内容必须详细完整。有时若要记录详细的会议内容，还要靠"录"。"录"有笔录、音录和影像录几种，对会议记录而言，音录、影像录通常只是手段，最终还要将录下的内容还原成文字。笔录常常要借助音录、影像录，以保证记录内容最大限度地再现会议情境。

(二) 会议记录的特点

1. 原始性

会议记录是在对会议中各种材料、与会人员的发言以及会议简报等进行概括提炼和综合分析的基础上形成的,它具有整理和提要的基本特点。会议记录是第一手资料,要坚持"怎么讲就怎么记的原则"。

2. 凭据性

会议记录交主持人认可签名后,立卷存档,作为文献资料以便日后查考研究。

3. 规范性

会议记录有统一的记录格式、记录用笔和记录专用笺的要求。

(三) 会议记录的分类

按照会议性质来分,会议记录大致有办公会议记录、专题会议记录、联席(协调)会议记录、座谈会议记录等。按照组织系统分,会议记录可以分为党委会议记录、行政会议记录、工会会议记录等。

办公会议记录是记述各单位或组织对重要的、综合性工作进行的讨论、研究、议决等事项的一种会议记录。办公会议记录一般有例行办公会议记录,即记述例行办公会议情况及其议决事项的会议记录;以及现场办公会议记录,即记述,为解决某重大问题而召集有关方面和有关单位在现场进行的研究、议决或协商的办公会议记录。

专题会议记录是专门记述座谈会讨论、研究的情况与成果的一种会议记录。其主要特点是主题的集中性与观点意见的纷呈性相结合,既要归纳比较集中、统一的认识,又要呈现各种不同观点和倾向性意见。

(四) 会议记录的格式要求

其结构是:标题+会议组织概况+会议内容+结尾(表6-1)。

1. 标题

标题由会议名称加文种名称组成。例如《××××会议记录》。

2. 会议组织概况

会议时间、会议地点,主持人的职务、姓名,出席人、列席人、缺席人、记录人等。

3. 会议内容

(1) 会议中心议题以及围绕中心议题展开的讨论;

(2) 会议讨论、争论的焦点及各方的主要见解;

(3) 权威人士或代表人物的言论;

(4) 会议开始前的定调性言论和结束时的总结性言论;

(5) 会议已决议或者议而未决的事项;

（6）对会议产生较大影响的言论或者活动。

4. 结尾

会议结束，另起一行写"散会"两字。最后，由主持人和记录人对记录进行认真校核后，分别签上名字，以示对此负责。

会议记录要求忠于事实，不能夹杂记录者的任何个人情感，更不允许有意增删发言内容。会议记录一般不宜公开发表，如需发表，应征得发言者的审阅同意。

表6-1　会议记录的结构

标题	会议名称＋文种名称
会议组织概况	时间：××××年×月×日×时×分 地点：××× 出席人：×××（身份）…… 列席人：×××（身份）…… 缺席人：×××（缺席原因）…… 主持人：×××（身份） 记录人：×××
会议内容	记录会议的议题、宗旨、目的、议程、具体报告、发言、讲话、讨论等，或做详细记录。其主要内容如下： 　　发言人1：…… 　　发言人2：…… 　　…… 　　决议： 　　1. …… 　　2. …… 　　……
结尾	（散会） 　　　　　　　　　　　　　　　　　　　　　　　主持人：×××（签名） 　　　　　　　　　　　　　　　　　　　　　　　记录人：×××（签名）

（五）会议记录的写作技巧

一般说来，会议记录的写作技巧有四条：一快、二要、三省、四代。

一快，即记得快。字要写得小一些、轻一点，多写连笔字。要顺着肘、手的自然去势，斜一点写。

二要，即择要而记。就记录一次会议来说，要围绕会议议题，会议主持人和主要领导同志发言的中心思想，与会者的不同意见或有争议的问题，结论性意见、决定或决议等作记录。就记录一个人的发言来说，要记其发言要点、主要论据和结论，论证过程可以不记。就记一句话来说，要记这句话的中心词，修饰语一般可以不记。要注意上下句子的连贯性，一篇好的记录应当独立成篇。

三省，即在记录中正确使用省略法。如使用简称、简化词语和统称。省略词语和句子中的附加成分，比如"但是"只记"但"。省略较长的成语、俗语、熟悉的词组，句子的后半部分,画一曲线代替。省略引文,记下起止句或起止词即可,会后查补。

四代,即用较为简便的写法代替复杂的写法。一可用姓代替全名;二可用笔画少、易写的同音字代替笔画多、难写的字;三可用一些数字和国际上通用的符号代替文字;四可用汉语拼音代替生词难字;五可用外语符号代替某些词语;等等。但在整理和印发会议记录时,均应按规范要求办理。

三、范文评析

【例文一】
××学院青年志愿者协会会议记录

会议名称:校青协工作例会
会议时间:2017年10月27日(星期五)   会议地点:会议室
主持人:×××   记录员:×××
出席人员:陈老师、校青协中心组成员、院(系)青大队长、专属队副队长
一、主持人发言
二、各部介绍近期工作情况
组织部:下发关于"双迎"志愿者征文通知
活动部:对活动开展的质量问题做出要求
项目部:① 开始了直属队的招新工作
　　　　② 近期将开展军训服的回收活动
宣传部:① 向各院(系)介绍"谷歌杯"的申请流程
　　　　② 准备见习干事的培训工作
　　　　③ 规定工作简报、媒体报道的上交时间
外联部:上交青大队长风采
监察部:① 制作9月份的考勤表和财务报表
　　　　② 撰写大事记
　　　　③ 强调开会时间
三、各院系青大队长以及各直属队队长做自我介绍
四、秘书处做指导性发言

评析:这是一份摘要式会议记录,会议的组织情况和会议内容记录较为规范、准确,全文条理清晰、语言简明、要点完整。

【例文二】
××××股份有限公司董事会议记录

时间:××××年3月8日上午(8:00~10:00)
地点:公司会议室
主持人:刘××董事长
出席人:李××、文××、颜××、陈××、张××、王××

列席人：郑××、黄××（监事）
邢××、关××（法律顾问）

记录人：赵××（董事会秘书）

刘××宣布会议议程为讨论决定：

一、下届董事人数。

二、下届董事候选人名单。

三、下届股东大会召开时间、地点和会议议程。

会议内容：

一、关于下届董事人数

刘××：本届董事共7人。近3年来，公司股本已扩大近1倍，事业发展很快，需增加董事名额。我提议，下届董事人数增加到11人。

文××：我的意见是再多些，增加到13人。

李××：我不同意13人。我们公司是上市公司，与外商交往多，外商忌讳13，这是个不吉利的数字。我的意见是11人。

颜××：我认为定几个人要从需要出发，不必考虑这个那个忌讳。我的意见是13人。

陈××、张××、王××的意见均是下届董事增加到11人。

会议通过决议：下届董事人数增加到11人。

二、关于下届董事候选人名单

刘××：我们按刚才议定的11人的名额讨论决定下届董事候选人的名单。

张××：我的意见是本届7名董事均为候选人，第一、二大股东各增加1名，第五大股东××××公司的梁×总经理应为候选人，××××国际信托投资公司拥有我们公司的股本510万股，已成为第八大股东，应有1名，共11名。

王××：我不同意梁×总经理为董事候选人。他所在的第五大股东已有张××当董事，如梁×总经理再进来，该公司就有2名董事。该公司是第五大股东，不应占2名董事，所以，我不同意梁×总经理为董事候选人。

文××：我提议按照股本大小来考虑，股本大的当候选人。我同意第一、二大股东各增加1名，第八大股东××××国际信托投资公司占1名。此外，第九大股东也占1名，加上原来7名董事。

刘××：我同意文××的意见，现在表决。

表决通过决议：本届董事7名，第一、二大股东各增加1名，第八、九大股东各派出1名，共11人，为下届董事候选人，新增加4人的名单由所在企业报董事会秘书。董事会将向股东大会提出上述11人名单，作为下届董事候选人。

三、关于下届股东大会召开时间、地点、会议议程

对此议项，会议意见统一，通过决议：下届股东大会于今年5月18日在××市华侨宾馆举行。会议议程为：

(一)审议董事会《关于××××年度经营总结及××××年度经营计划的报告》。
　　(二)修改公司章程。
　　(三)选举董事会、监事会成员。
　(散会)

主持人:刘××(签名)
记录人:赵××(签名)

评析:这篇会议记录的开头把会议的时间、地点、主持人、出席人、列席人和记录人一一交代清楚,接着简要说明了会议议程,然后准确、详细地记录了会议的具体内容。落款处主持人和记录人分别签字。这篇会议记录的内容准确扼要,语言通顺流畅。

四、注意事项

1. 真实、准确

要如实地记录别人的发言,不论是详细记录,还是概要记录,都必须忠实于原意,不得添加记录者的观点、主张,不得断章取义,尤其是会议决定之类的东西,更不能有丝毫出入。真实准确的要求具体包括:不添加,不遗漏,依实而记。

2. 要点不漏

记录的详细与简略,要根据情况决定。一般地说,决议、建议、问题和发言人的观点、论据材料等要记得具体、详细。一般情况的说明,可抓住要点,略记大概意思。记录要有条理,突出重点。

3. 始终如一

始终如一是记录者应有的态度。这是指记录人从会议开始到会议结束都要认真负责地记到底。

4. 注意格式

会议记录格式并不复杂,一般有:会议名称;会议基本情况,包括时间、地点、出席人数、主持人、缺席人、记录人;会议内容,这是会议记录的主要部分,包括发言、报告、传达人、建议、决议等。

凡是发言都要把发言人的名字写在前。一定要先发言记录于前,后发言记录于后。记录发言时要掌握发言的质量,重点要详细,重复的可略记;但如果是决议、建议、问题或发言人的新观点,要记具体详细。

5. 会议记录应该突出的重点

(1) 会议中心议题以及围绕中心议题展开的有关活动;
(2) 会议讨论、争论的焦点及其各方的主要见解;
(3) 权威人士或代表人物的言论;
(4) 会议开始时的定调性言论和结束前的总结性言论;
(5) 会议已议决的或议而未决的事项;

（6）对会议产生较大影响的其他言论或活动。

五、写作实训

请结合最近一次的主题班会，写一篇完整的会议记录。

知识链接

会议记录和会议纪要的区别

会议纪要是在会议记录的基础上，对会议的主要内容及议定的事项，经过摘要整理的、需要贯彻执行或公布于报刊的具有纪实性和指导性的文件。

第一，性质不同。会议记录是讨论发言的实录，属事务文书；会议纪要只记要点，是党政机关公文。

第二，功能不同。会议记录一般不公开，无须传达或传阅，只作资料存档；会议纪要通常要在一定范围内传达或传阅，要求贯彻执行。

任务七 ｜ 撰写申请书

学习目标
◆ 掌握申请书的基本含义和适用范围
◆ 掌握申请书的特点
◆ 掌握申请书的基本格式
◆ 了解什么是请示，以及它和申请书的区别

一、情境导入

陈××从××大学管理学院营销专业毕业后，被××厂人事处安排在××车间统计员的岗位上。工作了一段时间后，他感觉所学专业与实际工作相差较远，个人的知识水平与工作能力无法施展，经慎重考虑，准备向厂长提出调换工作岗位的要求。他询问了同事张×，张×告诉他，他需要向工厂领导递交一份《工作岗位调动申请书》。

二、知识梳理

（一）申请书的概念

申请书是个人或集体就某一件事情或问题向组织、机关、团体、企事业单位表达愿望、提出请求时所使用的一种事务文书。

（二）申请书的种类

申请书的使用范围广泛，种类也很多。按形式分，可分为文章式申请书和表格式申请书两种。按申请者分，可分为个人申请书和集体申请书。

（三）申请书的特点

1. 单一性

申请书要求内容单一明确，一事一书。即一份申请书只表达一个愿望或提出一个请

求。切忌将不同的愿望和请求写在同一份申请书中。

2. 请求性

从写作动机看,申请书的写作带有明显的请求目的。

(四) 申请书的格式

申请书的格式主要包括标题、称谓、正文、落款四部分(表 7-1)。

表 7-1　申请书的结构模板

标题		申请书
称谓		尊敬的××(职务):
正文	主体	提出申请的具体事项、要求及申请的理由
	结语	写希望批准或表示致敬的话
落款		申请人姓名或申请单位名称 ××××年××月××日

1. 标题

标题在第一行居中的位置,字号可比正文略大。标题有两种写法:一种是直接写"申请书";一种是申请的内容加上文种名称。

2. 称谓

称谓写接受申请书的单位、组织、机关、团体名称或有关负责同志的姓名,如"××管理局""××同志"。

3. 正文

正文是申请书的主要部分。一般应包括:

(1) 开头:简明扼要地交代申请人的基本情况。

(2) 主体:写明申请的事项和理由。申请理由是申请的重要依据,要陈述具体、充分、有条理,便于组织或领导了解申请者的意愿动机。

(3) 结尾:进一步表明自己的态度和决心,应写得诚恳、有分寸。这部分可以简洁一些。有的申请书不写结尾,直接写结语。

(4) 结语:一般要写表示愿望和请求的用语,如"请领导审核批准""以上请批准""恳请批准"等。也可以写祝颂语,如另起一行空两格写"此致",下一行顶格写"敬礼"等。

4. 落款

正文右下方署上申请人的姓名或申请单位的名称,其下方写明申请日期。

三、范文评析

【例文一】

助学金申请书

××学校：

  我叫××,系×××人,出生在一个贫穷的小山村。家中有四口人,父母在家务农,由于多年的劳累,父母两人身体状况十分差。而且全年收入十分微薄,家中一年省吃俭用的钱大多供给了我和弟弟读书。而我从小热爱美术,高中时就选择了美术专业。

  今年我圆满地完成了12年的中学学业,参加了高考。于×月×日我收到了××大学的录取通知书。但是美术专业的院校学费都比较高,对于农村的家庭来说真是一个天文数字。为此家中面临着巨大的学费压力,家中实在是拿不出足够的钱来供我上大学,可是我又不想因为贫困而丧失上大学的机会。我知道这个社会如果没有知识、没有文化是无法生存下去的,所以我一定要完成我的学业。

  现说明我的家庭情况,向学校申请定为特困生,以便获得各种补助及助学贷款,顺利完成学业。

  此致

敬礼

申请人:×××
×××年××月××日

  评析: 这份申请书结构清晰,先介绍个人情况与家庭背景,接着说明学费困境及求学决心,最后提出申请目的。内容真实,详细地阐述了家庭贫困状况,如父母务农、身体差、收入微薄及面临的学费压力,情感真挚,具有一定的感染力和说服力。

【例文二】

工作调动申请书

尊敬的院领导:

  您好,感谢您百忙之中抽空阅读此申请报告。

  我于20××年7月毕业来我院工作,至今已经8年了。在这8年里,我从一个刚刚跨出校门的懵懂毕业生,成长为一个合格的儿科医生,在此,我由衷地感谢领导和同事们对我的栽培和帮助。

  自入职以来,本人在工作中认真负责,能关爱患者、团结同事,遵守医院的各项规章制度。我在儿科做住院医师期间,积极上进,兢兢业业,不断提升自己的业务能力,已经能熟练地开展幼儿、新生儿常见病和多发病的诊治工作。现在,人们越来越重视医疗保健和疾病的预防,我院儿童保健科业务不断增加,不管是健康儿童保健还是高危儿保健,抑或是儿童疾病的早期康复,都需要更多专业的儿科医师负责。

本人自愿申请到儿童保健科工作。一方面，我具有专业的儿科诊疗知识，能在将来的工作中将临床思维融入保健工作；另一方面，我性格温和，有耐心，能够认真、负责地对待每一个就诊儿童。我相信我的加入能够为儿童保健科注入新的力量。

我坚信，在院领导的悉心培养和我的勤奋努力下，我会在新的工作岗位做得更加出色。希望领导能够给我一次机会，让我为我院的儿童保健工作出一份力。

此致

敬礼！

申请人：××
20××年×月×日

评析：该申请书结构清晰，开头表明目的，中间分别从自身成长、工作表现和医院现状进行阐述，最后提出调动请求，整体逻辑连贯，让读者能自然领会其意图。用词较为恰当、礼貌，符合工作场合的正式性要求。

四、注意事项

（1）实事求是，理由充分。申请书要客观真实地反映情况、表达愿望，提出的要求应明确具体，不能为了达到某种目的而弄虚作假和歪曲事实。

（2）语言要朴实无华、准确简洁，态度要庄重严肃，切忌东拉西扯，有意渲染。

（3）书写要工整，文面要整洁，格式要规范。

（4）注意区别申请书和请示。二者受文对象不同，使用范围也不同。申请书是写给有关主管部门，可以用于公务，也可以用于个人事务；而请示是党政机关公文，不能用于个人事务，一定是下级写给上级的。

五、写作实训

1. 小张准备申请助学贷款，辅导员让他先写一份申请书。小张的家庭情况如下：小张父亲因病过世，自此生活的重担落在了母亲的肩上。但母亲因伤下岗，没有工作，并患有伤疾，不能做重活过于疲劳。父亲过世后，家中又没有积蓄，母亲一直都靠打零工维持家里的生活，生活十分艰苦。小张考上大学以后，家中更是雪上加霜。现在母亲在工厂的仓库上班，工资仅有每月的400元。

请根据小张的情况，拟写一份助学贷款申请书。

2. 小王："大学生活太丰富多彩了，这么多社团和组织，我也想参加一个锻炼一下自己。"小丁："是啊，除了学习，我们还要充分锻炼、全面发展。我这两天正考虑加入文学社呢。"

请替小张代写一份加入"摄影协会"的申请。

知识链接

请示与申请的区别

第一，申请是因业务或事务需要，按规定向上级或职能部门、管理机构、组织、社团说明理由，提出请求，希望得到批准的一种事务文书，也叫申请书或申请表。请示和申请都有请求缘由、请求事项，但请示是法定公文，申请为事务文书，属于不同文种。

第二，请示用于下级机关向上级提出请求，下级只能在上级机关的职权范围内报请需要批准的事项。申请不仅用于下级向上级请求，而且可用于不相隶属的但按规定、法律程序必须向其请求的机关、单位、部门等，如专门办理有关业务的机构部门（银行、保险、公安、海关、土地管理局、工商管理局等）。

第三，请示的行文对象固定，而申请的行文对象不定。请示的内容限于本系统、本部门的行政公务或政策问题，写法规范。申请的内容不以系统、部门为限，写法不强求一律，且常以填写有关部门印制的各种表格代替。

第四，请示的作者是法定的机关、团体，而申请的作者可以是机关、团体，也可以是个人。机关、团体或个人向有关方面递交申请，有时必须按有关规定出具或提交有关证明、证件、文件等，而请示则没有这方面的规定。

第五，请示可以带附件，附件是请示的重要组成部分，作为对正文的补充说明或参考。

任务八 ｜ 制订计划

学习目标
- ◆ 掌握计划的基本格式
- ◆ 掌握计划的主要内容及写作要求
- ◆ 培养计划意识和实践能力
- ◆ 精讲多练，培养自主学习能力
- ◆ 培养综合素质，写作能力与实践能力相结合

一、情境导入

小梁是经管学院会计专业的一名大一新生，虽然经历了高中三年的"魔鬼式"学习，但并没有消磨她的学习兴趣，她决心在大学三年里一定要扎实地学习专业知识，锻炼过硬的职业能力，以便将来步入社会从容面对激烈的职场竞争。为此，她制订了一份详细的大学期间学习计划。

凡事"预则立，不预则废"。这里的"预"就是指"计划"。其实，无论是单位还是个人，无论办什么事情，事先都应有个打算和安排。有了计划，工作就有了明确的目标和具体的步骤，就可以协调大家的行动，增强工作的主动性，减少盲目性，使工作有条不紊地进行。同时，计划本身又是对工作进度和质量的考核标准，对大家有较强的约束和督促作用。所以计划对工作既有指导作用，又有推动作用。我们不仅要学习计划的写作，还应做一个有"计划"的人。

二、知识梳理

（一）计划的概念

计划，是对未来一定时期内的工作或学习提出要求、措施、步骤和完成期限的一种文书。它的运用很普遍，机关、团体、企事业单位的各级机构或个人都可以制订计划。计划具有较强的指导作用，便于推动工作或学习目标的顺利、有序实现。

(二) 计划的分类

计划按内容分,主要有生产计划、工作计划、学习计划、训练计划等;按范围分,主要有个人计划、部门或单位计划等;按时间分,主要有长期计划、短期计划(如年度计划、季度计划、月度计划)等;按性质分,主要有综合计划、专项计划等。

通常情况下,"计划"还有其他的别称,主要有:
(1) 规划:指具有全局性、较长时期内的计划;
(2) 方案:通常较多应用于专项工作;
(3) 安排:对短期内工作进行具体布置的计划;
(4) 设想:指初步的计划;
(5) 打算:指短期内的工作要点式的计划;
(6) 要点:指列出工作主要目标的计划。

(三) 计划的特点

1. 预见性

计划不是对已经形成的事实和状况的描述,而是在行动之前对行动的任务、目标、措施所做出的预见性确认。但这种预想不是盲目的、空想的。如单位就是以上级部门的命令和指示为指导,以本单位的实际条件为基础,以过去的成绩和问题为依据,对今后发展趋势做出科学预测之后做出的。

2. 针对性

计划是针对要完成的任务、主客观条件和相应能力而定的。从实际出发制订的计划,才是有意义、有价值的计划。

3. 可行性

预见准确、针对性强的计划,在现实中才真正可行。如果目标定得过高、措施无力,这个计划就是空中楼阁;反过来说,目标定得过低,措施方法都没有创见性,虽然实现很容易但并不能因此取得有价值的成就,那也算不上有可行性的计划。

4. 约束性

计划一经通过、批准或认定,在其所指向的范围内就具有了约束作用,在这一范围无论是集体还是个人都必须按计划的内容开展工作和活动,不得违背和拖延。

(四) 计划的格式

计划大体分为标题、正文、落款三部分(表 8-1)。

1. 标题

标题由单位(个人)名称、适用时期、内容和文种构成。如《××大学 2001—2002 年度工作计划》。

表 8-1　计划的结构模板

标题		单位(个人)名称＋时限＋内容概要＋文种名称
正文	引言	写明制订计划的依据,阐明指导思想,或概述制订计划的基本情况,说明背景条件(为什么做)
	主体	任务目标与要求(做什么); 方法措施和具体步骤(怎么做)
	结尾	说明完成计划的有利条件或表明信心、决心,也可以省略结尾
落款		单位(个人)名称 ××××年××月××日

2. 正文

正文主要包括三个方面的内容:第一,为什么做(指导思想和目的);第二,做什么(任务和指标);第三,怎么做(主要是措施、步骤,还包括时间安排、完成目标等)。这三个方面,指导思想和目的,可以简明扼要,不必过于琐碎;任务指标和措施步骤是核心内容,应具体、详尽。措施要具有可操作性,完成的期限和程度必须明确、清楚。

3. 落款

正文右下方署上制订计划单位(个人)的名称和日期。

三、范文评析

【例文一】

小梁大学期间学习计划

一、编制目的

为了让自己的大学生活过得充实,更是为了自己能学有所成。

二、目标

让自己具备会计专业要求的所有技能,并熟悉秘书职务所需的全部基本技能与知识。

三、需掌握的知识体系

基础层:会计学、经济学、管理学、法律基础

主体知识层:财务管理、审计会计法、税法、国际法律环境、国际贸易流、公司法、市场调研与策划、营销策划、组织行为学、管理心理学、管理信息系统、企业战略管理、人力资源管理

辅助知识层:Office办公软件系列、办公设备(如打印机、复印机、扫描仪、投影仪、传真机)

文秘系列:应用文书写作、商务礼仪、谈判口才与技巧

四、要取得的证书

注册会计师、计算机二级以上、英语四级以上

五、实现方法

采用课堂学习与课外学习相结合的方法

六、实现步骤

分四个阶段实现。

第一阶段：

时间：_____年___月___日到_____年___月___日

目标：_____

学习内容：_____

具体计划：早上_____点_____分到_____点_____分　学习_____

下午_____点_____分到_____点_____分　学习_____

晚上_____点_____分到_____点_____分　学习_____

计划检验与修整：_____年___月___日对学习_____进行评估

评估结果：_____

修整计划建议和方案：_____

第二、三、四阶段（格式同第一阶段，略）

小梁
××××年×月××日

评析：这份计划书"标题"部分由"小梁＋大学期间＋学习＋计划"组成，分别对应了"单位（个人）名称＋适用时期＋内容＋文种"，整齐、规范。"正文"部分由"为什么做、做什么、怎么做、做的效果"等依次安排，条理清楚、结构完整、内容翔实。这是一篇不错的学习计划书，对其大学期间的学习安排有较强的预见性、针对性、约束性。

【例文二】

××学校文秘专业实习计划

为了贯彻理论联系实际的教学原则，加强实践教学，使学生在社会实践中运用课堂学到的知识，提高应用能力，培养创业能力和创新精神，根据教学计划，本学期安排"秘书学概论"和"应用文写作"两门学科的专业实习。

一、内容和要求

（一）了解基层单位秘书部门（办公室）的一般性工作；

（二）了解机关文秘工作的内容及处理办法；

（三）了解机关文书的制发、运转程序；

（四）根据实习情况学习编写简报；

（五）通过社会调查写出调查报告。

二、时间安排

20××年6月15日至7月5日共3周。分两个阶段：第一阶段（6月15日至28日）两周校外实习；第二阶段（6月29日至7月5日）校内实习，整理材料，写出总结和调查报告，小组交流，选出优秀者（每组两人），班上宣读。

三、实习安排

实习地点及分组安排表(略)

四、组织领导与实习管理

（一）由文化基础教研室负责实习领导，由××、××、××3位老师带队并担任专业辅导员。

（二）聘请各实习点秘书为业务指导教师，协助完成实习中的教学工作。

（三）校外实习期间，由实习单位统一领导，服从实习单位作息时间安排。

五、实习生注意事项(略)

××学校实训处
20××年×月×日

评析：这是一份实习方案，对于近期要完成的实习任务以及采取的措施、办法等写得较详尽，写清了计划的"三要素"——目标（做什么）、步骤（分几步完成）、措施（怎么做），使执行者有据可依，实施起来方便明确。

四、注意事项

1. 要有科学的态度

一是要实事求是，计划不是凭哪个人的主观愿望杜撰而来的，必须是本地区、本单位和个人的客观情况及其发展规律的真实反映。二是要深入调查研究，这是制订计划的基础和前提。三是要有全局观念，必须站在全局的角度考虑和设计，制订的计划应符合国家方针政策、单位工作的指示精神和要求，做到"两头吃透"。四是要有科学的预见能力，只看眼前、不看今后是制订计划的大忌。五是要处理好中心工作与其他工作的关系。六是要具体，指标、措施、步骤、分工、时间、要求都要具体，这样执行者就有章可循，也便于检查，否则就会无所适从，计划等于虚设。

2. 指标、任务、要求应留有余地

制订计划时，要估计出本单位(本人)通过科学的组织、部署，合理地使用人力，调动一切积极因素后所能达到的最高限度。计划中规定的指标、任务和要求，既不能超过这个限度，也不能和最高限度齐平。必须略低于最高限度，留有一定的余地。

3. 要突出重点

综合计划中往往列举多项工作，这多项工作不是处于一个水平线上的。其中必有一项是占主导地位的中心工作。如××学校2011年工作计划中提出以"教育质量年"为工作主题，那么这就是工作的重点，在制订计划时应处处体现此重点。那些貌似全面、包罗万象而没有重点、不分主次的计划，将使执行者不得要领。

4. 要有自己的特点

计划要有自己的个性，这个单位的计划跟别的单位的计划应有所不同，这项工作计划与那项工作计划应有所不同，今年的工作计划与去年的工作计划应有所不同。那种项项雷同、年年如此的工作计划，不仅用处不大，而且会使执行者厌烦。总之，制订计划要因时、因地、因人而异。

五、写作实训

(一) 文种评析

下面给同学们提供一份计划,请大家思考这份计划有哪些缺点。

××职业学院春笋文学社计划

为全面贯彻教育方针,落实学院关于大力开展课外小组活动的意见,我社制订活动计划如下:

1. 本学期举办文学作品欣赏两次,写作技法讲座两次(邀请学院大学语文组老师参加主讲),读书札记交流一次。
2. 组织一次秋游,一次外出采访活动。
3. 本社成员每周练笔不少于两篇,从中选出优秀习作向省市报刊推荐;一学期发表的习作不少于五篇。
4. 积极参加省际、校际及校内各类演讲比赛、读书活动竞赛,力争拿到名次。
5. 与兄弟学院文学社团加强联系,10月组织部分社员外出交流。
6. 学期结束,评选优秀社员;做好补充新社员工作。

××××年××月

(二) 写作训练

××公司为调动职工的积极性,保证完成和超额完成生产任务,决定在全公司内推行××岗位责任制先进经验:要求开好三个会(动员会、经验交流会、总结表彰会),搞好试点工作,组织职工讨论,充分发扬民主,各方面配合,从7月上旬开始,利用一个半月至两个月的时间完成这项任务。

请根据以上情况,为××公司制订一份工作计划。

(三) 拓展训练

以下是一些不正确或不规范的计划标题,请修改正确。
1. ××市国民经济和社会发展五年计划
2. 一九八二年至一九八三年高等职业教育改革规划案
3. ××中学二〇〇八年招生工作规划
4. ××公司关于第三季度销售计划

(四) 情景模拟

某旅游公司总经理向其下属员工李某等共10人下达了下月的销售任务各10万元。公司提供的条件是：旅游产品及资料（自选）、客户群3组及相关联络资料、费用各3 000元等。

请根据以上内容，每位同学写一份销售计划书，写完后分组交流，最后教师点评。

知识链接

如何撰写商业计划书

商业计划书的核心是阐述三个问题：我们所做的事情是什么、我们为谁在提供何种价值的服务或产品、我们如何实现。围绕这三个核心问题，一份优秀的商业计划包括附录在内一般20~30页，过于冗长的商业计划书反而会让人失去耐心。整个商业计划书的写作是一个循序渐进的过程，可以分成五个阶段完成。

第一阶段：商业计划构想细化，初步提出计划的构想。

第二阶段：市场调查，和行业内的企业以及专业人士进行接触，了解整个行业的市场状况，如产品价格、销售渠道、客户分布以及市场发展变化的趋势等因素。可以自行进行一些问卷调查，在必要时也可以求助于市场调查公司。

第三阶段：竞争者调查，确定你的潜在竞争对手并分析本行业的竞争方向。分销问题如何？形成战略伙伴的可能性多大？谁是你的潜在盟友？准备一份一到两页的竞争者调查小结。

第四阶段：财务分析，包括对公司的价值评估。必须保证所有的可能性都考虑到了。财务分析量化本公司的收入目标和公司战略。要求详细而精确地考虑实现公司所需的资金。

第五阶段：商业计划书的撰写与修改。根据收集到的信息制定公司未来的发展战略，把相关的信息按照上面的结构进行调整，完成整个商业计划书的写作。在计划完成以后仍然可以进一步论证计划的可行性，并根据信息的积累和市场的变化不断完善整个计划。

任务九　撰写活动策划书

学习目标
◆ 掌握活动策划书的基本格式
◆ 掌握活动策划书中的活动过程的写作
◆ 培养创新思维和逻辑思维的能力以及统筹规划的能力
◆ 培养根据不同情况进行构思和写作的能力

一、情境导入

大学生赵××是经济贸易系大二年级的学生,同时也是该系学生会文艺部部长。临近中秋节了,系党总支书记告诉他为了丰富同学的课余生活,提高经贸系学子团队凝聚力,想借用中秋节这个契机给全体师生提供一个展现自我、体现经贸学子精神风貌的平台。系里决定举办一场经贸系的中秋文艺晚会,由文艺部来具体策划并制订一份活动策划书交系党总支审核。接到这个任务,赵××千头万绪,不知道从何着手。

赵××需要设计一个别具特色、富有创意的活动策划,并将策划的构思、策划内容和实施步骤写成中秋联欢活动策划书,精心安排节目表演、宣传等各项活动。

二、知识梳理

(一) 概念

专题活动策划书简称策划。是根据掌握的各种信息,对即将举办的专题活动有关事宜进行规划,设计出活动的基本框架,做出全面、周密的安排和计划,并用文字进行表达的书面文案。

(二) 特点

1. 目的性

活动策划有明确的目的性,有很强的针对性,这正是策划的意义所在。每一个策划主体都有自己的目标,这就决定了策划书的写作要始终围绕这一中心目标,不能游离。

2. 计划性

活动策划书实质上是一种活动方案,策划活动的成果必须有一个实施过程,策划书就是这个实施过程的计划文书,有鲜明的计划性。

3. 创新性

活动策划是一种思维的革新。有创意的策划,才是真正的策划。这也是策划与一般计划的主要区别。策划书在内容与形式上都会体现出这一特性。

4. 预测性

活动策划具有前瞻性、预测性,是一种可能实现的目标,因此,对未来的判断既有理性的推断,同时又存在着不确定的风险。

(三) 活动策划书写作的基本步骤

1. 确定主题

主题是对活动内容的高度概括,是整个策划的灵魂。该策划所要达到的具体目的、主要理念,是统领整个活动,连接各个项目、各个步骤的纽带。专题活动要为广大公众所接受,既要虚拟、拔高,又不能空洞、口号化,必须贴近受众心理。

如北京 2022 年冬奥会和冬残奥会主题"一起向未来",是中国向世界发出的诚挚邀约,传递出 14 亿中国人民的美好期待:在奥林匹克精神的感召下,与世界人民携手共进、守望相助,共创美好未来。

2. 确定日期与地点

策划人员首先要确定活动开展时间,以便制定具体的时间安排,并将其列入计划中。在选择活动时间、活动地点时必须考虑公众分布情况、活动性质、活动经费以及可行性等因素。

3. 确定参加活动的人员

不同规模和层次的活动对活动安排要求不同,确定参加活动的人员以及细节要求,如人数、职位等。

4. 费用预算

无论举办什么活动,都要考虑成本问题。策划人员应计划如何用有限的资金支付各项费用,预测可能需要的各种支出,呈报上级批准。

(四) 活动策划书的格式与写法

活动策划书的写作比较灵活,没有固定的文体结构。文字式策划书的文体结构一般包括标题、正文、落款三大部分,有时还有附录。

1. 标题

标题就是策划书的名称,尽可能具体地写出策划名称,一般由单位名称、活动内容、文种三部分组成。如《××学校"环保在你身边"活动策划书》《××公司 20 周年庆典活动策划书》。

2. 正文

活动策划书的正文没有固定的格式，往往根据活动特点灵活选用正文内容。一般来说，有以下几部分：

(1) 前言。介绍活动的整体思路，包括组织部门、主要执行对象、近期状况、活动开展原因、社会影响，背景等，让读者对活动开展的缘由有一个初步认识。

(2) 活动的概况。应根据活动的性质和组织，逐条说明活动的基本情况。这部分内容应与前言一致，在前言中已经说清楚了不用重复说明，一般情况下需要介绍：活动背景；活动主题；活动目标、意义；活动组织者及服务对象；开展活动的时间及地点；活动项目、奖项设置、规则等。

活动概况部分是对活动情况的基本说明，在写作时要分条写作、清晰明确，使读者在阅读完策划书后能够建立对活动的基本认识。

(3) 活动的实施。

① 活动的准备阶段

任何一个活动想要成功举办，开展之前必然有大量精心准备工作。准备工作是活动实施的基础。一般的活动准备阶段应该包括：活动人员安排及工作职责；活动的物资准备；其他准备工作（前期宣传、组织报名、前期培训、设备准备、赞助经费等等）。

根据活动类型、性质和效果不同，活动的准备也不同，写作时应尽量考虑周全。

② 活动举办阶段

作为策划最后呈现在大众面前的部分，活动的举办阶段非常重要。应对策划的各项工作，按一定逻辑顺序排列，将活动的开展和具体安排（如时间、地点、活动对象、人员、开展活动等）呈现在读者眼前。

活动举办阶段作为策划的核心部分，表述方面要力求详尽；不仅仅局限于用文字表述，也可适当加入统计图表、数据等，便于统筹。对策划的各工作项目，应按照时间的先后顺序排列，绘制实施时间表有助于方案核查。

一般来讲，活动开展过程中需要考虑到的具体环节有会场布置、接待室、嘉宾座次、媒体支持、校园宣传、广告制作、主持、领导讲话、司仪、会场服务、电子背景、灯光、音响、摄像、信息联络、技术支持、秩序维持、衣着、指挥中心、现场气氛调节、接送车辆、合影、餐饮招待、后续联络等。写作中这部分内容要根据实际需要自行调节。

③ 活动后续阶段

根据活动的需要，活动后续包括场地清理、结果公示、活动总结等。

(4) 活动所需资源及经费预算。

列出所需人力资源、物力资源，包括使用的地方。可以列为已有资源和需要资源两部分。活动的经费预算要尽量符合实际花费，各项费用在根据实际情况进行具体、周密的计算后，用清晰明了的形式列出。

(5) 活动中应注意的问题及细节。

内外环境的变化,不可避免地会给方案的执行带来一些不确定性因素,因此,当环境变化时是否有应变措施、损失的概率是多少、造成的损失多大等也应在策划中加以说明。

(6) 活动负责人及主要参与者。

注明组织者、参与者姓名、单位(如果是小组策划应注明小组名称、负责人)。

3. 落款

在策划书的最后,注明策划者及策划时间。

涉及奖项评定标准、活动规则的内容可选择以附录的形式出现。

三、范文评析

【例文】

"银盐胶片,定格时间"摄影活动策划方案

随着科技的不断进步,手机摄影已经成为人们记录生活、分享瞬间的重要工具。因为手机拍照很简单,不用思考,对准被摄物体按下快门就好了,主打的就是一个"快"字。但胶片摄影照片的独特韵味,对刚冲洗好的照片的期待,都令人难以拒绝。我们打算组织一次"银盐胶片,定格时间"的活动,采用传统胶片记录生活,希望本次活动能够让酷爱摄影、喜欢记录生活的同学真正意义上地慢下来,去发现身边的美。

一、活动目的

1. 重温胶片摄影这项工艺的独特之处,让对胶片摄影陌生的同学了解胶片摄影的艺术魅力。

2. 让同学们放下手机,出门去感受周围那平时无法注意到的美。

3. 通过开展活动,让更多酷爱摄影的同学去思考每一张照片的含义。

二、活动主题

银盐胶片,定格时间

三、活动时间与地点

时间:××××年××月××日—××月××日

地点:××职业技术学院大学生活动中心

四、举办方与参与对象

举办方:××职业技术学院摄影协会、校团委

参与对象:××职业技术学院摄影协会成员及对胶片摄影感兴趣的大学生

五、活动流程

(一) 前期准备阶段

1. 人员分工

(1) 协会会长××负责活动策划及申请活动经费,负责邀请专家老师,协调人员活动场地。

(2) 协会副会长×××负责在4月14日前准备好本次活动所需要的用品。

2. 宣传准备

由宣传委员×××负责本次活动的宣传，积极通过海报、学校网站、微信公众号等方式为本次活动进行预热宣传、造势及后续报道。

宣传方式：

（1）请二级学院学生会安排各班班长积极在班级内部做好本次活动的宣传，争取让本次活动在学校内获得广大同学的支持和认可。

（2）海报、标语宣传。将活动海报张贴到学校南北区食堂和各个宿舍门口。

（3）请校园网站和我校微信公众号等对本次活动进行宣传，并对活动过程进行全程实时报道。

3. 活动报名

由秘书长×××负责本次活动的报名工作，建立选手报名群。

报名地址：××××××

报名费：××元（耗材费）

联系人：姓名×××，QQ号××××××

（二）组织实施阶段

活动一：胶卷相关知识及设备使用

时间：××××年××月××日

地点：××教室

活动安排：

8:00—8:15　协会会长×××主持"银盐胶片，定格时间"活动启动仪式

8:15—9:00　观看《柯达克罗姆胶卷》影片

9:05—9:45　校宣传部×××老师讲解胶卷相关知识以及胶卷设备的使用方法和摄影技巧

9:50—18:00　六人一组外出拍摄，在校内及周边取景，每组限一卷胶卷。

18:00　摄影完成后，各组将设备还到××教室，并与副会长×××确定冲洗照片时间，将拍摄好的胶卷在××暗室进行标记冲洗出片，并进行装裱。

活动二：拍摄作品评分

时间：××××年××月××日—××××年××月××日

形式：微信公众号

投票人员：××职业技术学院全体人员

活动安排：参与拍摄者在自己所拍摄的作品中挑选最满意的一张发给组委会，由组委会将作品以投票形式发到微信公众号，由校内所有师生及工作人员进行投票评分。

活动要求：为了公平公正，杜绝恶意拉票。

（三）活动总结阶段

时间：××××年××月××日

地点：××教室

活动内容：

1. 对本次摄影活动前十名者，进行表扬鼓励，并颁发奖品（1~3名U盘一个，4~10名暗盒钥匙扣一个）。

2. 校团委老师对本次活动进行总结。

3. 摄影协会通过抖音、微信分享宣传本次活动。

六、经费预算

物资	数量	单价/元	总计/元
胶卷	20	40	800
器材	10	300	3 000
拍立得及相纸	3	400	1 200
冲洗设备	2	400	800
冲洗药水	10	100	1 000
片夹	100	1	100
U盘	3	50	150
暗盒钥匙扣	7	10	70
总计			7 120

七、注意事项

1. 爱护设备，节约材料。冲洗药水有腐蚀性，冲洗胶片时切记佩戴好护具。

2. 工作人员做好各自的工作，确保活动顺利开展，遇到特殊情况及时沟通解决。

3. 结束活动后做好器材整理收纳工作。

××职业技术学院摄影协会
××××年××月××日

评析：这份策划书由活动的概况、活动的开展、活动经费和活动注意事项几个部分依次展开，条理清楚、结构完整、内容翔实，其中活动的开展阶段包含活动的准备、活动的开展、活动的收尾三个阶段，策划安排翔实，活动每一步时间、地点、人员、开展方式安排比较周全，是一则具有较强指导作用的活动策划方案。

四、注意事项

1. 主题要单一

在策划活动的时候，首先要根据组织单位本身的实际问题和市场分析情况做出准确的判断，并且在进行SWOT分析之后提取出最重要的、最值得推广的唯一一个主题。这样才能把最想表达的信息充分地传达给目标群体，才能引起目标群体的关注并让人容易记住。

2. 活动要集中

策划的活动不在于多而必须要围绕主题进行，不然很容易主次不分，从而难以达到预期的效果。而且太多的活动，不仅要投入更多的人力、物力和财力，直接导致活动成本增加，还容易出现操作人员执行不力的情况，最终导致策划的失败。

3. 安排应周密

策划活动的安排应该详细。对活动的时间、方式、地点、人员等情况都必须进行仔细的分析，在具体安排上应尽量周全。还要考虑外部环境（如天气、民俗）的影响。

4. 表述忌主观

在进行策划活动前进行市场分析和调查是必要的。同样在策划书的写作过程中也应该避免主观想法。在策划书付诸实施前，任何情况都可能发生，策划者的主观臆测可能会直接导致执行者对策划书的错误理解。

总之，活动策划书要求：主题明确，内容具体；时机恰当，规模适中；形式新颖，组织周密；符合公众心理，赢得社会支持。

五、写作实训

为了丰富大学生活，营造互助互爱、团结友爱的寝室氛围，××大学团委、学工处联合举办"校园寝室文化节"，通过丰富多彩的活动，增进同学之间的了解、深化友谊，并展示自己的特长和才艺。

请你以活动策划方的身份分析该活动策划书应包括哪些内容，并拟写一份校园寝室文化节活动策划书的提纲。

知识链接

策划的类型

策划的内涵比较丰富，除了活动策划以外，还有其他类型的策划。

1. 市场策划

市场策划是指为实现企业或组织的市场目标而确定和实施的策略和计划。主要包括：

- 品牌策划：策划和管理品牌形象，包括品牌定位、品牌传播等。
- 市场推广策划：策划和组织各类市场推广活动，包括广告、促销、公关等。
- 市场调研策划：策划和实施市场行为的可行性。

2. 内容策划

内容策划指为满足特定目标受众需求而策划和创作内容的活动。主要包括：

- 平台内容策划：策划和管理社交媒体、网站、APP等平台的内容。
- 营销内容策划：策划和创作用于营销活动的内容，包括广告语、宣传资料等。
- 品牌故事策划：策划和创作公司或品牌的故事，用于传递品牌价值观和形象。

3. 技术策划

技术策划指为实现特定目标而规划和组织技术开发的活动。主要包括：

- 产品规划：策划和管理新产品的开发过程，包括需求分析、功能设计等。
- 系统策划：策划和规划软件系统或硬件系统的构架和功能。
- 网络策划：策划和规划网络架构、网络安全等。

4. 教育策划

教育策划是指为实现教育目标而制定和实施的策略和计划。主要包括：

- 课程策划：策划和设计教育课程，包括教学目标、教学方法等。
- 培训策划：策划和组织各类培训活动，包括培训内容、培训方式等。
- 学校教育策划：策划和管理学校的教育工作，包括学校发展规划、学科建设等。

以上只是策划的一些常见种类，实际上策划可以根据不同的领域和目标进行更加细分和专业化的划分。在实际工作中，深入了解并掌握不同种类的策划方法和技巧，可以更好地应对各种策划任务，提高工作效率和质量。

任务十 | 撰写总结

> **学习目标**
> ◆ 掌握总结的含义、种类及特点
> ◆ 掌握总结的格式及写作要求
> ◆ 培养总结意识和反思能力
> ◆ 精讲多练,培养自主学习能力
> ◆ 培养综合素质,写作能力与实践能力相结合

一、情境导入

小李是汽车学院汽车检测与维修专业大二的一名学生,同时他也是该学院学生会的主席。临近学期末了,学院的学生会也面临着换届。作为学生会主席,他需要以学生会的名义写一份学生会的年度工作总结。好在小李平时很注意积累工作中的过程性资料,并注重学生会各部门工作资料的归档。在查阅相关资料和请教老师之后,他决定按照时间顺序把学生会的全年工作分成几个阶段去写,并依次对每个阶段的工作情况进行总结分析。在写作的过程中重点写到了学生会这一年工作所取得的成绩经验,同时也写出了存在的问题。在这份工作总结的最后,他还提出了学生会今后工作的打算以及针对工作中的失误应该采取的改进措施,并阐明了今后工作努力的方向。学生会换届大会上,小李的总结内容具体实在、有理有据,语言准确生动、简明朴实,获得了领导、老师及同学们的一致肯定。

《论语》里有一句话,"告诸往而知来者",意思是说能够举一反三,告诉他过去的事情,他就能找到规律,从而推知未来的事情。要成为一个能够从过去推知未来的人,就要善于总结过去,从总结中寻找规律。

"前事不忘,后事之师",总结能够指导人们的实践工作不断地向更高级的阶段发展。无论是个人还是单位,只要能够经常地、自觉地、正确地总结实践经验,就能够在实际工作中取得较好的成效。

二、知识梳理

（一）总结的概念

总结是指党政机关、社会团体、企事业单位或个人对其前一阶段内的工作、学习、生活等实践活动进行全面、客观的回顾、分析和评价，从中找出经验教训，评估得失，并将其条理化和系统化，从而引出规律性的认识，用以指导今后的实践活动而形成的一种文书。

（二）总结的分类

1. 按总结的性质分类

按照性质不同，可将总结分为专题总结和综合总结。

（1）专题总结

又称单项总结，往往是针对某一项工作任务或活动的情况进行总结，尤以总结推广成功经验为多见，例如《××集团 2017 年销售工作总结》。

（2）综合总结

又称全面总结，是对某一阶段或时期各项工作的全面回顾和检查，进而总结经验及教训，例如《××公司 2017 年年度工作总结》。

2. 按总结的内容分类

按照内容不同，可将总结分为工作总结、教学总结、学习总结、科研总结、思想总结、项目总结等。

3. 按总结的范围分类

按照范围不同，可分为个人总结、单位总结、行业总结、地区总结等。

4. 按总结的时间分类

按照时间不同，可将总结分为月份总结、季度总结、年度总结、（一年以上的）阶段总结等。

（三）总结的特点

1. 真实性

总结是对过去本地区、本单位或自身实践活动再次理性认识的过程，必须用事实说话。它的观点提炼须以材料的真实性为前提，离不开典型事例和确凿数据的恰当而准确的使用。既不能夸大事实，一味拔高，也不能回避问题，避重就轻。客观真实是总结最突出的特点。

2. 理论性

总结不是对已经完成的工作事实的简单复述，也不是对工作实践过程和情况的表面反映。其目的是将学习、工作等实践活动中获得的零散的、感性的、表面的感受，上升为系统的、本质的理性认识和表述,并通过回顾、检查过去的实践活动,概括和揭示其内在规律,从而对今后的实践活动提供指导和借鉴。

3. 概括性

总结的对象是前一阶段或时期已经发生的实践活动,对于这段时间范围内的活动要有整体的认识和评价。总结通过对以往实践活动的成绩与失误的充分挖掘及其根源的深入剖析,肯定成绩,找出问题,并从中概括出经验和教训,为下一阶段的工作提供参考和明确工作方向。

(四) 总结的格式

总结一般由标题、正文、落款三部分组成。

1. 标题

总结的标题写法多样,根据内容的需要,可采用不同的形式,常见的有以下几种。

(1) 文件式标题:由单位名称、时限、内容和文种组成。如《××学院2022年教学工作总结》。

文件式标题的部分要素如单位、时间可以省略。如《大学生艺术节活动总结》《科研工作总结》。

(2) 文章式标题

单行式标题:以单行标题概括主要内容和基本观点,不出现文种"总结"字样。如《教学工作,要以学生为本》。

双行式标题:分为正、副标题,正标题揭示主题或概括经验体会,副标题说明单位、时限、事由和文种等。如《探索中的收获——××学院2022年教学改革情况总结》。

2. 正文

总结的正文部分通常由前言、主体、结尾三部分组成。

(1) 前言

这一部分是总结的开头,简明扼要地介绍总结对象的基本情况,使人们对总结的时间、背景、事情的主要经过和结果有个总体印象和初步了解。这部分在结构上有领起下文、奠定基础的作用,有利于主体部分的充分展开。

(2) 主体

主体部分是总结的重点部分,一般是在全面回顾工作情况的基础上,分析提炼取得成绩的经验以及存在问题的教训。

① 分条式

这种形式适用于主题较为单一的专题总结。写作时直接切入主题,总结归纳工作或活动的经验并找出其中的规律性的认识,形成观点分条列出,逐条论证。

观点的写作是专题总结写作的亮点,既有新意又能提纲挈领的观点最能打动读者。观点之下要对观点进行阐述,论证你的观点。应采用叙议结合的表达方式。在交代工作或活动的过程、列举典型事例时,以叙述为主;分析论证经验时用议论。最后反思工作或活动中的不足及工作或活动取得的经验教训。

② 两段式

这种形式多用于阶段性的综合性总结。第一部分回顾和归纳本阶段完成的任务。总结不是对工作事实的简单复述和工作过程的表面反映,要将具体活动进行分类归纳,这种形式便于让读者全面清晰地了解整个周期的工作或实践活动的整体情况。第二部分再来归纳工作或活动中的经验与成绩,最后反思工作或活动中的不足及取得的经验教训。

(3) 结尾

结尾可以概述全文,结合前一时期工作的经验,针对存在的问题,提出今后努力的方向。还可以针对问题,提出解决方法以及将来的设想或建议等。

3. 落款

落款包括署名和成文日期。在总结正文的右下方,写上总结单位的全称或个人的姓名。如在标题中或标题之下正中的位置已署名,此处可省略。最后在落款上加盖公章。

三、范文评析

【例文一】

××师范学院第九届艺术节总结

××市××师范学校第九届艺术节于20××年5月7日至18日举行,历时12天。本届艺术节我校开展了丰富多彩的活动,它不仅为青年学子提供了一个展示特长、展现青春风貌的平台,为同学们的大学生活增添了靓丽的一笔,更激发了同学们以饱满的状态投入学习生活,无惧未来、不负韶华,勇敢追梦的理想。现将本次活动情况总结如下:

一、思想统一,组织有力

为搞好本届艺术节,我校在3月12日专门成立了以校长为组长、各部门负责人和各班班长为组员的筹备小组。经过广泛深入的宣传,本届艺术节"高品位、高质量、高效益"的目标成了全校师生的共同追求,保证了各项工作都能及时落实到位。

二、内容丰富,推陈出新

本届艺术节共设有六项内容,包括开幕式暨音舞组教师专场演出、迎五一演讲比赛、童话剧专场演出、学生"弹、唱、跳、画"四项技能综合比赛、师生书画作品展、闭幕式暨学生文艺汇演。这些内容涉及音乐、舞蹈、书法、美术、演讲、表演、创编等很多方面。筹备小组成员积极发扬创新精神,注重内容的推陈出新,本届艺术节的内容有一半是新创作的。譬如,音舞组教师专场演出、学生"弹、唱、跳、画"四项技能综合比赛、童话剧专场演出等三项活动在我校艺术节中均属首次举办。

三、参与面广,质量高

经初步统计,全校师生不仅人人参与,而且直接参与本届艺术节六项重大活动的就高达两千人次,平均每人要直接参与三项活动。参与本届艺术节的人数和人次在历届艺术节中均是最多的。节目质量高、精彩纷呈是本届艺术节的又一重要特点。例如,同学们自编自演的十个童话剧经录音剪辑后在市人民广播电台《红蜻蜓》节目中逐一播出。童话剧《森林编辑部》还被市电视台选中参加了市"庆六一"文艺晚会。这些固然与师生们思想重视、准备充分有关,同时也说明了我校艺术教育的质量上了一个新台阶。

四、宣传力度大,社会影响好

为了做好本届艺术节的对外宣传工作,筹备小组组织了艺术节宣传报道班子。市电视台、市人民广播电台、《××晚报》社等新闻媒体也对艺术节给予了极大的关注和支持,进行了跟踪报道,使本届艺术节产生了前所未有的社会影响,得到了社会各界的一致赞誉,学校知名度也因此有了较大提高。

在本届艺术节取得圆满成功的同时,我们也清醒地看到了两个方面的不足。一是设置的活动项目过多,师生承担的任务过重,对艺术节期间的课堂教学略有影响,这一点应在以后的艺术节中注意克服;二是由于活动紧凑,部分活动的组织不够细致,今后可以把艺术节时间拉长,活动分散一点,多出精品活动。

我们深信,本届艺术节的成功经验一定能成为把我校艺术节越办越好的重要借鉴,勇于创新的××师范人一定会在今后的艺术节中收获更多的成果。

××师范学院团委
20××年5月20日

评析:这是一篇专题性活动总结。文章第一段即为前言,内容高度概括,直接介绍了本次活动的背景和取得的成效。正文主体部分采用条文式结构,每一个部分都提炼出一个关键句,点名该部分的中心;叙议结合,有分析,有归纳,语言朴实易懂而又不失文采。最后提出活动教训和不足之处。最后在总结的结尾部分也指出了今后活动的努力方向。

【例文二】

××所2023年上半年工作总结(节略)

2023年上半年,按照区政府、建设局的要求,我所紧紧围绕全年目标任务,强化管理,进一步加大设施养护监管与考核力度,努力提升设施管理水平,较好地完成了上半年各项工作任务。

一、2023年上半年完成的主要工作

(一)抓好养护管理工作

1. 较好地完成日常养护任务

(1)配合完成2023年街巷整治工程普查及工程立项工作。……

(2)积极做好冬春栽补植及××马路苗木迁移工作。……

(3)认真抓好病害防治工作。……

2. 调整考核方式,加大监管与巡查工作力度

今年市政、绿化养护考核在去年的基础上作了相应调整,一方面在内容上增

加了设施完好抽考项目,另一方面在方法上将市级相关专业考核与月度考核结合起来,提高了养护考核的标准,扩大了考核抽查数量。

在市政方面,加大对河道保洁工作的监督力度⋯⋯

在绿化方面,对于××北路××大市场段绿化隔离带⋯⋯

3. 做好防台防汛准备工作

⋯⋯

(二)做好设施监管工作

1. 做好数字化信息案件的监管

按时完成接收的城市信息化管理案件,建立城市信息化管理档案⋯⋯

2. 抓好重点工程的监管

协助快速内环北线完成树木移植、绿地占用等工作⋯⋯

3. 为民办实事,做好服务

受理属管辖范围内的投诉、举报73起,做到件件落实,不能解决的向投诉人说明,同时,热情解决群众遇到的绿化、市政方面的困难和问题⋯⋯

4. 积极配合市平台做好各类监管工作

完成市政公用局审批案件的监管77起⋯⋯

(三)加强内部管理工作

1. 为配合新一轮收入分配制度改革工作⋯⋯

2. 做好财务管理工作,完成收支分类账目,及时、准确地反映财务信息,为领导提供决策依据⋯⋯

3. 积极做好宣传工作,努力扩大单位知名度⋯⋯

(四)大力开展群众绿化

1. 采用多种形式,广泛宣传发动

今年,我们以创建绿模城为切入点,采用多种形式,广泛宣传发动,营造全民参与共创绿模城的氛围⋯⋯

2. 重点工程,有序推进

今年老城增绿共有七块绿地,已完成12 000平方米一期绿化工程,二期将增加大树、亮化灯光设施、休闲坐凳、管理用房⋯⋯

二、存在问题

(一)养护标准不高,缺乏亮点

市政、绿化养护还不够精致,标准还不够高;游园绿地亮点不突出⋯⋯

(二)服务意识有待于加强

工作中要进一步加强服务意识,转变工作作风,热情为百姓、为企业服务,提高服务的标准和质量。

(三)费用缺口较大

由于对设施养护管理的要求较高,日常养护管理开支较大⋯⋯

（四）人员力量不足

随着城市管理工作的提档升级,迫使我们必须进一步提高我区的设施管理水平,而人手的缺乏让我们感到管理工作难以深入开展……

三、下一步工作重点

（一）加强对工作人员业务知识培训

…………

（二）加强养护管理的过程监控

…………

（三）抓好落实各类专项工程的质量管理和安全工作

…………

××所

2023年7月20日

评析: 这是一篇综合总结。正文主体部分先全面分类回顾本阶段工作情况,接下来在此基础上分析提炼存在问题与教训,并针对问题提出解决方法以及将来的工作设想。

四、注意事项

1. 详略得当,突出重点

总结并不是事实材料的简单堆积,它需要对材料进行分析、研究进而归纳出观点。其目的是通过对以往实践活动的回顾、检查,将零碎的、表面的感性认识上升为全面的、本质的理性认识,以理清工作中的成绩和失误,找出规律性的认识,明确今后工作的努力方向,同时也为上级领导或部门提供决策依据。

无论哪种类型的总结,都要先弄清写作的具体目的,以确定其主题和内容的侧重点。应把具有典型意义且有利于证明观点的材料详细书写,具有一般意义的材料要简单书写,切忌主次不分。

2. 实事求是,彰显特色

总结起着回顾过去、指导未来的作用,因此其写作必须坚持实事求是的原则。不管在对过去实践活动的回顾、检查中发现了怎样的问题,都必须客观地从中总结出经验和教训,以便更好地指导将来的工作,避免类似问题重复出现。一份好的总结是制订新的计划或者做出科学决策的重要依据。只有建立在真实、丰富材料基础上的总结,才有其理论、指导意义。此外,在撰写总结时,无论单位还是个人都应从工作实际出发,努力挖掘工作或实践活动中新鲜的、有个性的东西,比如新的成绩、新的经验、新的认识等,要注意彰显出工作特色,切忌年年重复。

3. 叙议结合,语言得当

总结旨在从工作或实践活动中提炼出有价值的经验性的东西。因此,总结的写作就是一个由具体到抽象的过程,它决定了在总结中由材料来说明观点、观点去统率材料的写作思路,这也就决定了总结叙述与议论相结合的表达特点。

随着现代社会生活节奏的加快，无论写哪一种文种，都应力求简短，总结也不例外。总结的语言要力求朴实、简洁。朴实就是要求语言朴素、不浮夸，不用华丽的辞藻，内容要通俗易懂。简洁就是要求简明扼要，不拖泥带水。

五、写作实训

（一）病文修改

以下是一位同学写的课程学习小结，你能发现存在的问题吗？请指出来并加以修改。

课程学习小结

家庭医生这门课是我本学期选择的选修课。这一学期的学习让我学到了许多与我们生活密切相关的医学保健知识。课上的每一个案例都是很好的学习教材。我们课堂上看过的案例有如何正确养胃、如何预防和缓解颈椎病、怎么判断自己是属于哪种体质、四季简单养生常识等等。

家庭医生这门选修课是一门形式多变、活泼的课。上课的形式以小组为主，有时自由组合，有时抽签，有时老师随机分配。我们还会以辩论赛的形式上课，同学们每次课上还可以提前找一个案例，由任课老师来负责答疑。多种形式的授课方式使我们每个同学都有高度的积极性，大家都能在愉快的课堂气氛中学习真正实用的知识。

我认为家庭医生课是我最喜欢上的一节课，因为每一堂课老师都能用不同的形式授课，而且能把我们的主动性和积极性调动起来，课堂气氛也很活跃，是我最希望上的课。我认为秦老师的课堂是快乐的课堂，他的教学方式是学生们最喜欢的让人感觉快乐的教学方式，是一个集学习与娱乐于一体的课堂。真心希望所有的课都能像秦老师的家庭医生选修课一样，有愉快的课堂，而且所讲到的知识都能被学生牢牢地记住。感谢秦老师让我有这么愉快的课堂体验！

程××
2024 年 6 月 10 日

（二）写作训练

请阅读下列一篇总结（节选），为其拟订恰当的小标题，力求精练。

××大学深圳大运会志愿者工作总结

在已经结束的深圳大运会中，××大学以高度的社会责任感、使命感和紧迫感，积极主动、有条不紊，扎实推进志愿服务工作。通过不懈的努力和采取多种措施，本次的志愿服务工作取得了显著的成果。秉承"奉献、专业、坚韧、进取、包容、友爱"的志愿服务精神，××大学的 400 多名志愿者齐心协力、不负众望，圆满完成了本届大运会的志愿服务工作。现将有关情况总结如下：

一、(　　　　　　　　　　　　　)

为保证本次志愿服务工作顺利进行,我校领导高度重视,充分发挥我校的专业人才优势、组织优势和政治优势,于××年××月××日成立了以学校党委书记××担任顾问、校长××担任组长的大运会志愿者工作领导小组。通过整合学校优质资源,并积极调动各方力量确保做好本次大运会志愿服务工作。为此,我校成立了专门的领导小组,并下设志愿工作小组,由校党委副书记××担任组长。比赛期间,我校主要领导曾多次亲临大运会,慰问志愿者们。

二、(　　　　　　　　　　　　　)

我校认真贯彻落实大运会志愿者指挥部的工作部署,通过周密组织,高效有序推进我校志愿者招募工作。通过精心组织志愿者招募宣讲会、笔试面试等方式,最终选拔了196名志愿者。他们服务经验丰富、综合素质高、语言能力强。还组建了大运会小语种志愿者团队,积极配合新华社××分社招募选拔100名官方通讯社即时引语志愿者。为保证服务质量,我们的志愿者主要从高年级选拔,他们中很多人具有海外学习经历和亚运会、亚残运会等大型赛会服务经历。此外,我校组建了大运会电话多语言服务中心,其中的翻译任务全部由我校学生担任,比赛期间为大运会贵宾、技术官员、工作人员提供近10个语种的电话热线翻译服务。另外,我校还派出了60名学生担任××市外办见习生志愿者,30名同学担任大运会火炬手翻译志愿者。

三、(　　　　　　　　　　　　　)

为提升志愿者的专业素质和综合素质,更好地服务大运会,我校还对参与赛事服务的所有志愿者进行了系统的培训,包括志愿者心理调适、志愿者媒体应对、志愿者外事礼仪及国家安全等通用的培训。在××月××日举办了志愿服务誓师动员大会,会上校领导××为参与赛事服务的全体志愿者做了动员讲话。同时,我们还协助大运会组委会各部门开展志愿者岗位专业培训,并结合学校自身的专业办学特色,开设小语种日常用语培训,并组织相关人员编写了10个语种的日常会话读本,方便志愿者工作使用。

四、(　　　　　　　　　　　　　)

赛会期间,为保证志愿服务的质量,体现志愿者的素养,我们还选拔了一批经验丰富的带队老师全程参与和指导志愿者的服务工作。这些优秀的老师和志愿者们一起以良好的精神面貌、饱满的热情、优质专业的服务圆满完成了大运会的各项工作任务。与大运会组委会外联部共建深圳大运会电话多语言服务中心,提供10个语种24小时电话热线翻译,构筑"语言服务的最后一道防线"。同时,为给前线的志愿者们提供全方位的服务和保障,学校还临时成立了志愿者赛时指挥中心,并设立了宣传组、新闻组、安全组等,还配合本次大赛编印了《志愿者工作手册》。

五、(　　　　　　　　　　　　　　)

为进一步宣传大运会和我校的志愿服务工作，学校主页上设立了深圳大运会专栏，并建立大运会志愿服务专题网站，随时报道和更新大运会的赛事和志愿者的事迹，营造关心、支持大运会，激励关怀志愿者的浓厚氛围，进一步推动我校大运会的志愿服务宣传工作。赛会期间，我校建立了专门的大运会志愿者报道平台，每天实时向志愿者们推送当天的新闻、大运会知识、志愿者心灵鸡汤等内容，累计发布快讯30条，发送总人次数超过1 900人次，成为志愿者的动力平台和心灵加油站。

(三) 拓展训练

请结合自己的实际情况，完成以下任务中的一项：

1. 撰写一份上学期学习总结。

2. 如果你是某班级、社团、院级或校级学生干部，请结合自己的工作情况撰写一份学生干部工作总结。

3. 假如你最近在学校里组织或参加了某项学生活动，请撰写一份关于该活动的个人总结。

知识链接

个人述职报告与个人工作总结的联系与区别

1. 述职报告与总结的相同之处

两者都可以谈经验、教训，都要求材料真实并与观点紧密结合。从某种程度上说，个人述职报告可以借鉴总结的某些写作方法。

2. 述职报告与总结的不同之处

述职报告与总结的不同之处主要体现在理论方面和实际写作过程的不同。理论方面的不同具体如下：

(1) 概念不同

述职报告是机关负责人就任职一定时期内所做工作向任命机关或机关群众进行汇报并接受审查和监督的陈述性文案。它是伴随着人事管理制度和改革而出现的一种新文体，也是考察干部履行职责情况以及是否称职的一种手段。而个人工作总结则是个人对做过的某一阶段的工作进行系统的回顾、分析，从中找出收获、经验教训及带有规律性的认识的一种事务文书。

(2) 目的和作用不同

除了在概念上不同以外，述职报告和个人工作总结行文的目的和作用也不一样。述职报告是群众评议组织、人事部门考核述职干部的重要文字依据，不仅有利于述职者进一步明确工作职责，总结成功经验，吸取失败教训，提高自身素质，改进工作方法，还有利于增强单位内部民主监督的良好风气。而个人工作总结则是通过对以往实践活动的回顾、检查,将零碎的、表面的感性认识上升为全面的、本质的理性认识,以理清工作中的成绩和失误,找出规律性的认识,明确今后工作的努力方向,同时也为上级领导或部门提供决策依据。

(3) 回答的问题不同

述职报告要回答的是有什么职责、履行职责如何、是如何履行职责的、称职与否等问题,既要表述履行职责的结果,展示履行职责的过程,又要介绍履行职责的出发点和思路,还要申述处理问题的依据和理由。个人工作总结是对一项工作或一段时间里的工作进行的归纳。它回答的问题是做了哪些工作,有哪些成绩,取得了哪些经验,存在哪些不足,要吸取什么教训,今后有何打算等。

除了以上涉及的三点理论方面的区别以外,在实际写作操作过程中,还有以下三方面的不同:写作侧重点不同、结束语不同以及表达方式不同。

(1) 写作侧重点不同

述职报告必须以报告履行职责情况、报告德才能绩为主,重点在于展示履行职责的思路、过程和能力,重点和范围有确定性,仅限于职责范围之内,职责范围外的概不涉及,并围绕职责这个基点精选材料。个人工作总结一般以归纳工作事实、汇总工作成果为主,重点在于阐述主要完成了哪些任务,取得了怎样的成绩。

(2) 结束语不同

述职报告与个人工作总结在结构上大致相同,仅在结尾部分有所区别。述职报告结束时一般在指出存在的问题后,表明自己的态度,并欢迎大家对自己的述职报告进行评议。写作时常用"以上报告请批评指正""述职至此,谢谢大家""专此报告,请审阅"等语句。而个人工作总结在写作时指出存在问题后,还要写出下一步的工作打算、努力方向及解决问题的措施。

(3) 表达方式不同

述职报告采用夹叙夹议的方式,运用叙述和议论,还辅以适当的说明;既表述履行职责的有关情况,又说明履行职责的出发点和思路,还要申述处理问题的依据和理由。总结主要运用叙述的方式和概括的语言;不要求展示工作过程,只需归纳工作结果。

任务十一 | 制定规章制度

学习目标
◆ 掌握规章制度的概念和特点
◆ 掌握规章制度的结构和写法
◆ 培养规范意识,能够按照要求撰写合理的规章制度

一、情境导入

小王在一家国营建筑公司的人力资源部工作,为了避免公司员工发生迟到、早退、旷工等违纪行为,严肃劳动纪律,公司让他起草一份员工考勤管理制度方面的文件,小王该如何写作呢?

"不以规矩,不能成方圆。"在日常生活中,规范和制度无处不在、无时不有。随着社会的进步和发展,企业越来越重视规章制度的重要性。规范和制度是企业正常运营的基本保证。公司的每一个部门,都会依据本部门的职能制定相应的规章制度,以保证本部门工作顺利、高效地进行。

二、知识梳理

(一) 概念

规章制度是国家机关、社会团体、企事业单位为了维护正常的工作、劳动、学习生活的秩序,保证各项工作的正常开展,依照法律、法令、政策而制定的具有指导性与约束力的应用文。

规章制度的使用范围非常广泛。规章制度对于社会经济、科学技术、文化教育事业的发展,对社会公共秩序的维护,都有着十分重要的作用。

(二) 特点

1. 规范性与约束力

规范性是规章制度的首要特点。规章制度明确规定了应该做什么、不应该做什么,一

经制定并公布施行,就起到规范人们行为的作用。有一些规章制度还具有行政约束力。如果任意为之,违反有关条款,就要受到相应的处罚。

2. 严肃性与稳定性

制定规章制度应严肃对待,不能草率从事。制定前应认真进行调查研究,广泛听取各方意见,要符合本地区、本系统、本单位的实际,实事求是,切实可行。规章制度既然是人们的行为准则,就不宜经常变动和修改,应具有一定的稳定性。但并不是说规章制度是一成不变的,在条件成熟的时候或者环境发生了变化,应及时修改并加以完善。

3. 明确性和具体性

规章制度主要回答"怎么办"或者"应该如何""不得怎样"之类的问题,为了便于执行和检查对照,规章制度条款的拟定必须明确具体。一般一条集中写一个意思,措辞准确、严谨、周密、完善,避免模棱两可、含糊不清、歧义或前后矛盾,以防发生误解或对同一条文产生多种不同理解。

(三) 作用

规章制度的使用范围极其广泛,大至国家机关、社会团体、各行业、各系统,小至单位、部门、班组。它是国家法律、法令、政策的具体化,是人们行动的准则和依据。因此,规章制度对社会经济、科学技术、文化教育事业的发展,对社会公共秩序的维护,有着十分重要的作用。

(1) 规章制度在日常管理中能够对人们起到引导和教育的作用。规章制度能够让人们清楚地知道自己的权利和义务是什么,怎样享受权利,如何履行义务;可以防止管理的任意性,保护人们的合法权益,满足人们公平感的需要;通过合理设置权利义务,使人们能够预测到自己的行为和努力的后果,激励人们为企业的目标和使命努力奋斗;可以告诉人们违反甚至严重违反规章制度的后果是什么。在规章制度的实施过程中,通过对违规甚至严重违规者的处罚能够起到对其他人的警示作用。

(2) 规章制度可以保障管理有序化、规范化,将发生争议和纠纷的可能性降到最低,降低管理成本。

(3) 在发生争议时,合法有效的规章制度是相关部门合法作为的依据。

(四) 种类

规章制度按照其内容和管理范围的不同可以分为四类:行政法规、章程、公约、制度。不同的类别分别反映不同的需要,适用于不同的范围,起着不同的作用。

1. 法规类

法规是由行政部门颁布的具有法律约束力的社会管理规范性文件。在法律体系中,法规主要指行政法规、地方性法规、民族自治法规及经济特区法规等。

行政法规是国务院为领导和管理国家各项行政工作,根据宪法和法律,并且按照《行政法规制定程序条例》的规定而制定的政治、经济、教育、科技、文化、外事等各类法规的总称。

地方性法规是省、自治区、直辖市的人民代表大会和它们的常务委员会,在不与宪法、法律、行政法规相抵触的前提下,制定并报全国人民代表大会常务委员会备案的地方性经济、社会管理规范性文件。

常见的法规类规范性文件有条例、规定、办法、细则等。

(1) 条例

条例是对某一方面行政工作比较全面、系统的规定。条例是具有法律性质的文件,是对有关法律、法令作出的辅助性、阐释性的说明和规定;是对国家或某一地区政治、经济、科技等领域的某些重大事项的管理和处置作出的比较全面、系统的规定;是对某机关、组织的机构设置、组织办法、人员配备、任务职权、工作原则、工作秩序和法律责任作出的规定或对某类专门人员的任务、职责、义务权利、奖惩作出的系统的规定。它的制发者是国家最高权力机关、最高行政机关(国务院各部委和地方人民政府制度的规章不得称"条例")。例如:《失业保险条例》《中华人民共和国人民币管理条例》《中华人民共和国学位条例》。

(2) 规定

规定是对某一方面行政工作作出的部分的、阶段性的规定。规定是为实施贯彻有关法律、法令和条例,根据其规定和授权,对有关工作或事项作出的局部的具体的规定;是法律、政策、方针的具体化形式;是处理问题的法则。主要用于明确提出对国家或某一地区的政治经济和社会发展的某一方面或某些重大事故的管理或限制。规定重在强制约束性。它的制发者是国务院各部委、各级人民政府及所属机构。如《关于制止低价倾销工业品的不正当价格行为的规定》。

(3) 办法

办法是国家行政主管部门对贯彻执行某一法令、条例或进行某项工作的方法、步骤、措施等,提出具体规定的法规性公文。办法的特点:一方面法规约束性侧重于行政约束力;另一方面条款都具体、完整,重在可操作性。

它的制发者是国务院各部委、各级人民政府及所属机构。例如:《广东省普及九年制义务教育实施办法》就是针对如何落实《中华人民共和国义务教育法》制订的实施办法。

(4) 细则

细则是为实施"条例""规定""办法"作详细、具体或补充的规定,对贯彻方针、政策起具体说明和指导的作用。它的制发者是国务院各部委、各级人民政府及所属机关。例如:《〈对外汉语教师资格审定办法〉实施细则》《审批个人外汇申请施行细则》《中华人民共和国专利法实施细则》等。

2. 章程类

章程是政党组织或社会团体、学术组织用以说明该组织的宗旨、性质、组织原则、机构设置、职责范围等的纲领性文件,具有准则性与约束性。它的制发者是政党或社会团体。例如:《中国共产党章程》《中国人民政治协商会议章程》《中国写作学会章程》等。

3. 公约类

公约是人民群众或社会团体经协商决议而制订出的共同遵守的准则。是人们为了维护公共秩序，经集体讨论，把约定要做到的事情或不应做的事情、应该宣传的事情或必须反对的事情明确写成条文，作为共同遵守的事项。它的制发者是人民群众、社会团体。例如：《居民文明公约》《小区卫生公约》《北京市各界人民拥军优属公约》《班级纪律公约》等。

4. 制度类

制度一词有广义的解释与狭义的解释。就广义而言，在一定条件下形成的政治、经济、文化等方面的体系就是制度（或叫体制），如政治制度、经济制度、社会主义制度、资本主义制度等等。就狭义来讲，是指一个系统或单位制定的要求下属全体成员共同遵守的办事规程或行动准则，如工作制度、财务制度、作息制度、教学制度等等。

任何合法的单位、团体、组织或机关都有权制定关于其内部事务的管理制度。制度可使某个单位、团体、组织或机关的所有成员共同遵守某些办事规程和行动准则，从而为完成任务或目标提供保证。具体包括制度、规则、规程、守则、须知等。

（1）制度

制度是有关单位和部门制定的要求所属人员共同遵守的准则，是机关单位对某项具体工作、具体事项制定的必须遵守的行为规范。它的制发者是机关团体、企事业单位及其部门。例如：《安全生产制度》《××地区环保局廉政制度》《办公室卫生管理制度》《学校领导巡课制度》等。

（2）规则

规则是为维护劳动纪律和公共利益而制定的要求大家遵守的关于工作原则、方法和手续等的条规。它的制发者是机关团体、企事业单位及其部门。例如：《××委员会专家组工作规则》《××职业大学图书馆借书规则》等。

（3）规程

规程是生产单位或科研机构为了保证生产安全与产品质量，使工作、试验、生产按程序进行而制定的一些具体规定。它的制发者是机关团体、企事业单位及其部门。例如：《化学实验操作规程》《车间操作规程》《计算机操作规程》《吊装作业安全规程》等。

（4）守则

守则是机关团体、企事业单位要求其成员遵守的行为准则，倡导有关人员遵守一定的行为、品德规范。它的制发者是机关团体、企事业单位及其部门。例如：《全国职工守则》《汽车驾驶员守则》《高等学校学生守则》《社区公共安全守则》等。

（5）须知

须知是有关单位、部门为了维护正常秩序，搞好某项具体活动，完成某项工作而制定的指导性、规定性的守则。它的制发者是有关单位、部门。例如：《乘客须知》《小学生安全须知》《世博园区游览须知》等。

（五）格式

规章制度通常由标题、正文和落款三部分组成。

1. 标题

规章制度种类不同,标题的写法也不完全一样,有的由机关、团体或各类组织的名称以及文种名称两部分组成,如《中国书法家协会章程》《上海××工贸公司章程》;也有的是以制定单位名称、内容范围、文种名称三部分组成,如《中国银行外币存款章程》《××百货商场服务公约》《××学院关于鼓励青年教师积极参加社会实践的规定》。如果规章制度在内容上还不够成熟,可以在标题内写明"暂行""试行"等字样,如《高等学校学生行为准则(试行)》。

2. 正文

正文要写清楚规章制度的具体内容,一般包括开头、主体、结尾三个部分。

(1) 开头部分写明制定该规章制度的依据、目的、适用范围、指导思想和要求等。也有规章制度,如一些组织的章程,一开头则说明该组织的性质、宗旨。开头所写内容可以视具体情况而定,写法也可以灵活掌握。可以以"总则"的形式作为第一章,下面再写条款;可以写成一两个条款放在开头;也可以在条文之前加一个前言等。有些内容简单的规章制度开头往往省去这部分内容。

(2) 主体部分写明规章制度的实质性内容,具体规定大家必须共同遵守或执行的事项。内容比较复杂的规章制度比较适宜于采用分章式结构,即全文分成若干章,各章下又分若干条,有的条下还设款的形式。还有一些内容比较简单的规章制度,可采分条式写法,即只分条目不分章节。如学生守则、阅览须知等,其结构形式较为简单,一般只写一个标题,在开头说明缘由、目的、要求等,然后分条列出规章制度的具体内容。

(3) 结尾部分又称为"附则"。这一部分是对文件主体的补充和说明。一般要写明违反规章制度的处罚办法与规则、生效日期、执行权、解释权以及其他未尽事宜的解决办法。适用对象和生效日期也可写在附则内。

3. 落款

写明制定者的名称和实行日期,一般写在正文结尾后面。已在标题中写明单位名称的,这里就不必重复。实行日期也可写在标题下面。有的规章制度从公布起需要长期实行的可以不写日期。凡要写日期的,应具体写明年、月、日。

三、范文评析

【例文一】

门卫管理制度

一、门卫是本厂精神文明的窗口。门卫工作人员在值班时间务须衣饰整洁,对来访者以礼相待,态度和蔼。

二、门卫工作人员必须坚守工作岗位,做好安全保卫工作。

三、传达室内除正常工作人员及外来联系工作人员以外,任何人不准在室内谈天闲坐。外来联系工作人员必须出示介绍信,并进行来访登记,然后方可进厂。

四、上班时谢绝会客。凡私人电话,除急事外一般不传呼。集体参观必须持有上级主管部门的介绍信,并事先与本厂有关部门联系同意后才能参观。个别参观、照相一律谢绝。

五、凡本厂职工上班,一律不准带小孩,不准带零食,不准穿拖鞋。进厂时必须衣冠端正,佩戴厂徽(佩在左胸上方),未佩戴者登记上报。外包工、临时工、外来学习培训人员应出示临时工作证。

六、凡本厂职工迟到者必须登记;在上班时间因公外出者,应持有出厂证;凡批准病假、事假、调休等人员应持有准假证。所有持证人员必须在门卫登记后才能出厂。无证出厂者,门卫有权登记并及时上报人保科。

七、凡厂内的原辅材料、生产设备、工具零件、成品、半成品等一切物资,一律凭成品物资出厂单或实物现金发票联出厂。凡私人持包等物出厂要主动向门卫打招呼。对不符合手续出厂的物品,门卫有权询问、检查或扣留。

八、各种车辆按指定地点停放,未经批准不准进入厂内。

××市××化工厂
××年×月××日

(例文选自曾昭乐编著:《现代实用写作》,中山大学出版社2011年版,第137页,有改动)

评析: 这篇《门卫管理制度》采用的是分条式的结构形式。全文共八条,条款虽然不多,但写明了具体标准和措施,条理清晰,规定明确,便于执行。

【例文二】

普通高等学校学生管理规定(节选)

第一章 总则

第一条 为规范普通高等学校学生管理行为,维护普通高等学校正常的教育教学秩序和生活秩序,保障学生合法权益,培养德、智、体、美等方面全面发展的社会主义建设者和接班人,依据教育法、高等教育法以及有关法律、法规,制定本规定。

第二条 本规定适用于普通高等学校、承担研究生教育任务的科学研究机构(以下称学校)对接受普通高等学历教育的研究生和本科、专科(高职)学生(以下称学生)的管理。

第三条 学校要坚持社会主义办学方向,坚持马克思主义的指导地位,全面贯彻国家教育方针;要坚持以立德树人为根本,以理想信念教育为核心,培育和践行社会主义核心价值观,弘扬中华优秀传统文化和革命文化、社会主义先进文化,培养学生的社会责任感、创新精神和实践能力;要坚持依法治校,科学管理,健全和完善管理制度,规范管理行为,将管理与育人相结合,不断提高管理和服务水平。

第四条 学生应当拥护中国共产党领导,努力学习马克思列宁主义、毛泽东思想、中国特色社会主义理论体系,深入学习习近平总书记系列重要讲话精神和治国理政新理念新思想新战略,坚定中国特色社会主义道路自信、理论自信、制度自信、文化自信,树立中国特色社会主义共同理想;应当树立爱国主义思想,具有团结统一、爱好和平、勤劳勇敢、自强不息的精神;应当增强法治观念,遵守宪法、法律、法规,遵守公民道德规范,遵守学校管理制度,具有良好的道德品质和行为习惯;应当刻苦学习,勇于探索,积极实践,努力掌握现代科学文化知识和专业技能;应当积极锻炼身体,增进身心健康,提高个人修养,培养审美情趣。

第五条 实施学生管理,应当尊重和保护学生的合法权利,教育和引导学生承担应尽的义务与责任,鼓励和支持学生实行自我管理、自我服务、自我教育、自我监督。

第二章 学生的权利与义务

第六条 学生在校期间依法享有下列权利:

(一)参加学校教育教学计划安排的各项活动,使用学校提供的教育教学资源;

(二)参加社会实践、志愿服务、勤工助学、文娱体育及科技文化创新等活动,获得就业创业指导和服务;

(三)申请奖学金、助学金及助学贷款;

(四)在思想品德、学业成绩等方面获得科学、公正评价,完成学校规定学业后获得相应的学历证书、学位证书;

(五)在校内组织、参加学生团体,以适当方式参与学校管理,对学校与学生权益相关事务享有知情权、参与权、表达权和监督权;

(六)对学校给予的处理或者处分有异议,向学校、教育行政部门提出申诉,对学校、教职员工侵犯其人身权、财产权等合法权益的行为,提出申诉或者依法提起诉讼;

(七)法律、法规及学校章程规定的其他权利。

第七条 学生在校期间依法履行下列义务:

(一)遵守宪法和法律、法规;

(二)遵守学校章程和规章制度;

(三)恪守学术道德,完成规定学业;

(四)按规定缴纳学费及有关费用,履行获得贷学金及助学金的相应义务;

(五)遵守学生行为规范,尊敬师长,养成良好的思想品德和行为习惯;

(六)法律、法规及学校章程规定的其他义务。

【例文三】

中国作家协会章程

第一章 总则

第一条 中国作家协会是中国共产党领导的、中国各民族作家自愿结合的专业性人民团体,是党和政府联系广大作家、文学工作者的桥梁和纽带,是繁荣文学事业、建设社会主义文化强国的重要社会力量。

第二条 中国作家协会高举中国特色社会主义伟大旗帜,坚持马克思列宁主义、毛泽东思想、邓小平理论、"三个代表"重要思想、科学发展观,全面贯彻习近平新时代中国特色社会主义思想,特别是习近平总书记关于文艺工作的重要论述,增强"四个意识"、坚定"四个自信"、做到"两个维护",引导广大作家和文学工作者紧密团结在党的周围,自觉承担起举旗帜、聚民心、育新人、兴文化、展形象的使命任务;坚持文艺为人民服务、为社会主义服务的方向和百花齐放、百家争鸣的方针,坚持社会主义先进文化前进方向,坚持以人民为中心,紧紧依靠广大作家和文学工作者,努力创作更多无愧于时代、无愧于人民、无愧于民族的优秀作品,推动文学事业高质量发展,满足人民文化需求,增强人民精神力量,为实现第二个百年奋斗目标和中华民族伟大复兴的中国梦而努力奋斗。

第三条 中国作家协会的一切活动以中华人民共和国宪法为根本准则,遵守国家的各项法律、法规,依照章程独立自主开展工作。

第四条 中国作家协会贯彻全心全意为作家和文学工作者服务的宗旨,履行政治引领、团结引导、联络协调、服务管理、自律维权、推动创作的职能,建设广大作家和文学工作者之家。

第五条 中国作家协会坚定不移走中国特色社会主义群团发展道路,坚持党对作协工作的全面领导,围绕中心,服务大局,与时俱进,改革创新,保持和增强政治性、先进性和群众性。

第二章 任务

第六条 组织作家和文学工作者学习马克思列宁主义、毛泽东思想、邓小平理论、"三个代表"重要思想、科学发展观、习近平新时代中国特色社会主义思想,贯彻党的路线方针政策,培育和践行社会主义核心价值观,增强文化自信、文化自觉和文化担当,不断提高文学队伍的思想道德修养、科学文化素养、文学艺术学养。

第七条 坚持以人民为中心的创作导向,引导广大作家牢记"国之大者",深入生活、扎根人民,记录新时代、抒写新时代、讴歌新时代,反映人民群众对美好生活的向往,把人民作为文学表现的主体,把人民作为文学审美的鉴赏家和评判者,为人民抒写、为人民抒情、为人民抒怀。

第八条 树立精品意识,实施精品战略,尊重和遵循文学创作规律,提倡题材、体裁、形式的多样化,推动多种艺术风格、流派的充分发展。实现中华优秀传统文化创造性转化、创新性发展,借鉴世界各国优秀文化成果,鼓励探索和创新。不断提高作品的思想水平和艺术水平,弘扬中国精神、传播中国价值、凝聚中国力量。

第九条 加强文学理论建设和文学评论工作,提倡和鼓励不同学术观点和学派的自由讨论，树立和发扬真诚友善、客观公正的文学批评风气，建强主流评论阵地，营造健康评论生态，发挥引导创作、多出精品、提高审美、引领风尚的作用。

第十条　组织全国性文学评奖活动，对优秀创作成果和文学人才给予表彰和奖励。

第十一条　努力办好本会所属报纸、期刊、出版社和网站等文学传媒，促进媒体融合发展，坚持思想精深、艺术精湛、制作精良，把社会效益放在首位，实现社会效益和经济效益相统一，增强文学传播力和影响力。

第十二条　培养造就高水平文学人才，开展文学教育和培训，发现和扶持文学创作、评论、编辑、翻译等新生力量，为青年文学人才成长创造更好环境、条件，广泛团结联系新的文学群体和基层作家，为繁荣发展社会主义文学事业提供坚实人才支撑。

第十三条　铸牢中华民族共同体意识，大力培养少数民族作家，尊重少数民族文学传统和特色，尊重少数民族作家使用本民族语言文字进行创作与翻译，加强各民族之间的文学交流，促进少数民族文学繁荣与发展。

第十四条　促进作家和文学工作者的职业道德建设，加强行业自律，倡导德艺双馨，建设有信仰、有情怀、有担当的作家队伍。

第十五条　加强文学公共服务，面向基层、面向社会、延伸手臂、扩大覆盖，开展文学推广和普及，推进文学志愿服务，促进全民阅读，夯实文学事业和作协工作的社会基础。

第十六条　高举爱国主义旗帜，维护祖国统一，增进同香港特别行政区、澳门特别行政区和台湾地区作家以及海外华文作家的联系、交流。

第十七条　推进中外文学交流，积极开展国际文学活动，增进同各国作家的友谊，促进中国文学走出去，讲好中国故事，传播好中国声音，增强中华文化影响力、感召力、亲和力。

第十八条　依据宪法和法律法规，加强协会管理，反映会员的意见和要求，维护会员的合法权益，保障会员从事正当文学活动的自由。

第十九条　加强对团体会员和基层作协组织的指导支持，调动各方面积极性，促进各地各行业作协组织的交流与合作。

第二十条　加强与社会各界的联系，与党和政府有关部门密切合作，为会员从事创作、评论和其他文学活动创造良好的环境和氛围，提供必要的条件和服务；积极帮助解决会员生活、工作、学习等方面的困难。

第二十一条　做好对主管文学社团的业务指导和行业管理，加强党的建设，发挥社团特色，促进文学社团健康发展。

第三章　会员

第二十二条　本会由个人会员和团体会员组成。

第二十三条　凡赞成本会章程,发表或出版过具有一定水平文学创作、理论评论、翻译作品,或从事文学编辑、教学、组织工作有显著成绩的中国公民,可申请入会。

个人申请入会,由团体会员推荐,或两名个人会员介绍并征求申请人所在地区或系统团体会员的意见,经专家评议,由本会书记处审议批准入会。香港特别行政区、澳门特别行政区和台湾地区的作家、文学工作者申请入会,由两名个人会员介绍,经专家评议,本会书记处审议批准入会。

第二十四条　凡赞成本会章程,并有一定数量个人会员和健全办事机构的省、自治区、直辖市、新疆生产建设兵团作家协会和全国性行业作家协会等,向本会提出申请,经主席团审议批准,即为团体会员。

第二十五条　会员有遵守本会章程、执行本会决议、参加本会活动、接受本会委托工作、缴纳会费的义务;有选举权、被选举权,有对本会工作的建议、批评和监督权,有享用本会福利设施等权利。

第二十六条　团体会员接受本会委托,负责代为联系本会在该地或该系统的个人会员。

第二十七条　会员著作权及相关合法权益受到侵犯时,有权要求本会予以保护。本会有责任提供法律咨询、纠纷协调等服务,依法维护会员的合法权益。

第二十八条　会员有退会自由。会员要求退会时,由本会书记处确认,终止其会籍。

第二十九条　会员如违反本会章程,违背职业道德、社会公德、公序良俗,或违纪违法,由本会书记处视情节轻重,决定予以批评教育、暂停会籍或取消会籍。

第四章　组织

第三十条　本会的组织原则是民主集中制。

本会的最高权力机构为中国作家协会全国代表大会。全国代表大会代表,由团体会员组织所在地或系统所属会员民主协商,选举或推举产生。

全国代表大会的职责是:

一、决定本会的工作方针和任务;

二、审议和批准全国委员会的工作报告;

三、制定和修改《中国作家协会章程》;

四、选举产生全国委员会;

五、决定其他重大事项。

全国代表大会每五年举行一次,必要时由全国委员会决定提前或延期召开。

第三十一条　全国委员会由全国代表大会选举产生。其中各团体委员由团体会员从其主要负责人中民主协商推举产生,报请全国代表大会主席团审议通过。

在全国代表大会闭会期间,全国委员会负责行使下列职权:

一、执行全国代表大会的决议；
二、审议本会年度工作报告；
三、批准全国委员会委员的变更和增补；
四、决定其他重大事项。

全国委员会团体委员的变更和增补，由团体会员推举人选，报请主席团审议通过。

全国委员会会议每年举行一次，由主席团召集，必要时由主席团决定提前或延期召开。

第三十二条　全国委员会选举主席一名，副主席、主席团委员各若干名，组成主席团。主席团会议由主席或主席委托的副主席召集，每年举行一至二次。全国委员会闭会期间，由主席团负责执行全国代表大会和全国委员会的决议。

第三十三条　主席团推举书记若干人组成书记处，负责处理本会日常工作，并根据需要及有关规定建立相应的工作机构和若干由相关作家、评论家等组成的专门委员会。

第五章　经费及资产管理

第三十四条　本会的经费来源：
一、财政拨款；
二、会员会费；
三、社会资助；
四、其他合法收入。

本会鼓励和争取多方吸纳社会资金，为繁荣社会主义文学事业服务。

第三十五条　中国作家协会的资产受法律保护，任何单位和个人不得侵占、挪用和任意调拨。中国作家协会所属企业、事业的资产隶属关系不得任意改变。

第六章　附则

第三十六条　中国作家协会的英文全称为"China Writers Association"。

中国作家协会会徽图案内容为：以标点符号逗号为构图主体，形如朝阳，象征着蓬勃向上、繁荣发展的文学事业。

中国作家协会会址设在北京。

第三十七条　本章程解释权属于中国作家协会全国委员会。

第三十八条　本章程经中国作家协会全国代表大会通过实施。

四、注意事项

(1) 规章制度是对有关人员具有约束力的文件，因此制定规章制度应以国家方针、政策为依据，以严肃审慎的态度进行拟制。

(2) 规章制度是要有关人员共同遵守、照章办事的，因此，文字表述要求简练明确、严密，概念准确，语气肯定，遣词造句合乎规范。忌用语义含混、笼统、易产生歧义的词语。

（3）规章制度还必须结合本单位或本部门的实际情况，要有针对性、可行性。

（4）内容要全面系统，考虑周到，不能遗漏掉某方面内容。对内容的简述要分章分节交代清楚，条款分明，不能模棱两可，更不能前后矛盾。要让读者明确"应该如何"和"不应该如何"。

（5）规章制度订立以后要定期检查，发现有不合适或不完善的地方，及时修改补充。

五、写作实训

（一）写作实训

请为本人所在班级或宿舍起草一份文明公约。

（二）拓展训练

小汪自己创业，在校园内开了一家奶茶店。炎炎夏日，奶茶店生意颇为兴隆，因此他招聘了几个员工。人多了，事情也多了，员工管理需要加强。假如你是小汪，请拟写一则奶茶店管理规章制度。

知识链接

中国古代文书制度

文书起源

古代文书制度指中国古代朝廷或官署关于文书的发布、执行和管理的制度。

文书在中国出现很早。甲骨卜辞证明，殷商时代就已开始运用公文来记录王室的活动和发布政令。周时有些钟鼎铭文载有官文书，《尚书》中的"诰"也是周代的文书。这时的文书制度还处在形成阶段。秦始皇统一中国，建立封建专制主义中央集权的政治体制以后，文书制度逐渐形成，愈到后来愈趋完备。

文书形式

在封建时代，皇帝的诏令是国家最重要的公文形式。

凡军国要事、法律命令、赏赐封赠、刑罚惩戒、田赋徭役、天文历法等一切有关国家的大政方针和重要事务，都以皇帝的名义颁发诏令一类的文书来进行处理。

皇帝诏令类文书有：制、诏、策、敕、册、诰、旨、令、谕等。各种名称的文书在使用上各个朝代是不同的。唐代发布政令的常用文书是敕；宋代是御札和敕牒；元代是圣旨；明代是诏书和敕谕；清代是上谕和寄信。"寄信"是清代特有的一种机密文书，由军机处封发，内容涉及"诰诫臣工，指授方略，查核政事"，通称"廷寄"。

臣工上奏皇帝的上行文书，无论种类、用途、规格、体裁，都有严格的规定。据《唐六典》卷8载："凡下之通于上，其制有六：一曰奏抄，二曰奏弹，三曰露布，四曰议，五曰表，六曰状。"《明会典》通政使司条规定："凡内外各衙门，一应公事用题本，其虽系公事而循例奏报、奏贺、若乞恩、认罪、缴敕、谢恩，并军民人等陈情、建言、伸诉等事，俱用奏本。"总括历代臣工上奏类文书有：奏、章、表、启、状、笺、议、揭贴、制对、题本、奏本、奏折等。

大体上表、笺一类是臣下对皇帝歌功颂德的贺章，题、奏、揭贴是关于政务的请示报告。在清代，"大小公事，皆用题本，用印具题"，而对于"不便宣漏于本章者"即用奏折（《清会典事例》卷十三），所以奏折的重要程度在题本之上。但是在奏折中也有"请安折"之类毫无实际内容，只是向皇帝表示效忠的东西。

在国家机关之间，上行文书有牒、申、呈、详、禀；下行文书有符、帖、牌、票、檄；平行文书有关、刺、移、咨、牒、照会；此外还有具有专门性质的财政会计文书、户籍土地文书、会盟涉外文书等。

工作制度

中国古代文书工作制度的内容主要有拟制誊写、签押用印判署、票拟、贴黄（摘写提要）、登记立卷、移交和管理、投递驿传、照刷磨勘文卷（复核监督）、保密等。

这一套制度保证了文书工作的质量，加强了文书工作的效率，从中也反映了中国封建专制主义中央集权的特色。

《唐六典》、明清会典均列专门章节记述文书制度。如有违反，则要处刑。例如，文书传递稽程，唐律规定"诸稽缓制书者一日笞五十，一日加一等，十日徒一年"；缮写公文如贴改挖补，也要处刑，"诸制书有误，不即奏闻，辄改定者，杖八十"（《唐律疏议·职制》），"凡增减官文书者杖六十，若有所规避，杖罪以上各加本罪二等……因而失误军机者，无问故失，并斩"（《明律·公式·增减官文书》），清律同。对于违反避讳制度"误犯宗庙讳者杖八十，口误及余文书误犯者笞五十"，"即为名字触犯者徒三年"（《唐律疏议·职制》）。甚至有的官员因为在公文中"虚词繁文"也受到惩罚。朱元璋就曾经杖责上书一万七千字中只有五百字是正题的刑部主事茹太素，并下令"有以繁文出入人罪者，罪之"（《明实录》卷149）。

（节选自360百科 https://baike.so.com/doc/6554778-6768527.html）

模块三

专业应用文

任务十二 ｜ 撰写广告文案

学习目标

◆ 掌握广告文案的结构特点

◆ 掌握广告语的特点和写法

◆ 培养创新思维和原创意识

一、情境导入

李××大学毕业后在某大学旁开了一家中型快餐店。开业两个多月，回头客不少，但是总体上看，生意没有想象中的好。什么原因呢？通过和顾客交谈，李××了解到，她开的这家店装修、服务、饭菜口味都没得挑。就是刚刚开业，位置有点偏，很多人不知道。"看来得打点广告了。"李××这么想着，就赶紧印制了大量传单，雇人在周边路口繁华地带派发，花钱在当地最畅销的报纸上打出广告，甚至冠名资助了旁边大学校园里的一个选秀大赛……过了没多久，快餐店的生意一下子火爆起来。李××想，看来酒香也怕巷子深啊，不打广告还真不行呢！

广告对于个人或企业创业有着极大的作用，主要表现在三个方面：一能有效传递经济信息，激发购买欲望，促进购买活动；二能塑造商品、服务或企业的形象，使受众形成较为固定的品牌印象；三能沟通产销，扩大流通渠道，指导受众消费。

二、知识梳理

（一）概念

广告文案是广告作品中用来表达广告主题和创意的全部语言文字。广告文案不等于广告语（标语），也不等于广告文字方案（广告策划文本）或广告正文。一份完整的广告文案一般包括标题、正文、标语、随文四个组成部分。本章重点介绍商业广告文案的写作。

(二) 特点

1. 明确性

广告的主题即广告的中心思想或基本观点必须明确、清晰,而不能模糊、抽象。主题应清晰易懂,主要是考虑到受众的实际需要和接受能力。广告主题一般通过标题直接体现,所以标题要恰如其分地表现主题,使读者一目了然。同时,新颖、独特的标题也可以使主题得到鲜明、深刻的揭示。

2. 针对性

针对性是指广告文案的制作要根据广告内容和广告受众的不同而进行相应的变化。广告内容不同,则侧重点也不一样,比如服装广告侧重在款式、质地等方面,食品广告则侧重在营养、口味等方面。广告的根本目的是说服和鼓动特定受众,所以应针对受众的特点选用相应的表达内容和表达方式,比如对儿童和老人,对男士和女士,广告的内容和形式应该有区别。

3. 真实性

真实是广告的生命。内容真实的广告经得起时间和实践的检验,真正深入人心,为大众所接受和赞同。内容夸大其词或虚假宣传的广告,一旦真相被发现则其广告价值立即缩水甚至出现负效应。例如,在宣传一种新产品时,该产品的性质、特点、功用等内容都应该符合实际情况,不能夸大或虚构。

广告文案必须以真实为基础,要符合广告法的有关规定。《中华人民共和国广告法》第四条规定:"广告不得含有虚假或者引人误解的内容,不得欺骗、误导消费者。广告主应当对广告内容的真实性负责。"第五十五条第一款规定:"违反本法规定,发布虚假广告的,由市场监督管理部门责令停止发布广告,责令广告主在相应范围内消除影响,处广告费用三倍以上五倍以下的罚款,广告费用无法计算或者明显偏低的,处二十万元以上一百万元以下的罚款;两年内有三次以上违法行为或者有其他严重情节的,处广告费用五倍以上十倍以下的罚款,广告费用无法计算或者明显偏低的,处一百万元以上二百万元以下的罚款,可以吊销营业执照,并由广告审查机关撤销广告审查批准文件、一年内不受理其广告审查申请。"

4. 灵活性

广告文案是实用与艺术的融合,它既具有内容的真实性,又具有表现的艺术性。广告文案的表现方式、手法丰富多彩。在真实的基础上,广告文案的写作可以灵活使用文学作品的一些表现方式和手法,但应选用最佳艺术形式来表现内容。广告文案的文本形式凝聚了设计制作者的智慧和思考。

(三) 格式

一份完整的广告文案由标题、正文、广告语和随文四部分组成(表12-1)。

表 12-1　广告文案的结构

标题	揭示广告文案的主题
正文	对标题中提出或承诺的产品或产品的利益点做解释； 对产品的特点、功能、个性等进行说明和介绍； 介绍产品的背景情况； 告知消费者获得商品的途径、方法和折扣、奖励等特殊信息
广告语	提炼一句令人印象深刻的广告语
随文	广告中的附加说明

1. 标题

标题体现广告的中心思想，在广告文案中起着统领作用。它一般位于整个广告文案的最前端或其他显著位置，用较大字号书写，醒目、突出。其作用主要是：概括、提示正文主要内容；吸引读者阅读兴趣；直接推销产品。

广告标题的形式一般有以下三种。

(1) 直接性标题

直接性标题比较常用，通常是直截了当地告知产品名、品牌名、厂商名或点明广告的基本内容，如"××豆浆机"。为了增强表达效果，有时可将陈述句改为疑问句、感叹句、祈使句，如"今天你喝了吗？×××果奶"；或采用比喻、夸张、借代、反语、双关等修辞手法，如"中意冰箱，人人中意"。

(2) 间接性标题

间接性标题中不直接出现所要推销的产品内容，往往连产品的名称都不透露，而是利用艺术手法暗示或诱导消费者，使消费者产生兴趣与好奇心，从而进一步注意广告正文。如："眼睛是心灵的窗户，为了保护您的心灵，请给窗户安上玻璃吧！"（某眼镜广告标题）"谁把房子建在公园里？"（某楼盘广告标题）

(3) 复合式标题

复合式标题综合运用直接性标题和间接性标题，既有直接诉求，又有间接表达，如"哪里不会点哪里——××点读机"。

2. 正文

正文是广告文案的核心、主体，旨在说明、陈述、解释广告内容。

正文主要体现广告的目的和内容，它一般有三方面的内容：对标题提出的商品或其他方面加以解释和说明；具体详尽地说明提供商品或其他方面的细节，使人信服，进而产生购买欲望或其他需求上的改变；最后用热情洋溢的语言、真挚诚恳的态度打动读者。

具体而言，商品广告一般是介绍厂家的历史、生产规模、成就，商品制作工艺，产品的性质、特点、用途、质量、信誉等；劳务广告一般介绍劳务内容、形式、质量、态度等。

作为核心和主体，正文的内容既要求准确、具体，又要求生动、有力，用简洁准确的语言、无可辩驳的事实说服读者，用真诚热情的态度、新颖活泼的形式打动读者。

3. 广告语

广告语即广告标语，又称广告词、广告口号，是为了加强公众印象，在广告中长期反复使用的一种简明扼要的口号式语句。广告标语是基于长远的销售利益，向消费者传达一种长期不变的观念。

广告标语可以出现在广告的任何位置，也可以相对独立出来，成为单独的部分，其常用形式有幽默式、情感式、赞扬式、许诺式、推理式、命令式等。幽默式广告语如某美容院广告语"立即下'斑'，禁止'痘'留"，利用谐音，读来令人忍俊不禁；情感式广告语如某花店广告语"爱是最好的陪伴，鲜花是最好的见证"，温馨浪漫，令人感动；赞扬式的广告语如格力空调广告"好空调，格力造"，高度赞扬，令人印象深刻；等等。

广告标语是对广告内容的高度提炼和概括，语言要求简洁、新颖、生动、通俗、易记。通俗易懂且朗朗上口的标语能有效宣传商品，有些甚至会成为社会流行语。例如，北极绒的广告语——"怕冷就穿北极绒，地球人都知道"流传的广度之大，甚至超过了北极绒品牌自身，"地球人都知道"成为一段时间的社会流行语。

广告标语借助反复出现的通俗生动的语言加深受众印象，使受众逐渐形成对某个企业、某种商品或劳务的相对固定不变的印象，进而影响其消费行为。例如，海尔电器的广告语——"海尔，真诚到永远"，这种高调的表白让消费者对产品及售后服务更多了几分信赖。

4. 随文

随文是广告中的附加说明，内容一般是商标、品牌、公司名称、地址、邮编、电话、传真、广告批准文件、许可证、经销时间、开户银行及账号、单位负责人或业务联系人姓名等。随文是对标题、正文、广告语内容的证明和补充，能够有效引导目标受众如何进行购买，从而达到广告的最终目的。

广告文案在实际写作时，要与广告发布的媒介特点和具体要求相对应，比如报纸、杂志等印刷广告，一般要求结构完整；电视、广播等广告，一般没有标题；路牌、霓虹灯等户外广告，一般要求文字简练；大众熟知的知名品牌，随文有时会省略。

三、范文评析

【例文一】

红牛饮料广告文案

标题：还在用这种方法提神？

副标题：迅速抗疲劳　激活脑细胞

正文：都新世纪了，还在用这一杯苦咖啡来提神？你知道吗？还有更好的方式来帮助你唤起精神：全新上市的强化型红牛功能饮料富含氨基酸、维生素等多种营养成分，更添加了8倍牛磺酸，能有效激活脑细胞，缓解视觉疲劳，不仅可以提神醒脑，更能加倍呵护你的身体，令你随时拥有敏锐的判断力，提高工作效率。

广告语：困了，累了，喝红牛。

随文:购买方式……联系电话……

　　评析:这篇广告文案成功地传达了产品的功能和特点,树立了红牛品牌形象,吸引了广泛的消费群体,并在市场上取得了显著的成功。

【例文二】

小米 SU7 广告文案

　　正文:三年打磨,满怀敬畏之心

　　十倍投入,自研关键技术

　　融汇优雅设计、澎湃性能与生态科技

　　C级豪华　科技轿车

　　人车合一,我心澎湃

　　全系长续航,起步即远航

　　小米智能驾驶

　　人能开到哪,智驾就能开到哪

　　广告语:人车合一,我心澎湃

　　评析:小米 SU7 的广告文案简洁有力,突出了产品的核心优势。文案语言富有感染力,能够激发消费者的兴趣和购买欲望。文案营造出了一种科技感和时尚感,让消费者能够迅速对产品产生兴趣。

【例文三】

中华汽车电视广告文案

　　画外音:如果你问我,这世界上最重要的一部车是什么?那绝不是你在路上能看到的。

　　30年前,我5岁,那一夜,我发高烧,村里没有医院。爸爸背着我,走过山,越过水,从村里到医院。爸爸的汗水,湿遍了整个肩膀。我觉得,这世界上最重要的一部车是——爸爸的肩膀。

　　今天,我买了一部车,我第一个想说的是:"阿爸,我载你来走走,好吗?"

　　广告语:中华汽车,永远向爸爸的肩膀看齐。

　　评析:透过朴实、真切的讲述,父子深情清晰可见。通过类比,借助父子深情来打动消费者是这则广告文案的最大特色。"中华汽车,永远向爸爸的肩膀看齐",强调中华汽车的目标是像爸爸的肩膀那样充满关爱、安全可靠。好的广告文案常常能够以情动人、以诚感人。

四、广告文案的修辞手法

　　1. 双关

　　运用双关手法,可赋予广告多层意思。如"你的健康是天大的事——天大××药业","天大"有双层意义:一为极其重要,二为公司名称,表明天大××药业为人们健康服务的宗旨。

2. 对比

运用对比手法,可使广告形象鲜明突出,如某牙膏广告"别人的牙膏,清洁一时;我们的牙膏,亮白持久。"通过对比不同牙膏的清洁效果持续时间,突出自家牙膏的优势。

3. 顶真

运用顶真手法,可使广告更有特色,如"车到山前必有路,有路必有丰田车""人民城市人民建,建好城市为人民"等。

4. 引用

引用,即写广告文案时有意引用成语、诗句、格言、典故等。"何以解忧?惟有杜康。"(杜康酒)巧妙引用曹操《短歌行》中的诗句,借古人之言强调杜康酒能消解忧愁的特性,提升了品牌的文化内涵和历史底蕴,让消费者在饮酒时能联想到古人的情感与情境,增强了产品的吸引力。

5. 对偶

运用对偶编写广告文案是最基本的方法之一。它可以使广告文案读起来朗朗上口,给人留下深刻的印象。例如,某保险公司广告语"担四海风险,保九州平安",既宣传了保险公司的业务和责任,又对广大客户作出了承诺。

五、注意事项

广告文案写作特别需要注意语言,具体来说:

(1) 语言要准确规范。只有准确规范的语言才能保证对广告主题和广告创意的有效实现和对广告信息的有效传播,要避免错误、残缺、冷僻、生硬、易产生歧义的语言出现在广告文案中。

(2) 语言要简明概括。要用尽可能少的语言传达出尽可能多的信息,有效完成商业传播和推介,避免长篇大论带来的枯燥和疲倦感。简明概括的语言也有利于受众记忆而形成持久印象。

(3) 语言要新颖生动。新颖生动的语言能够激起受众极大的阅读兴趣,引发广泛的联想、想象,从而带来真切的情感体验和引起高度的共鸣。在这样的语言引导下,受众较易被说服和劝导。

(4) 语言要动听流畅。朗朗上口、动听、易记、优美、流畅的语言容易被受众接受并牢记于脑海,从而达到信息传播的最佳效果。但也要注意在实际中,不能因过分追求形式而损害内容。

六、写作实训

(一) 文种评析

下面是一则交通安全的广告,请从主题、内容、形式、语言等方面加以评析。

阁下驾驶汽车,时速不超过30公里,可以欣赏到本市的美丽景色;超过60公里,请到法庭做客;超过80公里,请光顾本市设备最新的医院!

(二) 写作训练

1. 阅读下列广告词,然后挑选生活中的某件商品,为其撰写一则广告词。

提醒每一天。(雀巢咖啡)

非常可乐,非常选择!(非常可乐)

原来生活可以更美的。(美的电器)

真诚到永远!(海尔电器)

让我们做得更好!(飞利浦电器)

2. 将全班分成5~7个小组,教师随机选取大家携带的生活、学习用品(如手机、电脑、文具等),让各小组按顺序挑选一种,讨论、制作出一份广告文案。

知识链接

营销,离不开广告推广。有一款酒,它的广告比产品还出名,它的文案比酒更受年轻人欢迎,它就是江小白。

广告类型: 形象广告。

市场定位: 定位时尚青春群体,富含时代感和文艺气息,面向新青年群体。江小白以青春的名义创新,以青春的名义创意,深刻洞察了中国酒业传统保守的不足,着力于传统酒业的品质创新和品牌创新,致力于引领和践行中国酒业的年轻化、时尚化、国际化。

诉求主题: "小白"原本是菜鸟、新手的意思,现已成为江小白所提倡的一种价值观,寓意追求简单、绿色、环保、低碳生活的都市年轻人,也是当代新青年群体向往简单生活,做人做事追求纯粹,标榜"我就是我",自信自谦的一种表现。"我是江小白,生活很简单",主要表达一种简单纯粹的生活态度。

诉求对象: 新青年群体,主张简单、纯粹的生活态度,热爱生活的文艺青年。

广告风格与调性: 文艺,有内涵,青春时尚化,时代感,简单有趣,比较感性,寓意深刻,体现人生理念、生活态度,心灵鸡汤式的文案。

诉求方式: 感性诉求。江小白的广告靠一句句直达人心的文案打动消费者。在对用户足够了解的基础上,每一句文案,都是用户心底最想说的话,每一句都是用户心底最真挚的情感,有态度,有情绪,文案简单又真实,道出了消费者的心灵感受,极易引起共鸣。

文案结构: 心灵独白式的文案,平面广告上的文案字数不多,却很有代表性和说服力,说出了用户的心声。文案没有标题,形式上比较自由,结构清晰,语言押韵。在内容上,字数一般比较少,都是走文艺路线,内涵丰富,语言质朴又不失优美,真诚传递用户心声,同时也比较直白,抒情性比较强。如:

真正的忘记,不需要,任何努力。

明天有明天的烦恼,今天有今天的刚好。

爱情，就是以爱的名义，多出好多事情。
有多少，来日方长，都变成了，后会无期。
我们总是走得太急，却忘了出发的原因。
年轻时，要多出去走走；年长时，要多回头看看。
没有完全自由的人，只有真正，自在的心。
千言万语的想念，抵不过一次见面。
陌生人分两种，不认识的和假装不认识的。
成长就是将哭声调成静音，约酒就是将情绪调成震动。
总觉得没喝够，其实是没聊透。
孤独不在山上而在街上，不在房间里而在人群里。
学会喝酒后，才真正开始懂老爸。
我们在同一酒桌，却听对方说着陌生的故事。

任务十三 ｜ 撰写商品说明书

学习目标
- ◆ 了解商品说明书的作用、特点
- ◆ 掌握商品说明书的写作步骤和格式要求
- ◆ 能够按照要求撰写规范合理的商品说明书

一、情境导入

张××是××职业技术学院艺术设计专业的一名大二学生。由于专业学习需要,大一进校的时候他买了一台配置比较好的电脑。可是前段时间由于使用方法不得当,电脑出现了一些故障问题。他尝试着自己去解决问题,想从说明书中寻找解决的办法。由于电脑买了有一年了,张××很费了一番功夫才在书柜的一个角落里找出了该电脑的产品说明书。通过仔细阅读说明书他果真找到了解决故障的办法,修好了电脑。通过这次事件,张××学到了不少知识,他也下决心以后一定要保存好所购买产品的说明书,尤其是比较贵重的物品的商品说明书。

随着社会与科技的发展,商品说明书的作用越来越重要。无论是高科技产品,还是日常生活用品,无不借助于商品说明书来向消费者展示该产品的构造、功能、特点以及使用方法、保养与维修方面的知识。如果某商品缺少商品说明书或者说明书写得不准确、不清晰,就会影响用户的使用,也不利于商品的进一步推广,从而影响商品的生产与企业的效益。一份高品质的商品说明书不仅是对消费者高度负责的具体表现,也是向社会宣传自己并打开商品销路的有力措施,同时还是向消费者传播科技知识的有效工具。

二、知识梳理

(一) 商品说明书的概念

商品说明书,也叫产品说明书或说明书。它以说明为主要表达方式,用通俗易懂的语言向消费者介绍商品(包括服务等)的特点、性能、作用及使用方法、保养与维修等方面的知识。

（二）商品说明书的作用

1. 指导消费者

商品说明书最主要的作用是指导消费者。它可以帮助消费者了解商品的性能、规格、结构和用途，掌握商品使用和保养的相关知识，避免因不熟悉商品而可能造成的损害。

2. 宣传促销

商品说明书不同于广告，它比广告更具有科学性和知识性。商品说明书通过朴实的语言、真实的数据，实事求是地介绍商品的综合情况：既介绍商品的功能和优点，也把可能出现的问题（或副作用）告诉消费者。这种全面、具体的介绍在宣传、促销商品时往往比广告获得更好的效果。

3. 传播知识

现在的商品说明书不仅是介绍商品信息和指导如何使用的指南，而且已经成为传播知识和交流信息的工具。商品说明书的内容涉及知识、科技等的普及、宣传和利用。

从消费者的角度来说，人们在购买同类商品时往往会通过阅读说明书来进行比较，从而选择更加适合自己的商品；从生产企业的角度来说，企业可以借助其他企业的商品说明书来改进自己的产品，通过技术改造来研发新产品。所以，商品说明书在某种程度上记载了国家和社会包括企业科技发展与生产力发展的轨迹，它的价值也越来越受到重视。

（三）商品说明书的特点

1. 知识性

商品说明书的写作目的是指导消费者正确认识和使用商品，因此一般会用较大篇幅将商品的有关知识介绍给消费者，从而达到指导消费者的目的。

2. 科学性

商品说明书要向消费者传达知识性信息，这就要求它的内容必须真实、准确、客观地反映商品的实际情况，不可为达到某种目的而随意夸大或缩小商品性能；否则将失信于消费者，最终影响企业的发展。

3. 实用性

商品说明书是为方便人们了解、使用商品，同时也是为了宣传商品而制作的。它主要以说明为表达方式，真实、客观、详细地向消费者介绍商品的特点、性能、规格、构造、用途、使用和维护保养方法，使消费者对商品的认识由不懂到明白，由不会使用到应用自如。

4. 条理性

商品说明书实用性很强，因此表达时必须条理清晰、层次分明，根据事物本身的规律或人们接受事物的习惯去撰写。因此，商品说明书常常按照商品结构的空间顺序和使用商品的操作顺序对商品及其使用和保养方法进行详细介绍。

5. 简明性

商品说明书通常作为商品的附件，与商品包装在一起。这就要求商品说明书的篇幅必须短小，简明扼要，突出重点。在撰写过程中要重点突出商品必须说明的、消费者也亟待了解的内容。因此，商品说明书的语言必须通俗易懂、言简意赅，必要时还可以配上图表或照片。

（四）商品说明书的分类

1. 按载体位置分

按照商品说明书的载体位置划分，可分为两类：一类是包装式说明书，即将说明书的内容直接印在商品包装上。这类说明书内容简单，一般适用于常用的、简单或者普及性的商品。一类是内装式说明书，即将说明书放在包装之内。这类说明书可分为简单式和繁复式（即装订成册的手册式）两种，适用于一些比较复杂、贵重或者刚投入市场、鲜为人知的商品。

2. 按形式分

商品说明书按形式不同可分为条款式说明书、短文式说明书、短文条款复合式说明书、长文式说明书（即手册式说明书）等四种。

3. 按说明方式分

商品说明书按说明方式不同可分为概括型说明书、细说型说明书、描述型说明书和析疑型说明书四种。

（五）商品说明书的格式

1. 普通式商品说明书

普通式商品说明书一般由标题、正文、结尾三个部分组成（表13-1）。

（1）标题

常见的写法有四种：①以商品名称为标题，如"草珊瑚含片"。②由商品名称和文种名称两项构成，文种名称常用的有"说明书""说明""使用说明""介绍""简介""须知"等，如"双黄连口服液说明书""多功能电子电话机使用说明书"。③由产地名加商品名称组成，如"沈阳味精"。④由商品的品牌、型号、商品名称和文种名称组成，如"三角牌SYL型保温式自动电饭锅说明书"。

表13-1　普通式商品说明书结构模板

标题	产品商标＋型号＋名称＋文种名称
正文	产品基本信息 产品制作相关内容 使用方法 保养与维修提示 安装方法 成套产品明细
结尾	产品标识信息、厂家相关信息及生产日期

（2）正文

正文是商品说明书的主体部分，是对商品本身的说明。

常见的商品说明书可分为三类：固定性商品说明书、日常消费用品说明书、食用保健类商品说明书。这几类商品说明书的正文部分（条款）大体相同，但具体侧重点有所区别。

所谓固定性商品，是指那些使用期限较长的商品，如机械设备、电子电器、仪表等。其说明书正文一般包含产品概况、特点、规格和原理。具体如下：

① 概况，指本产品的历史和现实地位。如：曾获得的奖项，市场销售取得了哪些成绩，生产技术上有哪些优势等。

② 特点，指该产品的功能特色。如噪声小、省电等。

③ 规格，指产品型号、容量、外观尺寸等，以及与之相关的技术参数，如电压、工作负荷、额定输入功率等。

④ 原理，指产品的结构组成、运行程序和工作方式等。说明的详略视实际需要来定，有的产品为方便以后维修，需要辅以图形来说明。

日常消费用品是指那些易耗商品，比如化妆、洗涤类生活日化用品之类。其说明书正文的主要条款如下：

① 产品特征和功用。一般介绍产品的基本制作工艺或使用何种配方，有何功效等。

② 产品的主要原料或主要成分。

③ 使用方法。主要介绍产品的开启、安装和操作方法。其中洗涤、化妆类用品还要说清使用的数量，或者与其他物质发生关系的比例、温度等。

④ 适用范围。主要说明产品在关于人的性别、年龄、体质以及季节、地域等方面的限定。另外，如果与其他物质发生关系，对其他物质有何要求、限定等。

⑤ 注意事项。向消费者指明能做和不能做的事，以及产品的使用期限等。

食用产品指主副食品、酒水饮料、调料等。保健食品指具有特定保健功能的食品。其说明书正文的主要条款如下：

① 产品的制作原理及特点。既说明该产品是如何制作的，也说明其主要成分相互作用的特点。

② 产品的功能与作用。要说明能为消费者解决什么问题以及解释保健品不同于药品。

③ 产品的重要成分。

④ 用法与用量。

⑤ 注意事项。除了说明商品使用的注意事项和禁忌之外，还要说明如何保管、收藏等。

⑥ 产品的保质期、生产日期和产品的批准文号。

（3）结尾

在底部正中醒目的位置写明产品生产企业和经销商企业的全称，包括注册商标，企业地址、电话、传真、邮编等。

2. 手册式商品说明书

手册式商品说明书一般由以下几部分组成:

(1) 封面。封面上要有产品的名称、实物照片、商标、产品的规格和型号。

(2) 目录。目录页一般标明章节名称和页码。

(3) 前言。一般说明产品设计的目的、原理和特点等。

(4) 正文。对产品的结构组成、功能、使用范围、维修与保养等进行具体说明。

(5) 封底。在封底正中醒目的位置写明产品生产企业和经销商企业的全称,包括注册商标、企业地址、电话、传真、邮编等。

三、范文评析

【例文】

电吹风的使用说明

使用前,应检查导线是否良好,进风口是否畅通,左右摆动几下有无部件松动,输入电源是否有电。

使用时,先接通电源,再打开开关,这样可避免因瞬间电压过高而影响电机寿命。如中途停用,须关上开关。如短暂停用,可不关,但须保持进风畅通,出风口远离物品,避免烧坏。使用时应轻拿轻放,不要过于摆动,不要频繁换挡,以避免部件松动,保持输入电压相对稳定,延长开关和电机寿命。

使用中,如出现温度过高、杂音、噪声、转速突然降低、电机不转、风叶脱落、有焦臭味、有异物从风口吹出、电源线冒烟等不正常现象,应立即关掉电源,待查出原因、排除故障后再使用。一次使用时间不要太长,间断使用可延长寿命。

使用后,用干净布擦拭外壳,存放于干燥处,不能受潮。存放时间过久,重新使用时,应先通电几分钟,排潮后再用。

评析: 这是一篇小家电的使用说明书。标题由商品名称和文种"使用说明"组成。正文按照使用的前后顺序逐一说明。使用家电,安全最重要,所以,使用说明中始终把安全放在首位加以说明。对可能出现的错误做法提出警示,如"不要过于摆动,不要频繁换挡";对可能出现的不正常现象提出解决办法。全文注重细节,考虑周密,可以使读者较清晰、快捷地掌握电吹风的有关知识和使用方法。

四、注意事项

1. 客观真实

真实性是撰写商品说明书必须具备的基本准则,也是《中华人民共和国消费者权益保护法》对商品说明书最起码的要求。商品说明书只有真实可靠,才能赢得消费者的信赖,才能维护企业自身的信誉。商品说明书必须真实、客观地介绍产品的性能、作用、操作程序、使用禁忌等。要实话实说,既不能夸大其词,也不能有所隐瞒,更不能弄虚作假,欺骗消费者。

2. 准确规范

商品说明书的语言要做到简明准确、通俗易懂。简明即文字表达要简洁明了。准确即正确把握说明对象，做到概念明确、科技术语的解释精确，切忌使用广告式的语言。例如：某太阳能热水器的商品说明书，写着"保温效果佳""抗寒性能好"之类的广告式语句。但是，什么程度为"佳"、为"好"，并没有具体标准，因此不好让人把握。

3. 富有条理

商品说明书的内容一般根据商品本身的生产过程及相互关联的顺序，或者消费者认识商品的规律等实际需要选择最佳的表达方式，所以必须具有条理性。商品说明书的正文部分通常都用列条款的方式来展示内容，并逐项说明，这样才能让消费者对产品本身有一个由浅入深、循序渐进的认识。

4. 通俗实用

商品说明书的内容必须通俗才能让人易懂，否则再真实、准确也无济于事。要尽可能避免一些消费者不懂的专业术语，计量单位也必须是消费者能识别的。要让消费者通过阅读商品说明书觉得其实用性强，能更方便、容易地去了解、操作或使用该商品，这也有助于突出商品的优势。

五、写作实训

（一）病文修改

修改下面的产品说明书。

钻石牌送风扇说明书

一、概述

钻石牌送风扇是最新设计的产品，其最大特点是使用一个360°旋转的导风轮来代替摇摆送风。因此它会给你带来最舒适的享受。本商品有以下特点：

外形美观，翻倒即自动停止。

结构新颖，温升低，噪声小。

轻巧方便，使用工程塑料，绝缘性能好，安全可靠。

送风柔和轻拂，有天然阵风感，特设有夜明灯装置。

二、结构

本风扇由导风轮、外壳、电线、风叶和网罩组成。导风轮由装有开关控制的专用电线连接，方便可靠，容易操作。导风轮以每分钟约5转匀速旋转，使气流成为锥体以涡流形式送出，从而达到最佳的降温作用，最适合于客厅、办公室、卧室等使用。

三、使用方法

1. 使用前先检查使用电压和频率是否与本风扇标牌上所标注的相符；检查风扇是否完好。

2. 把定时开关旋至"长接ON"挡。

3. 按下调速挡,风扇即可转。

4. 旋转定时开关,选择需要预定的时间。

5. 当定时旋钮位于"长接ON"位置时,夜明灯则长期照明。

四、维护及注意事项

1. 每年使用前先拆开网罩、风叶和导风轮等,在电机油孔内加少许优质机油。

2. 切忌使风叶变形。

3. 注意贮存。

该商品会给您带来很好的享受,根据自己的爱好进行选择,在规定的期限内,若有质量可以为用户免费维修,让用户使用一个称心满意的商品,该商品各地家电中心均有销售。

钻石牌有限公司:

董事长:(略)　　　　　邮编:(略)

电话:(略)　　　　　　网址:(略)

传真:(略)　　　　　　电子信箱:(略)

地址:(略)

(二) 写作训练

假如你自己创业开公司了,请给你公司的新产品写一份商品说明书。电脑、手机、家用小电器、药品、化妆品等的说明书均可。

(三) 拓展训练

请搜集一份商品说明书,仔细阅读后,结合所学内容思考并回答以下问题:

1. 所找的商品说明书属于什么类别?

2. 仔细阅读并写出该商品说明书的格式,并分析总结该商品说明书的写法。

(四) 情景模拟

小王进入一家小家电公司后,不久就接到一个任务,给本公司生产的电热杯写一份商品说明书,他拟定如下:

××牌电热杯使用说明书

××牌电热杯是一种新型的家用电器。使用电热杯的时候注意要尽量用热水或者开水煮食物,这样可以节约用电;先放食物后再通电;用电时,闻到焦味或听到爆炸声时要立即切断电源;如果煮牛奶之类的液体,断电之后要用冷水冲洗,不能马上倒出。食物快熟时立即切断电源,否则就会损坏电热杯。

领导看后认为这则说明书写作不规范,让小王进行修改。请问小王应该如何修改这份商品说明书?

知识链接

商品说明书与商品广告词的主要区别

(1)商品说明书重在介绍说明商品的规格、质量、性能、使用、保养与维修等方面的知识,要求客观、真实地介绍说明该商品;商品广告词则是一种促销手段,用于激发消费者的购买欲望。

(2)商品说明书目的是方便消费者对商品构造、性能等的了解和实际使用;商品广告词目的是宣传、出售商品。

(3)商品说明书一般附属于一件具体商品;商品广告词则可脱离商品出现在各种宣传媒体上。

(4)商品说明书基本用说明的方法;商品广告词往往会用到描写、抒情等表达方式,以及其他一些文学表现性很强的手段。

(5)商品说明书如果内容简单,会直接印制在商品包装上,而详细复杂时会装订成小册子;商品广告词在文字表达之外可配以各种声像效果,但相对来说都比较简单。

任务十四 ｜ 撰写设计说明书

学习目标
◆ 掌握设计说明书的概念
◆ 掌握设计说明书的特点和写法
◆ 培养创新思维和原创意识

一、情境导入

2022年10月，××职业学院机电学院举行第三届机械部件创新设计与制造大赛，比赛要求各参赛队按照竞赛主题，通过校企合作，自行设计和制造参赛部件。参赛部件应具有一定功能，由7～8个零件（不包括电器元件）组成，符合2022年全国职业院校技能大赛高职组技术规范。参赛部件必须以机械设计和制造为主，提倡采用先进理论和先进技术，如机电一体化技术等。

陈××和他的同班同学共7名同学参加此次比赛，比赛过程中，他们要完成以下三大任务：创新设计（绘制2件在竞赛现场加工零件的零件图，绘制机械部件的实体图，编写创新设计说明书），答辩（制作答辩PPT，现场答辩），创新制造（加工2个主要零件，装配和调试部件，编制零件加工工艺方案）。陈××作为队长把其他6名同学分为3个小组，分别完成以上任务，而他自己主要负责编写设计说明书。

由于陈××的设计说明书编写得非常规范、严谨，加上同学们共同的努力，他们在这次比赛中获得一等奖的好成绩。

二、知识梳理

（一）概念

设计说明书是对某一工程、作品的设计过程和基本内容进行解释和说明的技术性文书。

（二）特点

1. 科学严谨

设计说明书是对工程、作品设计的重要指导文件，要对设计思想作出全面系统的解说，并要对各项要求进行准确的表述，力求完善、完整、合理，要体现科学性。

2. 力求创新

项目设计应在接受别人成果的基础上有所改进，有所创新，写作时要突出自己在设计中的独到之处和有特色的地方。

3. 真实可靠

设计说明书是对设计工作的整理和总结，必定要求具有真实可靠性，表述的设计任务、要求、过程及结果要真实具体，依据的资料正确，数据计算精确，设计方案安全，设计结果实用。

（三）分类

1. 工程设计说明书

工程设计说明书是对具体建设工程项目的设计过程和基本内容进行解释和说明的技术性文书，是该工程项目审批的必备文件，也是施工单位进行建设的依据，也是基建单位在工程竣工时的验收标准。

2. 课程设计说明书

课程设计说明书是工科类学生完成某门专业课程后，在教师的指导下，对本课程的某一特定课题进行具体设计实践活动，说明课程设计的任务、要求、过程及结果的说明性文书。

3. 毕业设计说明书

毕业设计说明书又叫毕业设计报告，是应届大学生针对某一个具体课题，综合运用自己所学的专业知识理论知识、基本技能表述专业设计情况的一种应用文体。毕业设计是对大学阶段全部学习成果的总结，是评定学生毕业成绩的重要依据。

（四）格式

不同种类的设计说明书，写法各不相同。

1. 工程设计说明书

一般包括总封面、目录、正文和附录四个部分。

（1）总封面上要写明项目名称、设计单位名称、设计单位负责人、设计总负责人、设计日期等项目。

（2）正文是对该项工程具体设计的说明和论证。因工程项目目的、要求、性质、特点的不同，正文的内容和重点也不同。

如房屋建筑工程设计说明书的内容包括工程设计主要依据、总体概括、设计指导思想、总平面设计、建筑设计、结构设计、给水排水设计、电器设计等。

如室内装潢设计说明书内容包括工程概况（工程类型、面积、空间功能要求等）；业主设计要求；设计理念和设计目标；规划及设计方案；环境、照明、通风等其他方面的设计；设计总结等。

如艺术设计说明书重在阐述设计理念、设计思路及设计方案，一般从色、形、相等方面进行说明。

2. 课程设计说明书

一份完整的课程说明书应包括以下几个方面：

（1）封面，包括题目、院系、学生班级、学号、学生姓名、指导教师姓名等。

（2）目录，应包含正文及其后面部分的条目。

（3）正文，内容一般应包括：

① 选题背景：说明本课题应解决的主要问题及应达到的技术要求；简述本设计的指导思想。

② 方案论证：说明设计原理并进行方案选择，阐明为什么要选择这个设计方案以及所采用方案的特点。

③ 过程（设计或实验）论述：对设计工作的详细表述。要求层次分明、表达确切。

④ 结果分析：对研究过程中所获得的主要的数据、现象进行定性或定量分析，得出结论和推论。

⑤ 结论或总结：对整个研究工作进行归纳和综合。

（4）设计体会及今后的改进意见。

（5）参考文献（资料），格式如下：

[编号]作者.论文或著作名称.期刊名或出版社,出版时间:引文页码.

（6）课程设计资料的装订，装订顺序为：封面、目录、正文、设计体会及今后的改进意见、参考文献；设计任务书、设计说明书（报告）和图纸等。

以上规范要求主要针对工程设计类课程设计，理论研究、计算机软件类课程设计可参照执行。

3. 毕业设计说明书

毕业设计说明书由以下几部分构成：封面、目录、引言、正文、结束语、参考文献等。

（1）封面，是毕业设计说明书的表面，应按要求逐项填写清楚。

（2）目录，由毕业设计说明书的章、节、附录（可无）等的名称和页码组成。章节既是毕业设计说明书的提纲，也是其组成部分的标题。

（3）引言，应简要说明毕业设计的目的、意义、范围、研究设想、方法、选题依据等。

（4）正文，是毕业设计说明书的核心部分，占主要篇幅。

（5）结束语。其中：毕业设计说明书的结论，应当准确、完整、明确，概括说明毕业设计的工作情况和价值，分析其优点和特色，指出创新所在，性能达到何种水平，同时指出尚待解决的问题、设想、建议等;最后一行致谢,应以简短的文字对在毕业设计过程中给予指导的老师表达自己的谢意。

(6) 参考文献,按引用文献的顺序,列于文末。

三、例文评析

【例文一】

"大木设计"设计品牌形象 LOGO 设计说明

标识采用象征吉祥中国的红色,强调中国精神。八个木相围有着中国传统的围合内涵,就像四合院建筑,明诣大木设计所涉及领域。

整体形态是一个闭合的网络,象征着大木强强联合的组织结构和团结协作的品牌精神及强大的内部凝聚力。除围合结构外,整体标识明八暗九,还是一个九宫盘,"九木"即"大木":华夏自古以九为大、以九为圣,天以九重为尊,地以九州为大,即华夏九州。九宫即是九州的象征,具有浓郁的中国哲学色彩,也暗示了大木设计覆盖中国大地、争创第一的远大理想和气势;而九宫只填满八宫,其势不用尽符合中国"满招损,谦受益"的阴阳辩证内涵。

整体形色为木(形)火(色)相生。易学里,喜木者宜木业、家具、装潢装饰;喜火者,宜艺术、经营;两者相和,准确代表了室内设计这一行业。

评析:这篇设计说明是艺术设计说明。本文采用总—分结构,开篇介绍总体设计思路,点明设计主题,然后分别阐述标识形态及形色的外观和内涵。本文对设计作品进行了由表及里的说明,引导读者逐步认识设计作品的创意和文化寓意,起到了画龙点睛、升华凝练的作用。

【例文二】

××大学体育场初步设计说明书

一、建筑设计说明

(一) 工程设计主要依据

1. 甲方设计要求(略)

2. 甲方提供的地形图及规划图(略)

3. 工程设计合同书(略)

4. 相关设计规范文件(略)

(二) 场地及主体设计概述

××大学体育场位于××市,属亚热带季风性湿润气候,光照充足,雨量充沛,地点位于××大学校区东部。东部为体育场地及拟建食堂,南边为拟建学生宿舍,西边为休闲绿地,北边为校区外道路。场地北高南低,用地标高为61.00 m。计划用地面积 49 991 m^2,占地面积 4 390 m^2(不含运动场地面积),建筑面积 7 593.9 m^2,绿化率 83%(见总平面图)。本工程主体为体育场楼,西看台三层,东看台两层,无地下层,主体结构均为二级耐久年限(50 年以上),抗震烈度为六度设防。本工程设计范围包括建筑、结构、水、通风、消防及概算,不包括煤气、煤体、监控及二次高档装修。

(三) 设计指导思想

本设计除应执行国家有关工程设计的方针、政策外,还应执行下列基本原则:

1. 根据建设方的用途和目的,在追求精品建筑的同时注意降低建筑成本,综合提高该建筑的经济效益、社会效益、环境效益。

2. 合理利用城市土地和空间,充分考虑地块条件、周边资源及平面功能要求。

3. 适应现行的经济发展水平,在满足当前需要的同时适当考虑将来提高和改造的可能。

4. 节约建筑能耗,保证围护结构的热工性能。

5. 建筑设计的标准化和多样化充分结合。

6. 体现对残疾人、老年人的关怀,对他们的生活、工作和社会活动提供无障碍的室内外环境。

7. 合理设置公共设施,避免烟、气(味)、尘及噪声对周边环境的污染和干扰。

8. 建筑和环境充分考虑防火、抗震、防空等安全措施。

9. 合理组织人流、车流及物流,着重处理好建筑道路、广场、院落和绿地之间及其与人的活动之间的相互关系。

10. 建筑体现地方风格及现代气息,彰显个性,为校区内塑造风格现代、特征鲜明的标志性建筑。

(四) 总平面设计

1. 建筑布局和间距。在总体布局上将体育场置于用地中央,与学生宿舍间距为 76.2 m,不遮挡其余建筑的采光日照。整栋建筑周边为大面积绿化和广场,充分考虑了防火、日照、防噪、采光、通风、卫生等要求。体育场南北朝向,避免眩光对比赛的影响。除布置前后绿化广场外,还布置了院落式绿化广场,给工作人员提供了一个宜人的工作和休息环境。

2. 交通组织设计。人流分东西看台按分区进入,体育场四周布置环行消防车道,以满足消防要求。

3. 绿化设计。本工程除在建筑周围设防布置道路、集散广场外,尽可能多地设置绿化用地,足球场种植草皮,绿化率达到 70% 以上。本工程的室外管线尽量采用地下管沟铺设的方式,地下管线的走向为沿道路或建筑平行布置。以离建筑物的水平距离排序,各种管线的埋设顺序由近及远依次为电力管线、煤气管、热力管、给水管、下水管;以离建筑物的垂直距离排序,由浅入深依次为电信管线、热力管、电力电缆、煤气管、给水管、下水管。

（五）建筑设计说明

本建筑为室外体育场，西看台三层，东看台二层。

1. 建筑平面设计。西看台一层层高 36 m，二层和三层看台下空间可利用；东看台室内跑道为二层高的大空间。整栋建筑主要功能包括：室内外运动训练、运动员休息、候场、贵宾接待等。

体育场看台建筑采用通透的设计手法和坚持内外空间共享的设计理念，使整个建筑布置于大面积绿化广场中，增强了人与自然环境的交流。

2. 建筑交通组织设计。西看台三座楼梯，东看台二座楼梯，运动员、贵宾与观众的出入口分开，观众疏散时间为五分钟。

3. 建筑立面设计。建筑立面造型力求新颖明快，东西看台入口面为主要立面，采用黄褐色与白色相间的涂料表面以及大面积落地玻璃窗，形成强烈的虚实对比。有韵律的竖向线条，削弱了较大的横向视觉尺度感。

4. 防水设计（略）

二、结构设计说明

（一）设计依据

1. 有关批文（同建筑部分）（略）

2. 自然条件（略）

3. 执行规范文件（略）

（二）结构设计

1. 本工程主体部分采用现浇框架结构，东西看台楼面板采用现浇梁板结构，西看台屋盖采用钢桁架悬臂梁结构，梁根部利用钢拉索与下部看台部分的横向大梁拉接，框架抗震等级为三级。

2. 体育场总长度为 130 m，中间设两道温度伸缩缝。

3. 南北看台部分采用黏土空心砖砌筑。

（三）基础设计

根据工程地质勘察报告，基础采用独立柱基和人工挖孔灌注桩，地基基础设计等级暂定为丙级。

（四）结构计算（略）

（五）材料（略）

（六）主要设备材料表（略）

三、给排水设计说明（略）

四、电气设计说明（略）

××建筑设计院
××年××月××日

附：工程设计平面图，总概算表，单项工程概算表（略）

评析：本项目说明书工程较大，设计内容较多。全文格式规范，结构完整，重点突出，表述全面。对房屋建筑工程设计中必不可少的设计依据、总平面设计、建筑设计结构设计等主要文件进行了详细的解释和说明,既有总体的全面规划,又有单项的具体安排,更有建筑结构和建筑材料的选择、工序流程等质量要求,并附有具体的施工图纸、设计概算书和材料表,为顺利施工提供了依据,为监督、验收提供了标准,从而确保工程质量,实现基建单位的总体意图,具有极大的实用性。尤其是每一设计项目前都提供了设计的主要依据,体现了设计的科学性。

(本例选自李峻、孙春祥主编:《科技实用写作》,高等教育出版社2004年版,第12页;有改动)

四、注意事项

(1) 深入实践进行调查,掌握第一手材料,在自己已有资料的范围内选题,做好材料的分类、鉴别和扬弃。

(2) 技术性和实用性相结合。设计说明书带有很强的技术性,但也必须考虑投资成本、使用环境、经济效益等,做到技术性和实用性完美结合。

(3) 计算正确,论述清楚,文字简练通顺,插图简明,书写整洁。文中图、表按制图要求绘制。

五、写作实训

(一)写作训练

根据所学专业,撰写一份项目设计说明书,要求设计理念具有前瞻性,严格遵循写作规范。项目自行设计。

(二)拓展训练

项目名称:××丹堤A区

建筑面积:450 m^2

装修风格:传统与现代结合

主要材料:进口大理石,进口墙纸,金箔,红橡面板素色,"本杰明"进口涂料。

设计单位:深圳市××装饰有限公司

设计师:总部第十工作室××

本案地处××关口附近,背山面水,自然环境优美,为双拼四层别墅,地下半层、地上三层,前后拥有花园,通风采光好,户型方正,结构合理,空间高,是一套不可多得的经典户型。

业主为一对年轻夫妇,从事IT行业,典型的知识分子,思想活跃,品位高雅,对传统文化有深厚的理解。本案在设计手法上,突出了文化人温文尔雅、平和理性的特点,用浅橘色的整体色调，表达业主的温馨典雅的风格。在设计风格定位上，吸取了文艺复兴时期"巴洛克"风格中的一些经典元素，不过分张扬，而又恰到好处地把雍容华贵之气渗透到每个角落，既突出别墅本身的自然优势，又适当彰显业主的个人品位。

客厅经过精心布置。与电视背景相对的一面特意设计了展示柜，展示柜采用乳白色，使浅橘色为主的客厅显得活泼生动；地面及部分墙面运用了天然大理石做饰面；而贴金箔的镂空雕花与水晶珠帘相映成趣。

餐厅另有一番风味。最显著的特点就是空间高，设计没有改变原空间结构，而以长长的落地珠帘将这种风格进行渲染，并在餐厅顶部设计圆形的彩绘玻璃，华灯闪烁，珠帘隐隐，未饮美酒，已不觉心醉神迷。

主卧与书房十分淡雅。这里没有多余的色彩、布置和家具，没有喧嚣与烦冗，一派宁静悠远。设计将原本不规则且略显零乱的天花板加以简化整合，改变后的主卧空间呈上升之势，置身其中给人积极向上之感，表现业主对快乐人生的追求；设计采用传统的玲珑雕花隔断把主卧与书房两个空间加以适当区分，形成一个隔而不断、分而不离的互动空间，惬意的、时尚的、成功人士的品质生活体验尽在其中。

阅读以上室内设计方案，回答下列问题：
1. 确定该设计项目的主题。
2. 这篇设计方案是从哪几方面进行说明的？分别采用了什么表达方式？
3. 请按照方案中的风格，结合自己所学专业知识，为业主设计该案的客厅。

知识链接

如何做好室内设计方案

一、充分了解自己的需求

1. 对家里长期居住人员及构成（家庭人员数量、年龄、性别、成员之间关系等）要心中有数，根据自己的年龄，不妨考虑得稍长远些，如新婚夫妇应考虑到将来下一代的安排等。
2. 家庭成员的民族习惯、区域传统、宗教信仰。
3. 文化水平、职业特点和工作性质等。
4. 家庭成员的个性特征、生活习惯、生活方式、业余爱好。
5. 自己及家人对线形、色彩有无偏好。
6. 经济水平和消费资金的投向分配情况等等。

二、使用功能

在居住空间设计时，首先要对房屋本身的结构有所了解，如哪些是承重墙、管线的走向、横梁的位置等，然后结合使用功能的合理性和自己的生活习惯与喜好，对住宅进行基本的考虑。比如客厅设计要注意活动空间的合理安排、自己个性的体现。而卧室、书房则是私密之所，除了在隔音、通风、保温、舒适度等方面要注意外，饰物的点缀、色彩的搭配更要体现自己的爱好与品位。厨卫的设计则要将注意力集中在合理安排上，由于厨卫空间一般较小，油烟、湿气又较大，那么通风是最重要的；地面的防滑与墙顶的耐污染、耐擦洗也不能忽视；厨具、洁具的安置以及流动空间的安排，家电的摆放及电源的合理安排都很重要。

三、色彩搭配

根据以上因素确定住宅的整体装修风格,再确定一个你喜欢的色彩,然后翻阅相关的画册和杂志,在上面选择与之搭配的颜色。一般一套住宅的主色尽量不要超过3种(不包括饰物及点缀品的颜色),否则会给人"太花"的感觉。

四、通风采光

通风和采光是住宅设计中不可忽视的重要因素。虽然现在的照明技术已达到很高的水平,灯具造型异彩纷呈,但还是要尽可能地利用和优化原有建筑的自然采光和通风功能,这是住宅中对人体健康的最有益、最重要的部分。

五、家具的选择

家具是空间环境的重要组成部分,家具的布局、款式、颜色、材质等要与房间的风格、色彩相适应。一个房间内的家具在色彩、风格上最好保持一个主格调。经济上一时不允许,可分居室来配置。比如,先买客厅的家具,待条件允许时再买卧室的家具。

总之,在住宅中对于造型的设计应以精练、大方为主,一定要在使用功能合理的前提下,来创意和体现自己的个性。

任务十五 ｜ 撰写市场调查报告

学习目标
- ◆ 掌握市场调查问卷的写作方法和写作要求
- ◆ 掌握市场调查报告的写作技巧
- ◆ 培养独立思考的求知精神
- ◆ 培养主动参与、交流合作的主体意识

一、情境导入

年仅22岁的姑娘贺聪，大专毕业不到一年，通过自己的努力，办起了一家拥有4家专卖店的某食品专卖有限公司。专卖店开了3个多月，净利润达到5万多元。

贺聪的创业思路是在2006年大学快毕业进行社会实践时形成的。她经过市场调查发现，如今粽子已经从单纯的节令食品，发展为一年四季的佳品，粽子的市场潜力较大。于是，她有了一个新的念头，她要做一个全新概念的粽子。此后，她四处拜师学艺，学得一手制作粽子的好技术。大学生创业，最头痛的事便是缺少资金。而贺聪所做的市场调查和实践为她获得资金创造了机会。在当地某项创业计划竞赛活动中，因为有前期的市场调查和实践做基础，贺聪的创业计划一举夺魁，她最终获得50万元创业资金。

市场调查研究是经营决策的前提，只有充分认识市场，了解市场需求，对市场做出科学的分析判断，决策才具有针对性，才能拓展市场，使企业兴旺发达。无论企业还是个人，要创业首先要做的事情就是市场调查研究。

二、知识梳理

（一）概念

市场调查报告是用科学的方法对市场情况进行调查，然后对所获得的信息资料进行整理和分析研究，得出调查结论，供有关决策者参考的书面报告。

(二) 市场调查的方法

市场调查的方法很多,常用方法主要有文献法、观察法、访问法、座谈法和问卷法等。

文献法:通过线上线下查阅文献资料,收集相关调查信息。

观察法:观察者到现场凭自己的视觉、听觉或借助摄录像器材,直接或间接观察和记录正在发生的市场行为或状况,以获取有关原始信息的一种实地调查法。

访问法:即访问调查法,也叫询问法,是将所要调在的事项以当面、书面或打电话的方式对被调查者进行询问,以获得所需要的资料。

座谈法:通过组织调查对象召开座谈会,集中针对调查内容开展面对面的交流和询问,快速收集调查信息。

问卷法:通过向调查对象发放调查问卷收集信息。这种调查方法可分为线上和线下两种形式,尤其是线上形式因为不受时间、空间和调查对象人数限制,深受调查者喜爱。

(三) 特点

1. 针对性

针对性表现在两个方面:一是市场调查报告写作目的非常明确,调查分析问题有的放矢;二是市场调查报告往往针对明确的阅读对象,因为不同对象有不同的要求,他们所关心的问题的侧重点也不同。

2. 科学性

科学性是指从实际出发,运用科学的方法,有计划、有目的地搜集、整理、分析和研究市场信息资料,找出事物的发展规律。

3. 时效性

时效性是市场调查报告的生命和力量所在。只有迅速、灵敏地记录和反映市场供求的新变化、新动态,并将市场信息以最快的速度传递到决策和管理部门,使经营决策跟上市场形势的发展变化,才能发挥市场调查报告的作用。

(四) 市场调查报告的分类

按照调查对象内涵分,可分为专项性市场调查报告和综合性市场调查报告。

1. 专项性市场调查报告

专项性市场调查报告是指某部门或某一经济实体对特定市场某商品供需变化、新产品等情况进行调查研究的报告。

2. 综合性市场调查报告

综合性市场调查报告是指对大范围或整体现象所做的综合性调查的报告,常指大范围内的各种全局性、整体性、综合性的经济问题的报告。

(五) 市场调查报告的格式

市场调查报告一般由标题、正文、文尾三部分组成。

1. 标题

市场调查报告的标题写法很灵活,可以采用多种形式,写作力求内容明确,语言简洁、醒目。常见的标题主要有两种:单行标题和双行标题。

单行标题,就是用一句话概括调查报告的主题和要揭示的问题。一般由调查对象和文种组成,如《关于2012年国内汽车销售市场的调查报告》。也可将调查对象的相关情况概括成标题,如《今年我国粮油进出口出现五大变化》。

双行标题,也就是正副标题形式。一般用正标题揭示调查结果或主题,副标题指明调查范围(时间、地点、对象)和调查情况等,如《市场在哪里——天津地区三峰轻型客车用户调查》。

2. 正文

市场调查报告的正文一般包括前言、主体和结尾三部分。

(1) 前言。前言一般就调查报告的情况进行简要说明或回顾,使读者对报告有一大致了解。或概述基本情况,或提出基本观点,或简介主要内容,写法不拘一格,但要将调查的目的、时间、地点、范围、对象、经过和方法交代清楚。

(2) 主体。主体是市场调查报告的重点。首先需要用调查所获取的资料信息介绍调查对象过去和现在的客观情况,如发展历史、市场布局、销售情况等;然后对收集的资料进行科学的分析,预测市场今后的发展变化趋势,从中得出结论性意见;最后根据调查结论提出相应的措施和建议。

(3) 结尾。结尾照应全文,或简要重申观点,或加深认识等,其目的在于点明、深化主题。也有的调查报告,主体写完自然结束。

3. 文尾

指调查报告的单位落款(或作者署名)和日期,一般标注在正文的右下方。如果是公开发表的市场调查报告,作者的名字写在标题的下方或右下方,正文后不写名字;如果正文中有相关信息,也可不必再另外署名。

市场调查报告的写法不是固定的,一定要根据实际情况具体确定。

三、范文评析

【例文一】

关于杭州私家车主构成的独立调查

在近年来如火如荼的汽车消费热潮中,数以万计的杭州百姓人家圆了汽车梦。据统计,杭州私家车拥有量已从去年年底的每100户家庭2.5辆上升到3.1辆左右。预计到今年年底,杭州将成为我国轿车发展最快的城市。那么是哪些人推动了杭州私家车消费的狂潮?杭州车市有哪些明显的特征?这些问题无疑是很多业内人士和有车族关注的焦点。近日,我们在酒店、写字楼、停车场、生活小区等地通过当面访问以及电话采访、网上调查等方式,对杭州私家车情况做了一次抽样调查。此次调查共发放300份问卷,回收有效问卷253份。

一、年轻车主崛起

在外贸公司工作的王小姐说,普通的交通工具已经不能满足现在年轻人的需要。现在的年轻人张扬个性,事事都要有自己独立的空间。同时工作生活的快节奏促使现在的年轻人需要更快捷的交通工具来实现工作的高效率。调查结果显示,中年车主仍然是私家车主的主流群体,占了调查人数的63.3%。值得注意的是,一部分年轻车主正在崛起,占总人数的26.5%。这部分车主的年龄大多在20~30岁,大多拥有大学本科及以上学历以及较好的职业,年收入5万~10万元,而且50%以上由自己独立出资购车。

这部分车主最为敏感的是轿车的价格,占了37%,另外,油耗、安全性、品牌以及外观也是他们所关注的主要因素。他们选择的车型、颜色一般比较时尚,驾龄一般与购车时间同步,大多集中在近3年内。

二、个体业主是主力

在调查中,个体私营者仍是私家车主的主流,占总数的26.5%。令人惊喜的是,私家车主的职业构成呈现了前所未有的多元化趋势:公务员、教师、普通职员成为壮大最快的购车队伍。

这类车主购车主要用于上下班代步,同时方便周末出游。选择的价位基本在5万~15万元之间。公务员方先生买了一辆威驰,平时工作日顺带接送孩子上学、放学和妻子上下班。到了周末,则载着家人开车到周边风景区感受大自然的风光。他感慨地说,有车后,生活半径扩大了不少,生活质量也提高了。

三、买家愿付全款

网上调查显示,购车方式选择银行按揭的高达71%;而在当面访问和电话采访中,选择一次性现金交付的占了80%以上。仔细分析发现,选择银行按揭的车主大多已有2年以上的有车生活,而选择全额购车的车主,基本都是在近2年内新购的车。

四、汽车网站备受青睐

近年来消费者获得购车信息的渠道出现了多样化趋势。除了看报纸、杂志、电视上的汽车广告和汽车新闻,越来越多的人走进了网络世界。调查结果表明:杭城有22.4%的购车族倾向于浏览互联网上的汽车网站,因为他们更看重网上全面、丰富、深入的汽车信息。购车者足不出户就可以了解到各大品牌车的最新动态,一些制作精良的网站还能带消费者领略试坐感受、汽车构造和部件性能。

在日趋完善的网络世界,甚至实现了网上购车。

五、车主倾向5年换车

……

调查发现:经济型家庭轿车市场份额遥遥领先,86%的人购买的第一辆车价格低于15万元;另外,44.9%的车主表示平均5年会换一辆新车。特别是国内汽车生产、经销市场新陈代谢加速,各家新款车层出不穷,售后服务的不断完善加之低价位的营销战略,不仅让普通工薪阶层圆了购车梦,更让囊中鼓鼓、喜欢体验不同驾驶感觉的人过足了车瘾。

评析:这篇市场调查报告的标题正式、严肃;前言简洁交代了调查背景、原因和调查的范围、方式等内容;主体部分用五个小标题形式归纳总结调查结果,条理清晰;结尾则对调查情况进行总结。全篇结构完整、条理清晰,数据的广泛使用显得调查内容真实、可信。

【例文二】

<h3 style="text-align:center">打工人零食,打工人吃不起了</h3>

现在一包鸡爪的价格堪比一只整鸡。最近很多网友吐槽吃不起零食鸡爪,鸡爪的价格有多离谱? 久久×的暴打柠檬脱骨凤爪零售价为199.6元/公斤;良×铺子柠檬去骨凤爪的零售价为229.8元/公斤,另一款袋装的柠檬蒜香去骨凤爪27.9元/128克,折合约217.97元/公斤;三只松×泡椒味无骨凤爪零售价为243.6元/公斤;百×味的柠檬酸辣味无骨凤爪零售价为265.33元/公斤;王×卤在某购物平台官方旗舰店中销量最高的虎皮凤爪价格为每袋99.5元,相当于157.94元/公斤。

这几种(无骨)鸡爪零食的平均价格约219.04元/公斤,而市面上一只整鸡的价格不过才50元/公斤。

鸡爪价格赛整鸡不要紧,赛过工资就有点悲伤了。假如一个人月薪7 000元,平均到一个月的30天,日薪可能还不及一公斤鸡爪的价格,零食鸡爪为什么这么贵?

<h3 style="text-align:center">鸡爪凭什么这么贵</h3>

高价格通常是高需求与高成本结合的产物。鸡爪作为经典的传统小吃,近年来市场需求不断走高,2022年凤爪销量约56.45万吨,较2018年增加19.45万吨。其中零食鸡爪的市场规模更是稳中有升。

与此同时,鸡爪的原材料冷冻鸡爪,价格也一直在上涨。拿2023年3月份来说,大规格鸡爪的均价为36.41元/公斤,较今年2月均价走高1.17元/公斤,较去年3月均价上涨4.18元/公斤。冷冻鸡爪价格上涨的原因,首先是国内冻鸡爪产量的供不应求。鸡爪出在鸡身上,鸡爪产量自然会受到活鸡产量的影响。2022年国内肉鸡累计出栏98.2亿只,比2021年减少了7.7%。

2018—2022 年我国凤爪销量

2018—2022 年中国休闲即食凤爪市场规模

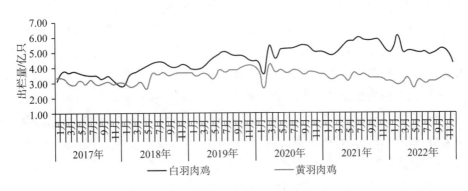

2017 年以来肉鸡出栏量趋势

图源：中禽传媒

国内鸡爪产量不足不要紧，因为我们还可以用进口鸡爪供应市场。中国海关的公开数据显示：2022 年，我国总共进口鸡肉（含杂碎）产品约 132 万吨，其中有整整一半是鸡爪！

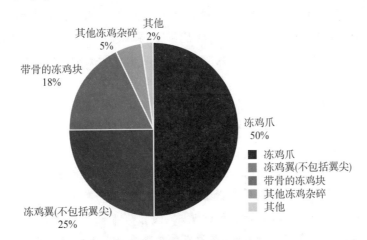

2022 年鸡肉（含杂碎）产品进口量占比

数据来源：中国海关　@新冻派整理

别看 2022 年中国的鸡爪进口"占比"高于 2021 年，但整体进口量却比

2021年减少了1.5%。2023年中国的鸡爪进口,受高致病性禽流感和贸易政策的双重影响,进口量比2022年又有所减少,其中2023年8月进口冻鸡爪4.09万吨,9月进口冻鸡爪4.33万吨,均少于2022年月均进口量(5.5吨)。

当鸡爪的国内产量减少,进口数量也减少时,其市场的"稀缺性"就充分展现出来了。物以稀为贵,鸡爪价格也就水涨船高。但话又说回来,国内那么多养殖场,为什么鸡爪供应还依赖进口?

鸡爪为什么要进口

鸡爪贸易是一场各取所需的"双赢合作"。由于中国人喜欢吃鸡爪,而外国人对鸡爪没那么热衷,所以互通有无既能让国外的鸡爪发挥作用,又能让中国获得更便宜的鸡爪货源。外国人也发现了这个好处。早在2017年8月18日,英国《金融时报》就提到:美国人一年大概能吃掉90亿只鸡,但不吃鸡脚,中国南方人则每年进口大约30万吨鸡脚。而中国进口国外鸡爪的另一个好处是,国外的鸡长得更快,侧面推动了鸡爪产量。市场上常见的肉鸡主要分为两种:国内的黄羽鸡和国外的白羽鸡。黄羽鸡属于"优质型肉鸡",具有风味口感好、肌肉品质佳等优势,但对比国外的"快大型肉鸡"白羽肉鸡,却有食量大、身材瘦、长个儿慢三大"bug"。

相比之下,吃得少、长得快的白羽鸡不仅是"产肉机器",还是"产爪机器"。黄羽鸡养成时间比较久,最快也得60天才能出栏,慢一点的甚至要100天以上,所以黄羽鸡60~100天才能"生产"一对鸡爪。而白羽鸡42天就能"生产"一对鸡爪,不仅效率高,还比黄羽鸡吃得少。那么国内多养白羽鸡不就好了?问题没有那么简单……自1972年,荷兰女王送给中国50只白羽鸡,我国的白羽鸡种源鸡直到2021年一直100%依赖进口。因为白羽鸡存在一个"技术壁垒"——白羽鸡和白羽鸡生不出白羽鸡。直到2021年12月3日,农业农村部发布第498号公告,"圣泽901""广明2号""沃德188"等三个快大型白羽肉鸡品种成为国内首批自主培育的快大型白羽肉鸡新品种,我们才彻底突破白羽鸡养殖的"技术壁垒"。

即便如此,国产白羽鸡也很难满足国内鸡爪的市场需求,毕竟一只鸡就两个爪子,而一斤鸡爪约15个,这意味着生产一斤鸡爪需要消耗约8只鸡!所以鸡爪的价格也比其他鸡肉产品贵。

不止如此,无骨鸡爪的价格还比有骨鸡爪的价格贵,因为去骨也有成本。

鸡爪去骨工艺为什么这么难

网上曾经有个恐怖故事,说"无骨鸡爪"的骨头都是老奶奶们一口一口嗦出来的。更恐怖的是真有此类新闻:泰国媒体曾曝光一家无骨鸡爪黑作坊,去骨全靠工人嘴啃。新闻一出,大家不禁担心(和恶心)自己昨夜吃到嗨的无骨鸡爪,会不会是二"口"的?放心放心,老奶奶的假牙可经不起这么折腾(何况用牙也折腾不出去骨留筋的完美鸡爪)。真正的鸡爪去骨,还得到去骨厂走几道工序。首先在去骨前,鸡爪得先磨皮美白一番——鸡爪被切下来之后,外面带着一层"黄皮",要先到"滚筒"式的脱皮机里把黄皮去掉。鸡爪进到脱皮机后,会被带动滚起来做离心运动,和边上密密麻麻的橡胶棒不断碰撞。在碰撞过程中,鸡爪最外面的黄皮就会被甩掉。被脱下的黄皮会通过内部的筛板与鸡爪分离,然后被水冲走。

去皮后的鸡爪经过浸泡清洗,才真正进入去骨程序——人工用刀和剪子,先剪掉鸡爪的爪尖,然后挑掉指头上的多节小骨头,最后去掉"腿"上的大骨头。

有的工厂是一个人完成去骨的全流程,用剪刀挨个完成每个步骤。这可是个考验手艺的活儿——如果骨头没剔干净,那吃起来硌牙;剪断了筋,吃着就没嚼劲了。这么费劲的重复性工作竟然一直没有被机器取代吗?当然了,早就有人想到这一点并且提出过机械去骨。机械去骨用到的鸡爪脱骨机一般由固定鸡爪的夹具、划开表皮的刀具、去骨的驱动装置组成。虽然鸡爪脱骨机一小时可以处理上千只鸡爪,但是机械去骨不能保证鸡爪表皮的完整度,而且有时去骨不彻底。所以现在去骨厂大多还是靠师傅手动去骨。

本就身价上涨的鸡爪,再到去骨厂有经验的师傅手里走一遭,无骨鸡爪的成本自然是水涨船高。所以,以后买鸡爪,记得看好价格,不要被高价的零食鸡爪"背刺"。

(资料来源:彤云、王媛媛,《打工人零食,打工人吃不起了》,https://mp.weixin.qq.com/s/reT1nzlrLpxOj9d1sFuBnQ,略有改动)

评析: 这篇调查报告的主体部分采用纵式结构,各部分内容层层递进、环环相扣,与读者的思维逻辑顺序一致。本文运用大量的数据和图表,图文并茂地对调查结果进行生动、全面和深入的介绍,便于读者把握调查的基本情况。

四、注意事项

(1) 写作目的要明确,针对性强,内容上要注意突出重点。
(2) 要以充分翔实的资料为依托,叙述实事求是,评价客观公正。
(3) 不能只是堆砌材料,要注重分析,揭示事物发展的内在规律。
(4) 要讲究实效,真正起到为市场预测和经营决策服务的作用。

五、写作实训

(一) 文种评析

以下是一份关于茶叶消费市场调查报告的前言部分,请分析其存在的问题。

中国饮茶文化起源于上古时期,"神农尝百草,一日遇七十二毒,得茶而解之"。经过几千年的发展,形成了自己独具魅力的茶文化。茶道在我国唐朝时传入日本,但是现在提起茶道,人们却只知日本茶道,不禁使我觉得自己一定要做些什么来传扬这一宝贵的中华传统文化。我强烈呼吁:中国人喝中国茶,发扬传统文化!为了详细了解国内茶叶消费情况,我利用暑假时间做了深入调查。

(二)写作训练

1. 问卷调查是最常见的市场调查方法之一。请设计一份不少于 15 个选项的调查问卷,对你所熟悉的大学校园和大学生们的生活、消费情况做个问卷调查。

2. 根据问卷调查的结果,请你试着写出一篇 2 000 字左右的××高校(或市)大学生日常消费情况调查报告。

知识链接

调查问卷的设计

调查问卷通常由标题、卷首语、指导语、主体等部分组成。

• 标题

调查问卷的标题应点明调查对象和调查内容,如:《关于大学生手机消费情况的调查问卷》《旅游市场调查问卷》。

• 卷首语

在写作问卷的卷首语时,必须慎重对待,要以亲切的口吻询问,措辞应精心琢磨,做到言简意明、亲切诚恳,使被调查者自愿与之合作,认真填好问卷。卷首语一般包括以下内容:

① 自我介绍;

② 调查的目的;

③ 回收问卷的时间、方式及其他事项。

• 指导语

指导语旨在告诉被调查者如何填写问卷,包括对某种定义、标题的限定以及示范举例等内容。例如:请就以下问题在您认为与您的实际情况相符的选项后打"√"。

• 问卷的主体

问卷的主体部分就是调查问题,在设计问题时要注意以下事项:

(1)问卷中所提的问题,应紧密围绕调查目的和主题来编制。

(2)问卷中问题的顺序一般按下列规则排列:

① 问题的排列应由易到难、由表及里。容易回答的问题放前面,较难回答的问题放稍后,因窘性问题放后面,个人资料的事实性问题放卷尾。

② 封闭式问题放前面,自由式问题放后面。这是因为自由式问题往往需要时间来考虑答案和组织语言,放在前面会引起应答者的厌烦情绪。

③ 要注意问题的逻辑顺序,按时间顺序、类别顺序等合理排列。

（3）问卷的语言：

① 问题的语言力求简单、明了、具体、准确，不要出现抽象或容易引起歧义的语言。

② 问题不要出现双关语或暗示性语言。例如：××集团各款饮料备受时尚青年的喜爱，请问你喜欢喝统一饮料吗？

③ 提问应避免出现以下例句中一题多问、假设性前提或过于笼统等问题。

例：1. 请问您喜欢购买哪些类型的棉袜，价格一般是多少？

2. 请问您一个月买几次鲜花？

3. 请问您经常看电影吗？

任务十六 | 撰写招标书

> **学习目标**
> ◆ 掌握招标书的结构特点
> ◆ 掌握招标书的特点和写法
> ◆ 培养创新思维和原创意识

一、情境导入

××大学想在新校区修建一栋教学实验综合大楼,需要发布工程监理招标公告。校区教学实验综合大楼项目总建筑面积为 55 905.85 m^2(地上建筑面积 45 204.69 m^2,地下建筑面积 10 701.16 m^2),栋数 1 栋,地上层数 23 层,地下层数 3 层,建筑物高度 90.15 m。本项目高层主体采用框架—剪力墙结构,筏板基础及柱下独立基础。项目总投资概算为 32 700.06 万元,其中建安工程费约 18 696.94 万元。

那么,这份招标书应该如何写呢?

二、知识梳理

(一)招标书的概念

在市场经济条件下,工程建设项目的发包、各种服务项目的采购,都会由招标人发出招标通知或招标公告,说明采购的商品名称、规格、数量及其他条件,邀请投标人在规定的时间、地点按照一定的程序进行投标。招标方在招标过程中使用的文书称为招标书。招标书是招标人对招标的有关事项和要求做出的具体说明。

(二)招标书的特点

招标书具有实用性、告示性、广告性、竞争性和紧迫性等特点。

招标书是招标过程中介绍情况、指导工作、履行招标程序所使用的一种文书,因而具有很强的实用性。

招标书也是一种告示性文书,因为它能提供招标的全面情况,便于投标方根据招标书提供的情况做好准备工作,同时还指导招标工作的开展。

招标书一般通过大众传媒公开,因而也称招标广告。

招标书还是吸引竞争者加入招标竞争的一种文书,这使它具有相当强的竞争性。

招标书一般要求在短期内获得结果,招标过程不能将时间拉得过长,因此,它又有着时间紧迫的特点。

(三) 招标书的分类

按时间长短可分为长期招标书和短期招标书。

按内容及性质可分为企业承包招标书、工程招标书和大宗物资交易招标书。

按招标的范围可分为国际招标书和国内招标书。

(四) 招标书的结构和写法

招标书是招标项目的说明书,一般由标题、编号、正文和落款四部分组成。

1. 标题

标题一般由招标单位名称、招标项目和文种三个元素构成,如《××大学多媒体投影仪等招标公告》《××公司消防器材购买及维修招标公告》等,也可省略招标单位名称或招标项目,如《车辆门禁系统招标公告》《物业管理项目招标公告》,还可直接用《招标书》。

2. 招标编号

凡是由招标公司制作的招标公告,都必须在标题下一行标明公告文书的编号,以便归档备查。编号一般由招标单位名称的英文缩写、年度和招标公告的顺序号组成。

3. 正文

正文由引言、主体部分组成。引言部分要求写清楚招标的缘由、目的或依据,招标项目名称,招标范围和资金来源等内容。

主体部分是招标公告的核心部分,通常采用条文式或分段式结构,要翔实交代招标方式(公开招标、内部招标、邀请招标)、招标项目基本情况、招标范围、招标步骤、招标内容等具体要求,写明投标人应具备的条件、招标的起止日期、开标的时间地点等。有的还要写明签约的时间和期限、双方签订合同的原则、招标过程中的权利和义务、项目开工的时间或时限等。

4. 落款

招标书的结尾,应签具招标单位的全称、详细地址、电话、电报挂号、传真、邮编等,有的还应写明联系人姓名,以方便投标者联系。有的招标公告还带有附件,将一些繁杂的内容,如项目数量、工期、设计勘察资料等作为附件列于文后。

三、范文评析

【例文】

湖南××大学××校区教学实验综合大楼项目工程监理招标公告

招标编号:HNCS-2020FJ-022003001

一、招标条件

湖南××大学××校区教学实验综合大楼项目已由湖南省发展和改革委员会以湘发改社会〔2018〕289号文件批准建设,建设资金为财政资金(湘财采计〔2019〕003202号),项目出资比例为财政资金100%。项目业主为湖南××大学,代建单位(招标人)为湖南省轻纺设计院有限公司,招标代理机构为湖南创迪工程管理咨询有限公司,项目已具备招标条件,现对该项目施工监理进行公开招标。

二、招标项目概况与招标范围

2.1 项目名称:湖南××大学××校区教学实验综合大楼项目工程监理。

2.2 建设地点:本项目位于长沙市××区湖南××大学××校区西北角,西临××大道,北临××路,东侧及南侧为校区内部道路。

2.3 工程规模:××大学××校区教学实验综合大楼项目总建筑面积为55 905.85 m^2(地上建筑面积45 204.69 m^2,地下建筑面积10 701.16 m^2),栋数1栋,地上层数23层,地下层数3层,建筑物高度90.15 m。本项目高层主体采用框架—剪力墙结构,筏板基础及柱下独立基础。项目总投资概算为32 700.06万元,其中建安工程费约18 696.94万元。

2.4 质量等级要求:合格工程标准。

2.5 监理服务期:从施工准备阶段开始,经施工阶段至缺陷责任期结束,施工工期(含施工准备、设备采购)暂定800天。(具体服务期须配合施工,包括但不限于施工准备阶段、采购和施工阶段、缺陷责任期)。

2.6 标段划分:本次招标分为一个标段。

2.7 监理服务范围:湖南××大学××校区教学实验综合大楼建设项目的全部内容的施工准备阶段、施工阶段、保修阶段、缺陷责任期的全过程监理,包括但不限于施工及保修阶段的质量控制、投资控制、进度控制、组织协调、合同管理、安全文明施工监理,专用设备选型、考察调研、咨询及安装监理等。

三、投标人资格要求

3.1 具有独立法人资格并依法取得企业法人营业执照,营业执照处于有效期;湖南省外企业须按照湘建〔2015〕190号文件要求办理省外企业入湘相关事宜(以"湖南省住房和城乡建设网"查询为准)或具有《省外工程建设中介服务企业入湘登记证》(处于有效期内)。

3.2 具备建设行政主管部门颁发的房屋建筑工程监理甲级资质或者监理

综合资质,并在人员、设备、资金等方面具备相应的施工监理能力。

3.3 本项目现场监理部关键岗位人员数量按湘建建〔2015〕57号文件规定的配备标准执行,不少于4人,其中:总监理工程师1人、专业监理工程师1人、监理员2人(监理员在中标后配备)。

3.4 拟任总监理工程师必须具有房屋建筑工程专业国家注册监理工程师证书,拟任总监理工程师在长沙市行政区域内(包括长、望、浏、宁四县区)最多有1个作为总监的在监项目,拟任总监理工程师已在其他项目任总监的应配备总监代表,总监代表应具有房屋建筑工程专业国家注册监理工程师证书或湖南省总监理工程师代表培训合格证书,不得有在监项目。

3.5 拟任专业监理工程师须具有国家注册监理工程师证书或湖南省监理工程师证书或湖南省专业监理工程师培训合格证书或湖南省总监理工程师代表培训合格证书,且无在监项目。

3.6 与招标人存在利害关系可能影响招标公正性的法人、其他组织或者个人,不得参加本项目投标。单位负责人为同一人或者存在控股、管理关系的不同单位,不得同时参加本招标项目的投标。

3.7 本项目不接受联合体投标。

四、资格审查方式及评标办法

4.1 资格审查方式:开标后审查。

4.2 评标办法:采用《湖南省房屋建筑和市政工程监理招标评标办法》湘建监督〔2018〕240号文的"综合评估法"。

五、投标保证

本项目投标担保采用承诺形式,具体要求详见本项目招标文件第二章投标人须知前附表第3.4.1项规定。

六、招标文件的获取及澄清答疑发布

6.1 请从2019年5月13日—2019年5月17日17:00时止(北京时间,节假日除外,下同)以本单位的名义在湖南省建设工程招标投标信息网进行网上下载/获取招标文件。如通过网络下载,其招标文件与书面招标文件具有同等法律效力。

6.2 招标文件每套售价人民币肆佰元(¥400.00元),递交投标文件时缴纳。

6.3 澄清答疑采用网上答疑方式。招标人对招标文件的澄清答疑均采用在湖南省建设工程招标投标信息网上发布,投标人自行下载。

6.4 投标人应自行在湖南省建设工程招标投标信息网上下载招标文件、招标文件的澄清答疑等相关招标资料,恕不另行通知。投标人应及时关注网上相关招标信息,如有遗漏(包括但不限于文件未下载或下载不完整)招标人概不负责,所造成的投标失败或损失由投标人自行负责。

七、投标文件的递交

7.1 投标文件递交的截止时间（投标截止时间，下同）及开标时间为2019年6月5日上午09:00（北京时间），地点为：湖南省公共资源交易中心对应的开标室（地点：长沙市雨花区万家丽南路二段29号）。

7.2 逾期送达的或者未送达指定地点或未按要求密封的投标文件，或未按本招标公告第6.1款规定的时间和方式获取招标文件的投标人递交的投标文件，招标人不予受理。

7.3 投标人拟任本项目的总监理工程师须亲自到场参加投标，授权委托代理人必须为拟任本项目的总监理工程师。

八、发布公告的媒介

本次招标公告同时在《湖南省招标投标监管网》《湖南省建设工程招标投标信息网》《湖南政府采购网》上发布。

九、行政监督

本次招标项目接受相关建设行政主管部门或其委托的招标投标监管机构监督。招标投标监督机构为湖南省住房和城乡建设厅。电话：(0731)88950169。

十、联系方式

项目业主：湖南××大学

地址：长沙市××区××路××号

联系人：（略）

电话：（略）

招标人（代建单位）：湖南省轻纺设计院有限公司

地址：（略）

联系人：（略）

电话：（略）

招标代理机构：湖南创迪工程管理咨询有限公司

地址：（略）

联系人：（略）

电话：（略）

传真：（略）

邮箱：（略）

评析：这是一则学校教学实验综合大楼招标书，招标书包括招标条件、招标项目概况与招标范围、投标人资格要求、资格审查方式及评标办法、招标保证、招标文件的获取及澄清答疑发布、投标文件的递交、发布公告的媒介、行政监督、联系方式等十个方面的内容。该招标书项目概况与招标范围部分表述具体详细，对招标人资格要求、文件获取、文件递交等环节均有详细的说明和标注，表述周密严谨、言简意赅，对投标方来说极具操作性。

四、注意事项

招标书写作是一项严肃工作,要做到以下几点:

1. 周密严谨

招标书不但是一种"广告",而且也是签订合同的依据。因而它是一种具有法律效力的文件。这里的周密与严谨,不仅指内容,还包括措辞。

2. 简洁清晰

招标书没有必要长篇大论,只要把所要讲的内容简要介绍,突出重点即可。切忌没完没了地胡乱堆砌语言。

3. 注意礼貌

招标书涉及的是双方经济贸易活动,要遵守平等原则,保持诚恳态度。切忌盛气凌人,更反对低声下气。

五、写作实训

病文修改

请按照招标书的写作要求,指出下文有什么问题。

×××集团公司修建计算中心大楼招标书

本集团公司将修建一栋计算中心大楼,由××市城市建设委员会批准,建筑工程实行公开招标,现将招标有关事项公告如下:

一、工程名称:×××集团公司计算中心大楼

二、建筑面积:××××m²

三、设计及要求:见附件

四、承包方式:实行全部包工包料

五、索标书时间:投标人请于××××年7月15日前来人索取招标文书,逾期不予办理。

投标人请将投标文书及上级主管部门的有关签证等,密封投寄或派员直接送本集团公司基建处。收件至××××年8月15日截止,开标日期定于××××年×月×日,在××市公证处公证下启封开标,地点在本集团公司第三会议室。

报告挂号:××××

电话:×××××××××

联系人:×××

×××集团公司招标办公室
××××年5月15日

知识链接

招标书的编制原则

原则一：遵守法律法规

招标文件是一份具有法律效力的文件，接到采购项目委托以后，首先要考虑该项目是否有可行性论证报告、是否通过国家相关管理部门的批准、资金来源是否已落实等。

招标文件的内容应符合国内法律法规、国际惯例、行业规范等。这就要求政府采购从业人员不仅要具有精湛的专业知识、良好的职业素养，还要有一定的法律法规知识，如合同条款不得和《中华人民共和国民法典》相抵触。如有的招标文件中要求必须有本省的某行业领域资格证书、限制外地供应商竞争的规定，就与我国法律相背离。

原则二：反映采购人需求

招标代理机构面对的采购单位对自己的项目了解程度差异非常大，再加上采购项目门类繁多，招标代理机构编制招标文件前就要对采购单位状况、项目复杂情况、具体要求等所有需求有一个真实全面的了解。

在编招标文件时应该考虑的都要考虑到，即使当时不能确定具体要求，也应把考虑到的要求提出来。想到了但不能确定的，也应该把想到的提出来，让投标者根据自己的经验来建议。殊不知，有时一个细微疏漏，就可能造成被动局面，比如只注意设备的技术性能而忽略其整体几何尺寸，最后设备可能进不了厂房的门，进了门可能又没有适合的面积来安装调试；考虑报价要求时可能对设备报价都提出了要求，偏偏把分项报价忽略了：这都会给实际工作带来困难。

原则三：公正合理

公正是指公正、平等对待使用单位和供应商。招标文件是具有法律效力的文件，双方都要遵守，都要承担义务。

合理是指采购人提出的技术要求、商务条件必须依据充分并切合实际。技术要求根据可行性报告、技术经济分析确立，不能盲目提高标准、提高设备精度等，否则会多花不必要的钱。合理的特殊要求，可在招标文件中列出，但这些条款不应过于苛刻，更不允许将风险全部转嫁给中标方。由于项目的特殊要求需要提供合同条款，如支付方式、售后服务、质量保证、主保险费及投标企业资格文件等，这部分要求的提出也要合理。验收方式和标准应采用我国通用的标准，或我国承认的国外标准、欧洲标准等。

原则四：公平竞争

公平竞争是指招标文件不能存有歧视性条款。只有公平才能吸引真正感兴趣、有竞争力的投标厂商。招标文件不能含有歧视性条款，政府采购监管部门对招标工作的监管最重要的任务之一就是审查招标文件中是否存有歧视性条款。当然技术规格要求制定得过低，看似扩大了竞争面，实则给评标带来了很大困难，评标的正确性很难体现，最后选择的结果可能还是带有倾向性。

为了减少招标文件的倾向性，首先根据使用要求和使用目的确定货物档次。建议采用同档次产品开展市场调查进行比较，或向有水平的行业专家咨询，找出各匹配产品质量、性能、价格等差异所在。多分析、多观察,制定一些必须满足的基本指标,既要满足采购人的要求,又要保证有足够的供应商参与竞争。招标文件应载明配套的评标因素或方法,尽量做到科学合理,这样会使招标更加公开,人为因素相对减少,会使潜在的投标人更感兴趣。招标文件成型后,最好组织有关专家审定、把关。这些都是保证招标公平、公正的关键环节。

原则五:科学规范

以最规范的文字,把采购的目的、要求、进度、服务等描述得简捷有序、准确明了。使有兴趣参加投标的所有投标人都能清楚地知道需要提供什么样的货物、服务才能满足采购需求。不允许使用大概、大约等无法确定的语句,不要委婉描述,不要字句堆砌。表达上的含混不清,会造成理解上的差异。在某一部分说清楚了的事,不要又在另外章节中复述,弄不好,可能产生矛盾,让投标人无所适从。如有对设备的软件问题,也应根据需要合理提示,以防在签约时出现价格问题。

原则六:维护政府、企业利益

编制招标文件要注意维护采购单位的秘密,如给公安系统招标采购网络设备就要考虑安全问题。不得损害国家利益和社会公众利益,如噪声污染必须达标,给广电部门招标采购宽带网项目时就要注意这个问题。总之考虑得越细致、全面,执行起来就越顺当。招标项目门类繁多,只有多积累、多调查、多思索,才能深入浅出,编出一份合乎规范的招标文件来。

任务十七 ｜ 撰写投标书

学习目标
◆ 掌握投标书的概念和特点
◆ 掌握投标书的结构特点和写法
◆ 能够按照有关要求撰写合理规范的投标书

一、情境导入

××师范学院想要开展针对2019年纸质图书项目的公开招标，小李所在的公司想要参与此次投标，经理要求他负责撰写一份投标书。

那么，投标书应该如何写作呢？

二、知识梳理

（一）投标书的概念

投标书与招标书相对应，是投标单位见到招标书之后，准备参加投标竞争活动所写的文书。从实质上讲，投标是对招标提出的邀约的响应、回答或承诺，同时提出具体的标价和条件承诺来竞争中标。它往往通过密封后邮寄或派专人送交的方式递送到招标单位，故又称"标函"。

（二）投标书的特点

一般来讲，投标书具有以下特点：

1. 针对性

投标书的内容是按照招标书提出的项目、条件和要求，为竞标而写，针对性很强。所以，投标书要实事求是地对投标项目进行分析，客观介绍己方，然后在能力所及的范围内提出措施和承诺。投标方只要对招标文件中若干实质性要求和条件的某一条未做出响应，标书就会作废。

2. 约束性

投标书具有严格的法律约束力。它的条款一经写入投标书中,就具有法律约束力。对于投标单位而言,投标书寄出后不能返回或更改,如违背承诺将承担法律责任。

3. 保密性

投标书在开标之前要保密,且不得启封。未密封、未盖印以及过期的投标书均属无效。

4. 竞争性

投标人以竞标成功作为自己最终的目的,而招标单位只能选择其一,这就要求投标人在标书中要充分展示自己的实力和优势,以在竞争中脱颖而出。

(三) 投标书的结构和写法

一份完整的投标书应当包括如下几个部分:

1. 标题

投标书标题一般由投标单位名称、投标项目和文种三个要素组成,如《××公司建筑安装工程投标书》。有时为了简略起见,可省略投标单位名称或投标项目,或者二者都略去,只留下文种名称,如《投标书》或《标函》等。

2. 致送单位

即投标书的致送对象,指招标单位或者招标办公室,要写其全称或者规范简称,以示郑重,位置在标题下顶格处。如"××招标委员会""××招标办公室"。

3. 引言

这部分是投标书的导语,要用较为概括的语句,简要明确地交代出投标的态度、目的或依据,或简述投标人的基本情况等。

4. 正文

这部分是投标书写作的重点,写作时要紧紧围绕招标文件的具体要求进行表述,充分展示本单位的竞争实力。通常来说,投标书的内容应写明投标的项目名称、数量、技术要求、商品价格和规格、交货日期、保证和条件等,注意要写得明确、具体、完整。

在具体写法上,可以采取表格形式,也可采取分条列项的形式,将有关内容依次陈述清楚即可。正文部分所引用的数据要求完整、准确,所提目标必须确凿可信,所提措施必须切实可行。

5. 结尾

投标书的结尾部分应当写明投标单位的名称、地址、邮政编码、法人代表姓名或授权代表人姓名、电话、传真以及电子邮箱等,并注明投标日期,签名并加盖公章。

三、范文评析

【例文一】

培训楼工程施工投标书

根据××铜矿兴建培训楼工程施工招标书和设计图的要求,作为建筑行业

的×级企业公司完全具备承包工的能力与条件,决定对此项工程投标。具体说明如下:

一、综合说明

工程简况(工程名称、面积、结构类型、跨度、高度、层数、设备):培训楼一幢,建筑面积 10 700 m^2,主体 6 层,局部 2 层。框架结构:楼全长 80 m,宽 40 m,主楼高 28 m,二层部分高 9 m。基础系打桩水泥浇注,现浇梁柱板。外粉全部,玻璃马赛克贴面,内粉混合砂浆采面涂样,个别房间贴壁纸。全部水磨石地面,教室里阶梯形,个别房间设空调。

二、标价(略)

三、主要材料耗用指标(略)

四、总标价

总标价 34 064 895.30 元,每平方米造价 3 700.23 元

五、工期

开工日期:××××年 2 月 5 日

竣工日期:××××年 8 月 20 日

施工日历天数:547 天

六、工程计划进度(略)

七、质量保证

全面加强质量管理,严格操作规程;加强各分项工程的检查验收,上道工序不验收,下道工序绝不上马;加强现场领导,认真保管各种设计、施工、试验资料,确保工程质量达到全优。

八、主要施工方法和安全措施

安装塔吊一台,机吊一台,解决垂直和水平运输;采取平面流水和立体交叉施工;关键工序采取连班作业,坚持文明施工,保障施工安全。

九、对招标单位的要求

招标单位提供临时设施占地及临时设施 40 间,我们将合理使用。

十、坚持勤俭节约原则,尽可能杜绝浪费现象

投标单位:××建筑工程总公司(公章)

负责人:李××(盖章)

电话:×××××× 传真:××××××

附件:本公司基本情况介绍(略)

评析:这是一篇工程建设项目投标书。正文先介绍了工程简况,然后说明了标价、耗材指标、工期、计划进度等,对招标书作出了明确的回答。这可以说是投标单位的正式报价单,是评标决标的依据。本投标书还包括了保证工程质量的措施和达到的等级、主要施工方法、安全措施和对招标单位的要求等。文末附上公司基本情况,让他人对己方建立信息。是一份比较完整规范的投标书。

【例文二】

投 标 书

××省工业职业技术学院：

　　我单位全面研究了××省工业职业技术学院服务器、台式机等设备招标文件及附件,我们将按招标文件中的所有规定,对合同的完成承担全部责任和义务。

　　现递交我单位投标文件正本1份,副本4份。

　　我们完全同意评标委员会和招标人按综合得分的高低,根据相关法规确定中标单位的要求,并同意自行承担为投标所发生的一切费用。

　　我们完全同意,我们所递交的投标文件已充分考虑了各种外部因素对报价的影响;同意投标文件规定的投标截止时间。

　　如果我单位中标,我们完全同意招标单位拟定的设备价款结算和拨付方式,同意将我单位的承诺报价及所有内容作为结算的依据。

　　我单位的投标设备清单总报价:(略)

投标单位:(盖章)

投标单位法定代表人:(签字和盖章)

委托代理人:

投标单位地址:

投标单位电话:

日期:

评析: 此投标书根据招标要求将有关内容依次陈述,格式完整,层次清晰,语言简练,表述准确。

四、注意事项

1. 要及时拟制和提交

由于招标具有明确具体的时限要求,因此,投标单位必须确切把握、抓住时机,在特定的时限内拟制并适时送交投标书,以便实现投标目的。

2. 要坚持实事求是的原则

在撰写投标书时,投标单位要认真权衡自身所具有的人员素质、技术水平、经济实力,做到量力而行、量体裁衣,切不可只为中标而夸大其词或弄虚作假。

3. 要研究对方的要求和实力

在写投标书前,投标单位要认真收集市场情报,力求准确吃透招标单位的需求及思路,力图使本单位提出的投标书符合招标书的要求,同时还要认真研究竞争对手的实力与营销策略,做到知己知彼。

4. 要注意文字的简洁和内容的周密

投标书是一种实用性很强的文书,因而在语言表述上应力求准确、简要,在涉及有关技术指标、质量要求和服务承诺时,要避免诸如"尽可能""力求""以后"等模糊词语,同时要对照招标书的要求,严格检查投标书的各项表述,以免粗心大意,遗漏重要事项。

投标书有下列情况之一者无效:一是标书未加密;二是标书未盖投标单位和负责人印章;三是标书未盖保证单位和保证人印章;四是标书投寄日期超过规定时间;五是标书内容不符合招标文件的要求。

五、写作实训

病文修改

请按照投标书的写作要求,指出下文存在的问题。

××省粮油进出口总公司国际招标公司投标书

我们愿意参加磨粉机项目的投标,×××代表我方提交下列文件正本一份,副本两份,请审阅。

1. 投标报价表;
2. 货物清单;
3. 技术差异修订表;
4. 资格;
5. ××开具的金额为×××的投标保证函;
6. 开标一览表。(提交的具体材料略)

我们完全同意贵公司对投标单位的要求。如果我们中标,我们将履行承诺。

投标单位:×××××××××××
2023 年 10 月 20 日

知识链接

商务标、技术标和经济标

投标书的内容概括起来一般包括经济、技术和商务标三个部分,经济标主要指投标报价,技术标主要包括施工组织设计相关内容,商务标包括公司的资质、执照、获奖证书等方面内容。投标中,商务标是准入,经济标是入围,技术标是投标中的最后一环。

- 商务标

商务标书一般包括企业资质、营业执照,相关获奖证书,证明公司业绩的相关文件,有的还需要安全生产许可证、企业简介,具体看招标文件要求。

商务标的内容应对应招标文件,如果没有特殊规定,商务标应该有以下内容:

(1) 法定代表人身份证明;
(2) 法人授权委托书(正本为原件);
(3) 投标函;
(4) 投标函附录;

（5）投标保证金交存凭证复印件；

（6）对招标文件及合同条款的承诺及补充意见；

（7）企业营业执照、资质证书、安全生产许可证等。

- 经济标

经济标，主要指投标报价的组成文件，它既可以被看做是控制成本的依据，又可以被看做成本价。设计确定以后，企业能否入围，决定于经济标。

经济标如果没有特殊规定一般有以下内容：

（1）报价封面；

（2）投标报价汇总表；

（3）规费、税金项目清单与计价表；

（4）措施项目清单计价表一；

（5）措施项目清单计价表二；

（6）单位工程工程量清单汇总表；

（7）分部分项工程量清单；

（8）零星项目计价表；

（9）乙供材料价格表；

（10）单价分析表；

（11）投标文件电子版（U盘或光盘）。

- 技术标

技术标是指对招标文件提出的实质性要求和条件的响应性、施工组织设计或方案以及对招标文件中特殊技术性内容的承诺内容。

技术部分如无特殊要求，主要包括以下内容：

（1）施工部署；

（2）施工现场平面布置图；

（3）施工方案；

（4）施工技术措施；

（5）施工组织及施工进度计划（包括施工段的划分、主要工序及劳动力安排以及施工管理机构或项目经理部组成）；

（6）施工机械设备配备情况；

（7）质量保证措施；

（8）工期保证措施；

（9）安全施工措施；

（10）文明施工措施。

任务十八 撰写导游词

学习目标
- 掌握导游词的格式和写法,会写导游词
- 培养口语交际能力,搜集处理信息的能力,增强合作意识
- 激发爱国情怀,树立保护文物和世界遗产的观念

一、情境导入

"大家好,我代表十堰国际旅行社欢迎大家的到来。我叫张怡,就像人们常说的那样,相逢就是缘分。能和大家相逢在美丽的十堰并和大家一起度过这段美好的时光我感到非常荣幸。这位是我们的司机刘师傅,今天就由我们两个为大家服务,大家有什么问题可以尽管提出来,我们将尽力为您解决。希望能用我们的热心、耐心和细心换来你的放心、开心。今天我将带大家起游览武当山,让我们一起去领略那里秀丽的自然风光和浓郁的道教文化。"

这是一段武当山导游词的开头。大家想一想,如果你是张导,后面你会怎么给游客们导游呢?

二、知识梳理

(一) 导游语言的特点

1. 适中性
尽量符合大多数游客的欣赏要求。
(1) 声音适中:避免过高或过低,强弱适度(以游客听清为准)。
(2) 内容适中:根据场合、对象选择适当的、得体的语言。
2. 多变性
根据导游员工作场合、服务对象和交流对象的变化而变化。
(1) 语调的多变:有高低起伏的变化。

(2) 语言的多变：组织导游词语素材的角度多变（文化层次高：多文化历史典故；文化层次低：多神话传说）；讲解时句式多变、语言结构多变、感情色彩多变。

3. 互动性

通过各种方式（语言、动作）调动游客的情绪，实现双向交流。

4. 整体性

全面综合地把握和运用导游语言——口头语言、书面语言、肢体手势、服饰语言等。注意：整体性还体现在它必须与语言的运用环境相适应。如：导游讲解风景时吟古代诗，可以提高讲解的文化层次，但如果环境喧闹嘈杂，效果很差，难以起到衬托的作用。

（二）导游词的风格特点

1. 导游词的风格

导游大都有自己不同于他人的语言风格。每个导游员常用的词语句式以及语言技巧等等都不完全一样。如果加以比较，则会发现其中的部分导游，语言的风格更鲜明一些，个性更突出一些，语言技艺的运用也更集中一些。

(1) 语言明快，热情奔放。这类风格的特点是：语言明快、直接、流畅，洋溢着一种具有敬业味道的奔放热情。这种风格的导游员对游客有如火的热情，对所讲的景区也表现出真挚的热爱，让游客感受到的就是一种具有较高水准的职业化的解说。要形成这种语言艺术风格并不是那么简单的，把握好情感和语言的分寸十分重要。语言既要明快，又要注意含蓄；情感既要奔放，又要注意收敛，否则就显得肤浅、轻佻，以及让游客感觉到与导游之间关系的疏远。

(2) 幽默诙谐，妙趣横生。这类导游语言艺术的特点是：以浓厚的趣味思想来认识和解释事物，语言中渗透着机智、诙谐，充满活力、富有情趣，蕴藏着一种乐观向上的精神力量，使人听了格外开心且耐人寻味。但是，这类艺术风格相应的缺点是容易给人造成油腔滑调的错觉，在该严肃庄重的时候偏偏说俏皮话，这样就使人感到不认真、不亲切，所得的印象也势必浮浮沉沉、支离破碎。

(3) 平实质朴，稳健沉静。这类导游语言艺术的风格特点是：言行举止稳健沉静，情感含蓄不外露，遣词造句平实、质朴，不多用修饰手法，只是平平静静、老老实实地叙述事实，讲解景物，解析事理，显得厚重大方，有与人闲谈般的亲切感。但这种风格相应的缺点是容易导致解说枯燥呆板，如果说的事实不具体，又不能用一些修饰性词语启发游客的想象，只用生硬的、很草率的几句话进行粗略的讲述，就容易使人感觉到索然寡味。

对于以上三种导游语言艺术风格，我们不能说哪种好哪种不好，因为他们的关系是相容的，不是对立的，是可以因人而异、因地制宜相互发挥不同功效的。就像唱戏，擅长花腔的并不是老耍花腔，不爱用花腔也并不是不耍花腔，只是有个主次之分。这就要求导游的语言艺术风格力争达到这样的境界：正而能变、大而能化，化而不失本调，不失本调而兼众调。这里所说的"本调"与"众调"的关系，就体现了艺术风格的一致和多样性的对立统一。因此，只有灵活把握这种对立统一，我们导游工作者的语言艺术风格才能丰富多彩，才能满足不同游客的不同需要。

2. 导游词的特点

导游词具有准确性、趣味性、条理性、连续性、故事性、时间性、时代性和对比性等许多特点。其中我们需要特别注意的有：

（1）美感性：导游口头语言影响着游客对旅游景色之美的感受，要给人以美的感受。

（2）趣味性：为了突出导游词的趣味性，必须做到以下几点：①编织故事情节。讲解一个景点，要不失时机地穿插趣味盎然的传说和民间故事，以激起游客的兴趣和好奇心理。但是，选用的传说故事必须是健康的，并与景观密切关联。②语言生动形象，用词丰富多变。生动形象的语言能将游客导入意境，给他们留下深刻的印象。③恰当地运用修辞方法。导游词中，恰当地运用比喻、比拟、夸张、象征等手法，可使静止的景观深化为生动鲜活的画面，揭示出事物的内在美，使游客沉浸陶醉。④幽默风趣。幽默风趣是导游词艺术性的重要体现，可使其锦上添花，气氛轻松。⑤情感亲切。导游词语言应是文明、友好和富有人情味的。

（三）导游词的结构

导游词由引言、主体和结语三部分构成。

1. 引言

引言就是开场白。好的开场白，好比一出大戏的序幕、一篇乐章的序曲、一部作品的序言。游客都讲究"第一印象"，而引言是给游客留下"第一印象"的极佳机会。引言包括欢迎词和景点概述两部分。

（1）欢迎词。是导游表示欢迎的简短用语，包括表示欢迎、介绍自己、预告节目、预祝成功几个要素。

（2）景点概述。导游向游客介绍景观的基本情况，是对整个路线景点的预告，起到纲举目张的作用。

2. 主体

主体部分是导游词的核心，其内容是把景点的具体内容向游客进行详细的介绍。这一部分大多是以游踪为线索，按景点顺序用分述的方式一一进行解说。如七星岩的导游词在主体部分中分别对"第一洞天""姜太公钓鱼""北斗七星""露滴石笋""滴水观音""倒挂蝙蝠""三姐歌台""祝寿蟠桃"等景观进行了讲解。

在对景点进行介绍时，要注意景点之间的过渡与连接，不要叫游客感到突兀。如保定"华北明珠白洋淀"的导游词中用了"朋友们请看，眼前的这一大片荷花，就是我们白洋淀有名的一景——十里荷香""我们现在来到的是生态游乐景区，大家请随我下船登岸""大家快看！前面就是我们白洋淀的禽鸟自然保护区了"等过渡语。有了这些承上启下的过渡用语，游客心中更明白更踏实了。

3. 结语

结语是简单的送别词。如果说欢迎词给游客留下了美好的第一印象，那么好的欢送词给游客留下的最后印象则是深刻的、持久的,甚至是永生难忘的。

结语包含惜别、感谢合作、小结旅游、征求意见、期盼重逢等意思。如七星岩导游词的结语是"七星岩就要游览完了,让我们借这一景物向贵宾表示良好的祝愿,祝大家身体健康,旅途愉快。欢迎大家有机会再来参观"。几句话虽然简短,但很暖人心。如果虎头蛇尾,草草收场,结果是前功尽弃,大煞风景。

结束语常见的有以下几种方式:

(1) 告别式。如:"尊敬的各位嘉宾:我们已经结束了雍和宫的参观,现在就准备去首都机场了,请大家仔细看一下自己的随身物品,是否齐全了。中国有句俗话,叫做'千里送君,终有一别',这也好,分别就是再见的开始。下一站你们将飞往郑州,中州大地的历史更加久远,故事、人物更加神采生辉。就让我们一起唱起《龙的传人》,为本次北京之行画上圆满的句号吧。"

(2) 总结式。如河南仰韶文化遗址导游词的结语:

"各位游客朋友,在我们离开函谷关之际,三门峡的全部游程也接近尾声了。在三天的行程中如果有照顾不到的地方,敬请各位原谅,也衷心地希望您把宝贵的意见留下来,以便改善我们的工作。预祝各位身体健康,万事如意,一路顺风!"

(3) 祝福式。如山东崂山风景区导游词的结语:"各位游客,不知游览完华严寺和那罗延窟您是否感受到佛家的淡泊清静,您心中的俗虑是不是已经得到解脱? 祝愿各位从此万事如意,福寿绵长。"

(4) 抒情式。如广东佛山三水荷花世界导游词的结语:

"好了,我的介绍就到这里,下面的时间留给大家在园内尽情观赏和拍照。大家看那只蜻蜓正停在新生的荷叶尖上,这不正是那句名诗'小荷才露尖尖角,早有蜻蜓立上头'嘛! 相信大家拍出来的每一幅照片都会像诗句一样美丽!"

三、范文评析

不同于一般的记叙文,导游语言强调口语化。虽然导游词没有直接面对游客及景观,但它模拟现场导游的场景,作者必须把自己想象成导游,正带领着游客游览。

导游词是循着游览线路层层展开的,而且为了增加现场感,多以第一人称的方式写作。在修辞方面,多用设问、反问等手法,仿佛游客就在眼前,造成很强烈的临场效果。在导游词写作时,我们要注意多采用日常生活词语和浅显易懂的书面语,尽可能避免使用晦涩难懂的书面语和音节拗口的方言,更不能堆砌辞藻。同时要多用短句,富含真情实感,以便讲起来清楚、顺口,听起来轻松、感人。这里,我们以鹏飞万里的《龙门石窟导游词》为范文来做解说。

【例文】

各位朋友好! 洛阳素有"九朝古都"之称。举世闻名的龙门石窟,便是她众多的文物古迹之一。今天,我陪大家一起来参观素有"龙门二十品"美称的洛阳龙门石窟。

龙门石窟位于洛阳市南13公里处，它同甘肃的敦煌石窟、山西大同的云冈石窟并称为中国古代佛教石窟艺术的三大宝库。现存佛像10万余尊，窟龛2 300多个。龙门石窟是国家5A级旅游景区，1961年被国务院列为国家文物重点保护单位。

龙门石窟中最著名的是卢舍那大佛。传说是根据武则天的脸型经过修饰而成的。凿于唐高宗咸亨三年，即公元672年，位于洛阳龙门西山南部山腰奉先寺，通高17.14米，是龙门石窟中艺术水平最高、整体设计最严密、规模最大的一处。

各位朋友，现在，请跟着我参观龙门石窟的几个重要洞窟。

这里是潜溪寺，它是龙门西山北端第一个大窟。高、宽各9米多，进深近7米，大约建于1 300多年前的唐代初期。主佛阿弥陀佛端坐在须弥台上，给人以静穆慈祥之感。主佛左侧为大弟子迦叶，右侧为小弟子阿难。两弟子旁边分别为观世音菩萨与大势至菩萨。阿弥陀佛与两侧的两位菩萨共称为西方三圣，即掌管西方极乐世界的三位圣人。

我们过潜溪寺后，在路旁右侧有一敞口石龛，我们看过石匾，南行数十步，进入一座院落，院中有并排三座石窟，便是宾阳三洞（中洞、北洞、南洞的俗称），以中洞为代表。宾阳洞传说是根据道教八仙之一吕洞宾之字（洞宾）和号（纯阳）的末两字相加而命名的。传说它是北魏宣武帝为父母孝文帝和文昭皇太后做功德所营造的洞窟之一。其中仅中洞的开凿就花费了24年时间，其富丽堂皇的景象是龙门众多石窟之冠。

参观过宾阳洞，拾级而上，这里就是万佛洞。万佛洞多洞相连，巧夺天工，浑然天成。一些怪石之奇，景观之险，让人无不惊叹，流连忘返；登高远眺，心旷神怡。万佛洞集我国著名四大石窟之精华，塑佛主、菩萨、弟子、天王、力士近3万尊。万佛洞为一长约500余米的山洞，在洞中有23 000余尊各式各样的佛像。洞在龙门西山中部，因窟内南北两壁刻有15 000余尊佛像而得名。

朋友们，参观完莲花洞，再登几十级台阶就到奉先寺了。它原名大卢舍那像龛，始雕年代说法不一，有说是唐代咸亨三年（672年）开始雕凿，至唐代上元二年（675年）完成，是龙门石窟中规模最大、艺术精美、最具有代表性的大龛。奉先寺南北宽约34米，东西深约36米，置于9米宽的三道台阶之上，龛雕一佛、二弟子、二胁侍菩萨、二天王及力士等11尊大像。奉先寺是龙门石窟中规模最大、最具有代表性的露天佛龛，形态各异、刻画传神的造像显示了盛唐雕塑艺术的高度成就，成为石雕艺术史上的奇观。

另外，世界遗产委员会对龙门石窟也有评价：龙门地区的石窟和佛龛展现了中国北魏晚期至唐代（公元493—907年）期间，最具规模和最为优秀的造型艺术。这些翔实描述佛教宗教题材的艺术作品，代表了中国石刻艺术的最高峰。2006年1月龙门石窟被中央文明办、建设部、国家旅游局联合授予"全国文明风景旅游区"的称号。2009年,龙门石窟被中国世界纪录协会收录为中国现存窟龛最多的石窟,创造了现存窟龛数量最多的中国之最。

　　由于时间关系,龙门石窟主要洞窟的讲解就到此结束。谢谢各位!如果有什么不满意的地方,可以反馈给我哟!

评析:这篇文章基本符合讲究口语化的要求。我们要注意一个问题:口语化,与生动的表达并不矛盾。所以,导游词的语言表达,在口语化的基础上又提出八字要求:正确、清楚、生动、灵活。

《龙门石窟导游词》的开头十分简洁,"今天,我陪大家一起来参观素有'龙门二十品'美称的洛阳龙门石窟",一语直达目标,开始了这次游览的导游行程。

接下来运用简述手法先通俗地介绍石窟的位置、规模、历史意义、文物评定等级,给游客留下整体印象。再比较细致地介绍卢舍那大佛,用口语解说了它的位置、传说、建造年代和建造规模等。

而后一个简略的过渡,把大家引到了潜溪寺,这一段很讲究层次,就像在指引着游客边看边讲解着,同时也加入了十分简洁扼要的评述。过潜溪寺,到了宾阳三洞,重点是解说三洞的来历,追溯一段历史传说。而万佛洞一节,用词就比较华丽了,但符合导游词灵活、生动的要求,这样可以改变游客视听的单调感觉,有激发游客兴致的作用。在介绍奉先寺一节时,语言又趋于口语,再加上多处糅进了自己的评价,给读者的印象也是清晰明了的。

主要景点参观完之后,作者又引用世界遗产委员会对龙门石窟的评价和国家对龙门石窟的高度重视,来强调它在世界上的艺术高度,以此来升华游客对龙门石窟的深层认识。这样安排是相对科学的。

最后的结束语做到了简明、贴切、自然、亲和。此文在短句使用上也比较注意,不失为一篇优秀的导游词。

四、注意事项

导游语言包括导游讲解(导游词)、导游交际语言、导游营销语言等等。导游词属于导游语言中十分重要的部分,但不等同于导游语言。

五、写作实训

请大家针对一个有20名瑞典游客的旅游团(或一个有20名北京市民的旅游团,或一个来自广东深圳的一家三口游客家庭,父母40岁左右,小孩为10岁左右女孩),撰写一篇武当山南岩景点的导游词。

知识链接

全国导游大赛满分导游词

组别:知名自然风光

讲解题目:新疆喀纳斯

游客类型:老年人

时间:5分钟

得分:100分

新疆喀纳斯讲解词

　　李白当年醉山月,苏轼曾写江海清,我言九州银河月,壮美河山尽抒情。

　　各位叔叔阿姨,大家好,我是你们的导游小韩。俗话说啦,山水之间情如墨,景色宜人景犹新。在中国960多万平方公里的广袤土地上,在漫长的地质发展过程中,形成了钟灵毓秀、形式多样的自然山水风光,有山水湖光的静谧,有瀑布飞流的激情,也有重峦叠翠的壮丽。

　　各位叔叔阿姨,今天我要带您走进的就是被誉为人间净土的位于新疆阿勒泰地区的喀纳斯。这喀纳斯啊,在蒙古语当中译为神秘莫测的地方,其中喀纳斯湖是中国最深的内陆淡水湖泊,它坐落在哈萨克斯坦、蒙古国、中国、俄罗斯四国的边境,在这儿,您不仅可以看到湖泊、草原、雪山、森林等自然景观,还可以欣赏到历史岩画、图瓦人民俗风情的人文景观,景色纯净而美丽,是一片名副其实的人间净土,那这片人间净土呢,我想通过三个一,来向您介绍它的美丽。

　　这第一个一是一座山。叔叔阿姨,您看,那座山就是新疆阿勒泰的友谊峰,海拔高度4 300多米,常年积雪,白雪皑皑,群峰耸立。这也是新疆喀纳斯湖的主要水源地。

　　第二个一是一个湖,您看您脚下,这就是著名的喀纳斯湖,它海拔1 300多米,是形成于20万年前的第四世纪冰川纪,湖面群山环绕,湖底最深处达到了188米,我们从天空中俯瞰这个喀纳斯湖,犹如一个长长的豌豆荚,就这么静静地躺在喀纳斯的峡谷当中,景色秀丽。特别是到了秋天,您再看这景色,非常迷人,因此这里也被称为中国十大秋景之首的所在地,我们现在来的时候正值秋天,待会儿我们就可以感受到喀纳斯之秋的美。

　　这最后一个一,也就是一个未被解开的谜。刚才在来的路上,就有叔叔阿姨在问我,据说这喀纳斯湖有水怪?没错,喀纳斯湖确实有水怪。当地图瓦人平常放牧的牛马羊在湖边喝水莫名其妙地就失踪了。据说这水怪呀,是黎明或黄昏的时候出现,但谁也没有真正见过那水怪的模样。有人说,当年成吉思汗的遗体沉于喀纳斯湖当中,图瓦人的守卫就化作水怪,守护大汗的遗体。1985年,新疆大学生物系的专家考察组来到了喀纳斯,他们用高倍的望远镜、高清的望远镜看到了湖中长达15米的大红鱼,多的时候达到60多条,成群结队,但这究竟是不是我们传说当中的喀纳斯湖水怪呢?有待考证,真正的答案需要待会儿啊,我们一同走进喀纳斯湖,去探个究竟。

　　各位叔叔阿姨啊,走进喀纳斯湖,感受自然山水之美,自然以其博大的胸怀拥抱着我们,以其独特的魅力吸引着我们,以其伟大的智慧提醒着我们,走进这片山水。我想它就如同是我们心灵的港湾,来到这样一个纯净的地方,呼吸新鲜空气,感受自然之美。我们虽然不能像古代文人墨客那样,江作青罗带,山作碧玉簪,但您想,我们呼吸着纯净的空气,感受自然山水的美丽,这已经足矣。

　　好了,说了这么多,各位叔叔阿姨小心台阶儿,让我们一同走进美丽神秘的喀纳斯。

(文章选自微信公众号"我们的文化旅游院",有改动)

任务十九 | 撰写旅游线路规划

学习目标

◆ 理解旅游线路规划的原则
◆ 能有效搜集、筛选、整合旅游资源信息
◆ 能针对旅游者不同要求规划、设计旅游线路
◆ 激发专业热情,增强专业责任感和团队合作意识

一、情境导入

南水北调中线一期工程于 2014 年 12 月 12 日正式通水至今,南水成为北方 40 多个城市的主力水源,受益人口超 1 亿。通过实施生态补水,南水更是让北方多地河湖干涸、地下水位快速下降等问题得到了缓解。目前南水北调水已占北京城区日供水量七成以上,全市人均水资源量由原来的 100 立方米提升至 150 立方米,供水范围基本覆盖城区六区及大兴、门头沟、通州等地区。北京市自来水集团的数据显示,南水北调水改变了北京的供水格局,丹江水已经成为北京的主力水源。

清甜的丹江水,让很多北京市民对中线源头充满了兴趣,愿意到丹江口库区来看一看。7 月份,旅行社要接待 20 名参加源头游的北京市民。

如何为这参加南水北调中线源头游的 20 名北京市民设计旅游线路呢?

二、知识梳理

(一)旅游线路设计原则

1. 以满足游客需求为中心的市场原则

旅游线路设计的关键是适应市场需求。具体而言,它必须最大限度地满足旅游者的需求。旅游者对旅游线路选择的基本出发点:时间最省、路径最短、价格最低、景点内容最丰富、最有价值。由于旅游者来自不同的国家和地区,具有不同的身份以及不同的旅游目的,因而不同的游客群有不同的需求。总的来说分为:观光度假型、娱乐消遣型、文化知识

型、商务会议型、探亲访友型、主题旅游型、修学旅游型、医疗保健型。如每年春秋两季交易会期间,不少外商到广州洽谈生意,平时为了业务也需要到内地旅行,他们的旅行多是出于商务方面的动机。商旅的特点是消费较高,喜欢住高级套房,为业务交往需要经常在餐厅宴请宾客。他们来去匆匆,说走就走。国内旅游者多数是为了游览名山大川、名胜古迹,轻松、娱乐、增长见识是他们的主要需求。并且现在越来越多的年轻人喜欢富于冒险、刺激的旅游活动,一种国外很流行的健身方式被引入国内,这就是集野外露营、攀岩、漂流、蹦极、沙漠探险等于一体的户外运动。由于这项运动既充满挑战性,又满足了人们的猎奇心理,很快得到年轻人的宠爱,成为流行时尚。所以旅游线路设计者应根据不同的游客需求设计出各具特色的线路,而不能千篇一律,缺少生机。

2. "人无我有、人有我特"的主题突出原则

世界上有些事物是独一无二的,如埃及的金字塔、中国的秦始皇兵马俑,这就是特色。由于人类求新求异的心理,单一的观光功能景区和游线难以吸引游客回头,即使是一些著名景区和游线,游客通常的观点也是"不可不来,不可再来"。因此,在产品设计上应尽量突出自己的特色,唯此才能具有较大的旅游吸引力。国内一次抽样调查表明,来华美国游客中主要目标是欣赏名胜古迹的占26%,而对中国人的生活方式、风土人情最感兴趣的却达56.7%。而民俗旅游正是一项颇具特色的旅游线路,它以深刻的文化内涵而具有深入肺腑、震撼心灵的力量。如云南的少数民族风情旅游线路:昆明—大理—丽江—西双版纳旅游线路,展现了我国26个少数民族绚丽的自然风光、浓郁的民俗文化和宗教特色;古老的东巴文化;大理白族欢迎客人寓意深长的"三道茶";"东方女儿国"泸沽湖畔摩梭人以母系氏族的生活形态闻名于世界;美丽而淳朴的丽江古城;纳西族妇女奇特的服饰"披星戴月"装;等等。这些都以其绚丽多姿的魅力深深吸引着广大的中外游客流连忘返。这些旅游线路和旅游项目在世界上都是独一无二的,具有不可替代性,即人们常说的"人无我有,人有我特"。

3. 生态效益原则

生态旅游的产生是人类认识自然、重新审视自我行为的必然结果,体现了可持续发展的思想。生态旅游是经济发展、社会进步、环境价值的综合体现,是以良好生态环境为基础,保护环境、陶冶情操的高雅社会经济活动。生态旅游是现代世界上非常流行的旅游方式,在国外尤其是美国、加拿大、澳大利亚以及很多欧洲国家已经发展得非常成熟。它所提倡的"认识自然,享受自然,保护自然"的旅游概念是新世纪旅游业的发展趋势。

4. "进得去、散得开、出得来"原则

一次完整的旅游活动,其空间移动分三个阶段:从常住地到旅游地、在旅游地各景区旅行游览、从旅游地返回常住地。这三个阶段可以概括为:进得去;散得开;出得来。没有通达的交通,就不能保证游客空间移动的顺利进行,会出现交通环节上的压客现象。即使是徒步旅游也离不开道路。因此在设计线路时,即使具有很大潜力,但目前不具备交通要求或交通条件不佳的景点、景区应慎重考虑。否则,极易因交通因素,导致游客途中颠簸、游速缓慢,影响旅游者的兴致与心境,不能充分实现时间价值。

5. 推陈出新原则

旅游市场在日新月异地发展，游客的需求与品位也在不断地变化、提高。为了满足游客追求新奇的心理，旅行社应及时把握旅游市场动态，注重新产品、新线路的开发与研究，并根据市场情况及时推出。一条好的新线路的推出，有时往往能为旅行社带来惊人的收入与效益。即使一些原有的旅游线路，也可能因为与当前时尚结合而一炮走红。

6. 旅行安排的顺序与节奏感原则

一条好的旅游线路就好比一首成功的交响乐，有时是激昂跌宕的旋律，有时是平缓的过渡，都应当有序幕、发展、高潮、尾声。在旅游线路的设计中，应充分考虑旅游者的心理与精力，将游客的心理、兴致与景观特色分布结合起来，注意高潮景点在线路上的分布与布局。旅游活动不能安排得太紧凑，应该有张有弛，而非走马观花，疲于奔命。旅游线路的结构顺序与节奏不同，产生的效果也不同。

（二）旅游线路设计的要素

1. 有利于旅游者达成出行目的

有些旅游景区认知度较低，加之多数旅游者初次涉足，且受主观因素限制，往往导致旅游者进入难、实现难。可以想象，缺乏合理的线路提供支持与服务，仅仅靠旅游者自己"摸着石头过河"，恐怕就会陷入不知所云的地步。旅游线路的设计使旅游者（尤其是日益庞大的自助旅游者）能够依据自身条件与爱好，合理支配时间与费用，有区别地选择自己喜爱的旅游产品。

2. 便于旅游活动的组织与管理

旅游景区涉及内容较多，随着旅游的快速发展，旅游活动的管理难度将越来越大。每逢黄金周，人大量涌动，一些知名景区游人如织，人满为患，超负荷承载；有的景区因秩序混乱而带来资源破坏、生态践踏等许多负面影响。旅游线路的开辟最好能有效地减轻主要景区的人流压力，同时使旅游者相对集中在既定的旅游线路上，方便服务与管理。

3. 有利于旅游产品的优化与组合

特色是旅游产品生命力所在。旅游线路的设计促使有关部门、单位依托当地丰厚的旅游资源和自身条件，发挥聪明才智，精心打造和组合与众不同、具有持久吸引力的旅游产品和旅游线路，从而推动旅游产品结构和旅游方式的完善。有的景区资源算是丰富，但缺乏特色产品，影响力小，这在很大程度上是由于线路整合缺乏合理性、有效性，没有将旅游资源最大化。

（三）旅游线路设计的步骤

1. 明确旅游的目的

这一点很重要，应该说，明确目的是旅游的重要前提。如：增长知识、休闲、锻炼身体、交友等。目的不同，旅游的线路也会不同，旅游的目的地自然也会不同。

2. 选择旅游的地点

选择地点是决定旅游效果的关键所在。应根据旅游目的选择旅游地点,如滑雪一般会选择北方,休闲一般会选择农村,增长历史见识会选择文化名城,开阔眼界会选择比较发达的大都市,交友会选择比较开放的地方,等等。

3. 制定旅游的规划

这是旅游的重要依据。制定规划,一定要充分考虑旅游的目的,充分了解旅游地点的风土人情、生活习惯、气候特点等。要从实际出发,结合自己的时间科学设计旅游时间、出行线路、交通工具、住宿吃饭标准等。

三、范文评析

【例文】

黄山西递双高3天2晚跟团游

第1天 上海—黄山

• 约 9:00

火车 行驶时间:约2小时30分钟

上海虹桥或者上海站自行乘高铁赴黄山北站,参考车次 G7319 上海/上海虹桥—黄山北(09:38~12:44)或 G7317(08:05~11:40)或 G1509(08:42~11:08)

【全程行驶时间预估 2.5 小时左右,具体以票面信息为准】

• 约 12:00

中餐自理

高铁上自行享用中餐

• 约 14:00

西递景区[此景点有门票景点费用]

行驶时间:约1小时30分钟 游览时间:约1小时30分钟

安排专车接站前往桃花源里人家——【西递景区】(游览时间约1小时30分钟)

走在青石板上,映入眼帘的黑色大理石门框、漏窗,石雕的奇花异卉、飞禽走兽,砖雕的楼台亭阁、人物戏文,及精美的木雕,绚丽的彩绘、壁画……堪为徽派古民居建筑艺术之典范。西递是黄山旅游线上的一颗璀璨明珠,北枕黄山,南眺白岳,交通十分便利。至今仍然保留着明清古民居 300 余幢,其中保存古朴完整的还有 124 幢,素有"桃花源里人家"之称。建筑上的徽派三雕——砖雕、石雕、木雕,工艺堪称一绝,花纹枝丫精细得仿佛一捏就断。而来此写生的美院学生又是另一道风景。也是摄影爱好者们的聚集地。

游览结束后返回市区。

• 晚上

晚餐

餐费标准:20元/(人·餐)

- 晚上

住宿

黄山徽源饭店

房型:豪华标准间

第2天　黄山一地
- 早上

早餐

用餐地点:酒店内
- 约07:00

黄山[此景点有门票景点费用]

行驶时间:约1小时　游览时间:约8小时

　　早餐后乘车前往黄山风景区。(黄山景区分为前山玉屏索道和后山云谷索道,导游会根据现实情况,选择上山线路,游览线路会与此线路相反,望请谅解,缆车费用自理,75元/人)

　　黄山为世界文化与自然双重遗产,世界地质公园,AAAAA级旅游景区,主峰莲花峰海拔1 864米,与光明顶、天都峰并称三大黄山主峰,为36大峰之一。黄山是安徽旅游的标志,代表景观有"四绝":奇松、怪石、云海、温泉。除此之外,雾凇、雪景、日出也是黄山独特的景观,每一个都会让你感觉如临仙境。黄山迎客松是安徽人民热情友好的象征,承载着拥抱世界的东方礼仪文化。明朝旅行家徐霞客登临黄山时赞叹:"薄海内外之名山,无如徽之黄山。登黄山,天下无山,观止矣!"被后人引申为"五岳归来不看山,黄山归来不看岳"。

　　黄山风景区游览行程结束后,由导游帮您办理或自己购买索道票,再乘景区公交车到达山下黄山风景区换乘中心。(12月1日至次年2月底黄山索道执行淡季价格:65元/人)
- 中午

中餐自理
- 晚上

住宿

黄山君瑞百合大酒店或黄山锦泰精品酒店
- 晚上

晚餐自理

第3天　黄山—上海
- 早上

早餐

用餐地点:酒店内
• 上午

屯溪老街　游览时间:约 1 小时

屯溪老街街道两旁店家鳞次栉比,多为双层砖木结构,清一色的徽派建筑风格,透溢出一股浓郁的古风神韵。
• 上午

中国徽州文化博物馆　游览时间:约 1 小时
• 中午

中餐

餐费标准:20 元/(人·餐)
• 下午

火车　行驶时间:约 2 小时 30 分钟

乘高铁返回上海结束愉快旅途。参考车次:G7192 黄山北—虹桥(15:04～17:57)或 G7310 黄山北—上海虹桥(15:59～18:53)

【全程行驶时间预估 2.5 小时左右,具体以票面信息为准】

以上行程时间安排可能会因天气、路况等原因做相应调整,敬请谅解。

四、注意事项

研究角度不同,对旅游线路的理解就不同。本书中所提到的旅游线路主要是从旅行社的角度出发去理解的,它是旅行社产品的核心组成部分。

旅游线路设计应该包括以下内容:

(1)旅游线路时间:总的旅游时间以及整个旅游过程中的时间安排。

(2)目的地(旅游资源的类型、级别等):主要游览的景区、景点的特色。旅游目的地决定了旅游活动的主要内容。

(3)交通:旅游交通方式和工具。

(4)食宿:旅游住宿的酒店或宾馆的等级,客房的标准,餐饮的种类和标准。

(5)活动安排:是旅游线路设计核心所在和重点内容。旅游活动的安排直接影响到旅游线路对旅游者的吸引力。

(6)服务:接待和导游服务。

(7)价格:一般来讲是一个比较笼统的价格。

五、写作实训

请你为参加南水北调中线源头游的 20 名北京市民团(男士近半,50 岁左右)规划旅游线路。

知识链接

区别于传统的"吃、住、行、游、购、娱"六要素式的成团旅游,定制旅游将目光投向了人们日益增长的个性化需求，旨在提供个性化、高品质的体验式旅游。"个性"成为定制旅游的关键词。与传统旅游由旅行社单方面提供行程线路不同的是，定制旅游要求游客自己参与到旅行定制的过程中。对于旅行定制师来说，游客的需求与个性的想法是他们需要获取的最关键的信息。于是，如何挖掘客户的不同需求成了他们必须直面的问题。善于沟通是基本的要求。需求对接是一个关键的环节，有时候客户的需求并不十分明确，还需要在沟通中进行一定程度的引导。然而高门槛并不意味着高价格。定制旅游是完全根据客户的个性需求来设计旅游路线，时间自由，丰俭也是自定的。客户的预算也是旅行定制师在设计旅游路线时需要考虑的一个因素。

任务二十 撰写实验报告

> **学习目标**
> ◆ 掌握实验报告的结构特点
> ◆ 掌握实验报告的特点和写法
> ◆ 培养创新思维和原创意识

一、情境导入

夏季到了,汽车难免在太阳下曝晒。许多人反映,汽车曝晒后,车内的甲醛含量会上升,散发出刺鼻的气体。这是不是真的呢?2013 年 7 月,成都某报联合央视财经频道某栏目组,邀请清华大学环境学院专家进行了 3 组实验,检测曝晒后的车内甲醛、总挥发性有机物含量。实验小组分别将 3 辆汽车放在正常温度的大厅,用专业设备提取车内空气样本。10 分钟后,样品提取完毕。再将实验车辆停放在阳光直射的场地,曝晒 1 个小时,用相同方法提取车内空气样本。最后将曝晒前后的车内空气样本送至实验室进行检测。最后得出结论:汽车曝晒后,甲醛的浓度有显著上升,总的挥发性有机物也有显著上升。

实验是我们进行学习和科学研究活动的重要方法和途径。通过观察,把实验的过程和结果记录下来,写成文章,就是实验报告。

二、知识梳理

(一) 概念

实验报告是在科学研究活动中为了检验某一种科学理论或假设,通过实验中的观察、分析、综合、判断,将实验的全过程和实验结果用文字形式记录下来的书面材料。

(二) 特点

1. 客观性

实验报告是进行科学研究的一种手段,因此应如实记录实验过程。在实验中观察到什么,就记录什么。所记录的现象、实验数据和结果必须真实可靠,经得起科学检验。

2. 说明性

实验报告大多以说明、叙述为主要表达方式,在说明过程中不需要展开联想和抒发感情。应如实说清楚实验过程和结果,并不强求圆满的实验结果。

3. 简明性

由于实验报告是客观性、科学性很强的文章,因此其语言应具有简明、准确的特点。

(三) 分类

(1) 按照实验报告内容不同,可以分成检验型的实验报告和创新型的实验报告。检验型的实验报告是指通过实验对某一科学定律或结论进行验证。一般来说,大学生所做的实验报告常常采用检验型的实验报告。创新型的实验报告是指科研工作者为进行一项新的科学研究或是改进、改正一项实验方法,由此而形成的实验报告。

(2) 按照实验报告的结构形式,可以分为表格式实验报告和文章式实验报告。

(四) 格式

实验报告的格式并非千篇一律,不同学科、不同类型的实验,其报告写法也有所不同。一般情况下,实验报告的基本结构主要包括以下几方面:

1. 实验名称

实验报告都有自己的名称,也即标题。要求用准确、简洁的语言概括反映实验的内容。如《影响滑动摩擦力大小的因素》《水污染控制实验报告》《新型防火阀与火灾报警器定期观测实验报告》等。

2. 实验目的

指进行实验的理由。要求表达得简明扼要。

3. 实验原理

对实验相关的主要理论依据进行阐述。有的实验要给出计算公式以及公式的推导过程,光学实验要给出光路图,电学实验要给出线路图等。

4. 实验的仪器设备或材料

写明实验所用仪器设备或材料的名称、规格、型号、数量。化学实验中的试剂,还应标明其形态、浓度、化学成分等。

5. 实验步骤和方法

实验步骤就是实验进行的程序。通常按操作时间先后分成几步进行,并在前面标上序号。要将实验的过程及观察所取得的结果写清楚。

6. 实验现象和数据分析

这一部分是实验报告的关键内容,主要是对实验记录的处理。需要列出实验所取得的数据、描述观察到的现象等,在对实验现象和数据分析的基础上得出实验结果。一般应将数据整理好,列出表格,分好类,按一定顺序排好数字、表格或图,并做必要说明。引用的数据必须是真实的,图与表格要符合规范要求,数字的记录方法和处理方法要符合规定,否则将会使整个实验报告失去价值。

7. 实验结论

结论是根据实验结果做出的最后判断,是对实验的一个总结。主要说明本实验取得了哪些新结果,该结果有何价值、作用和意义,或者本实验验证或发展了哪些科学理论等。语言要严谨、客观、准确、简练。

三、范文评析

【例文】

<h3 style="text-align:center">电子商务实验报告</h3>

实验学时:8学时

实验类别:专业基础实验

每组人数:1人/组

实验名称:B2C、B2B

一、实验目的

1. 通过模拟 B2B 实验中的买方和卖方角色,在系统中发布商品,查找商品,进行模拟交易操作,利用模拟过程了解 B2B 交易模式中的交易流程和注意事项。

2. 通过模拟 B2C 实验中的个人消费者和商品发布商角色,在系统中发布商品,查找商品,进行模拟交易,利用模拟过程了解 B2C 交易模式中的交易流程和注意事项。

3. 了解 B2C、B2B 实验中各个角色的功能和任务;掌握电子商务 B2C、B2B 系统的交易流程。

4. 掌握电子商务 B2C、B2B 实验中角色的配合;通过模拟与操作将理论知识加以巩固,有效地理解电子商务流程。

二、实验内容

本实验项目以华普亿方电子商务模拟系统为平台,模拟 B2C、B2B 商务环境中各种商务角色的运作过程,完成各项具体交易行为。

三、实验步骤

1. B2B

(1) 登录 B2B 系统,注册个人用户,等待认证。

(2) 获得认证后,登录用户,进入个人控制平台,完善个人公司资料。

卖方:①发布商品;②查看新订单;③确认价格;④查看订单;⑤拟发合同;⑥查看合同;⑦发货申请;⑧收款;⑨进入个人控制平台查看收货通知;⑩登录网上银行看资金增加。

买方:①搜索商品;②询价;③查看新订单;④确认价格;⑤查看新合同;

⑥ 确认合同;⑦ 等待短信通知;⑧ 付款;⑨ 提货;⑩ 查看自己的商品库。

2. B2C

(1) 登录B2C系统,注册用户,扮演两个角色:个人消费者和发布商。

(2) 申请网上银行个人账号。

个人消费者:① 搜索商品;② 选择商品;③ 收银台;④ 付款结账;⑤ 提交订单;⑥ 网上汇款;⑦ 提货。

发布商:① 添加商品;② 选择分类;③ 定价;④ 发布商品,商品管理;⑤ 订单处理;⑥账户查询。

四、实验结果与分析

1. B2C的实验结果及分析

在这次实验中,我顺利完成了居民、商店、银行、快递公司的注册及后面的申请银行账号、买卖商品、运送商品等步骤,也对B2C每个角色应完成的部分有了更好的了解。

居民——注册→申请银行账号(信用卡)→申请商店会员→订购商品→完成网上转账→接收商品→签下回执→完成。

商店——注册→申请银行账号(存折)→采购商品→审核会员→接收货款→签订快递合同→完成银行转账→完成。

银行——注册→审核申请→通过申请→账户查询→交易查询→网上转账中间人→完成。

快递公司——注册→申请银行账号(存折)→接受订单→完成订单详情查询→发送商品→取得回执→完成

2. B2B的实验结果及分析

在这次实验中,我完成了厂商、外贸公司、内贸公司、零售商的公司注册及认证,并成功地完成了产品生产、发布消息等前期准备,在后来的合同生成、交易货物时虽然碰到些问题,最后也是顺利解决。

厂商——注册→生产→发布信息→接收意向→同意合同→备货→发货→生成发票→收款→确认→完成。

外贸公司——→注册→寻找供应商→发送意向→制订、发送合同→完成合同→收货→查收发票→付款→确认→完成。

我觉得这次实验做得很开心,很有意义。虽然在做的过程出现了一些问题,不过最后还是都顺利地解决了。我们的实验只有经历过挫折和问题,待我们解决问题之时,它才显得弥足珍贵,获得之时才更真实可靠。

通过这次实验,我学到很多东西,对电子商务这门课程有了更深刻的理解。我认识到电子商务在今后发展的必然趋势以及熟悉电子商务知识和熟练操作电子商务系统的重要性。同时我更深刻地认识到电子商务的特点和应用领域,学习和体会到了电子商务的核心思想。在亲身实践电子商务的过程中学习和提高。在这个模拟中,通过居民、物流公司、商家、银行,我对电子商务主要的交易流程和核心理念认识更透彻。

在不同的角色的参与过程中,我更加认识到掌握实际应用技能的重要性。在现代的信息时代中,多种交易都是通过网络实践的。于是掌握这方面的知识越来越重要了。这是一个非常好的实训机会,让我们能够对电子商务有更深一步认识,感觉到它的优越性。

感谢学校为我们提供这样的操作平台,让我们有机会把理论和实践相结合,感谢张老师的耐心指导,才让我们顺利完成实验。

五、实验中的问题处理

1. 一开始找不到思绪

解决方法:与相对有经验的同学交流,并积极向他们请教。

2. 步骤流程很容易混乱

解决方法:认真做好每个流程,做好笔记,方便做好下个流程。

3. 急于求成,步骤没有做完善

解决方法:劝诫自己须耐心,做好每一步骤;做好流程图。

六、实验体会和总结

在这次的电子商务实验中,挫折与成就感并存。一开始的时候,常常是摸不着头脑的,也是因为自己急于求成,感觉完全没有思绪,就是瞎做一通。后来请教了一下比较有门道的同学,加上自己仔细研究了下目录,渐渐地有了明确的思路,做起来也就得心应手了。特别想提的还有一点:细节与耐心是很重要的。

这是一次有趣又实用的实验课。通过这实验,在短暂的时间里我初步接触到B2C、B2B电子商务的流程,完成了各项交易。虽然平常也经常网购,但也只是以一个消费者的身份了解其流程。这次实验多个角色都由自己完成,更加深刻地了解到B2C的整个流程,也懂得了商品的内贸交易及外贸交易,同时,深刻地体会到理论与实验相结合的重要性。

这次实验极大地培养了我的自学能力,没有老师的全面指导,没有充分的基础和准备,在实验的几个小时里,自己逐渐摸索,一步步实验。最后的喜悦是无法言语的。我认为像这样的实践课是非常有意义的。它比抽象难懂的理论课要更加地吸引人,更加锻炼一个人的自学能力。

通过这次实验,我更深刻地认识到电子商务的特点和应用领域,学习和体会到了电子商务的核心思想。在亲身实践电子商务的过程中通过各个不同角色,我对电子商务主要的交易流程和核心理念了解更深,更加认识到掌握实际应用技能的重要性。

此外,在模拟实验中,我对于电子商务本身存在的一些风险有些想法。比如,认证中心的证书是不是可以被仿冒和替代?本身的数据库能不能防住黑客的攻击?顾客的利益和隐私能不能得到切实的保证?网上资金的交付会不会被不法分子拦截或者盗取？……如果有这些情况发生,谁该为这些情况的后果买单？

总之这次的实验让我学到颇多东西,不管是挫折,还是成就。我想以后我都将保持良好的心态,积极向上地面对各种困难。

评析：这篇实验报告从实验的目的、内容、步骤、实验结果和分析到问题反思,结构完整,层次清晰,内容非常具体和充实。

四、注意事项

（1）要写好实验报告,首先要做好实验,实验若不成功,实验报告也难以完成。应做好实验前的准备工作,按实验的要求、步骤进行操作,认真观察实验,做好实验记录,不能随意修改实验数据,更不能伪造数据。这是写好实验报告的前提。

（2）要充分利用图表来说明实验过程和实验结果。图表是表达实验结果的有效手段,它比文字描述更为直观和简洁。

（3）实验报告是一种说明文体,语言力求简明、准确、客观,不要求生动和形象。

五、写作实训

请结合某一专业的课程的实验,写一份实验报告。

知识链接

美国计划开展长达3年的火星旅行,因此美航天局有必要对宇航员进行测试。

实验对象：一对双胞胎宇航员。

实验过程：一个留在地球,一个送到国际空间站。

实验目的：观察宇航员长时间太空飞行的身体变化。

参加实验者是历史上唯一一对双胞胎宇航员,他兄弟俩能达到实验需要的生物标准（同卵双胞胎来自同一个受精卵,有着相似度最高的DNA）,他俩又有宇航员的身体素质与技术要求,可以说是独一无二的实验对象。

实验开始,研究人员先分别采集了两个双胞胎兄弟的DNA样本,再把兄弟俩中的一个斯科特·凯利送往国际空间站工作和生活约一年,另一位兄弟马克·凯利则留在地球生活。在国际空间站工作340天后的哥哥斯科特·凯利回到地球,再次被采集DNA样本,进行比对,研究人员希望知道,经过长期太空生活的人类健康情况。

实验结果：

威尔康奈尔医学院发表了一篇关于"太空基因"的论文指出,93%的基因表达在斯科特返回地球后恢复正常,但仍有数百个基因处于混乱状态。

当科学家进一步对处于混乱状态的基因进行研究时,有惊人的发现,真核细胞线状染色体末端的一小段DNA竟然被拉长。

不急,我们先来介绍一下被拉长的是什么,真核生物染色体末端的DNA重复序列,简称端粒（英语：Telomere），作用是保持染色体的完整性和控制细胞分裂周期。由于DNA复制的机制，每次染色体复制后，延迟股上的染色体末端必无法被复制。因此，真核生物在染色体末端演化出端粒以作为可被重复遗弃的片段。一旦端粒消耗殆尽，细胞将会立即启动凋亡机制。简单来说，DNA末端的端粒，反映出细胞的寿命和再生能力。端粒约短，表示细胞的分裂能力越弱，端粒越长，表示细胞分裂能力越强，如果端粒完全磨损掉，细胞就停止分裂，走向死亡。

科罗拉多州立大学的癌症生物学家贝莉表示，正常人的细胞端粒会随着年龄的增长，渐渐缩短，或受辐射、污染、压力等等因素都有可能导致它加速变短。奇怪的是，在太空站呆了340天后回来的斯科特·凯利，他的端粒既然比上太空前更长。从理论上说他是比一年前更年轻了，很有可能太空唤醒了细胞的某部分潜能。美中不足的是，被拉长的染色体终端端粒，在斯科特·凯利回到地球的半年后恢复到正常长度。科学家并没有确定其中原因，只介绍了部分产生基因变化的可能，包含太空辐射、零重力环境对生理带来的冲击，高能带电粒子辐射等。

这实验原本目的只是测试宇航员的身体变化和适应能力，却无意中有了惊人发现。究竟待在太空是否能越活越年轻，最好还是亲自验证，上去待一段时间……

任务二十一 ｜ 撰写合同

学习目标
◆ 掌握合同的概念和特点
◆ 掌握合同的写作格式和写法要求
◆ 培养法律意识和规范意识

一、情境导入

小王是本地某大型国企的一名员工，为了工作的便利，小王想在公司附近租房，如果你是房东，准备把房子租给小王，租期一年，你知道该如何拟定这份租房合同吗？

合同是什么？人们用合同能做些什么？合同，中国古代称之为"契约"。"契"的本义是"刻"。古代人们在交往中将约定的事用刀、笔等工具刻写在金属、木材、竹子等载体上，一分为二，各执一半；需要验证时，将两半合在一起相合即有效。契约用以表示对许诺事项的信守。作为现代词语的"合同"，就是两方面或几方面在办理某事时，为了确定各自的权利和义务而订立的共同遵守的条文。西方有句谚语："财富的一半来自合同。"你在日常生活中遇到过合同上的问题吗？其实，在日常生活中，我们几乎每天都要与合同打交道，到食堂买饭、到电影院看电影，甚至在自动售货机买一瓶水，都属于合同范畴。比如，我们乘坐公共汽车，和公交运输公司之间就产生了合同关系，我们购买了车票，就可以享受安全乘车到目的地的权利，公交运输公司则要履行相应的义务。当大家走上工作岗位后，合同的使用会更加广泛。合同与我们的关系如此密切，因此，我们需要学会怎样写合同。

二、知识梳理

（一）概念

"合同"在我国古代已经存在，原是指各方执以为凭的契约、文书。《周礼·秋官司寇》云："凡有责者，有判书以治，则听。"所谓"判书"即契约书。清代翟灏所著的《通俗编·货财》中指出："今人产业买卖，多于契背上作一手大字，而于字中央破之，谓之合同文契。商贾交易，则直言合同而不言契。其制度称谓，由来俱甚古矣。"

《中华人民共和国民法典》(以下简称《民法典》)第三编"合同"第一分编第一章第四百六十四条对合同的概念有明确的规定:"合同是民事主体之间设立、变更、终止民事法律关系的协议。"因此合同书又称协议书。它属于法定文书,其写作活动必须遵守《民法典》及相关法规。

(二) 合同的特点

1. 合法性

合法性有两层意思:一是指合同的内容与签订合同的程序必须符合《民法典》及相关法规。二是指合同作为一种法律行为,其本身虽不是法律,但一个合法的合同具有法律的效力,受到国家法律的保护;而不合法的合同,不仅不受国家法律的保护,其责任人甚至还会受到法律的制裁。

2. 平等性

平等性要求合同当事人享有平等的权利,也必须履行平等的义务。也就是任何合同的签订,都必须遵守一个基本原则:平等互利,协商一致。

3. 自愿性

自愿性是指合同是在当事人知晓权利义务的情况下依自己的意愿订立的,任何采用欺诈、胁迫等手段,或代理人超越代理权限签订的合同均属无效。

4. 约束性

依法签订的合同,对当事人具有法律的约束力。当事人应按照约定,认真履行自己的义务,不得擅自变更或者解除合同。因而合同一旦签订,就如同给自己的权利划出了一块活动的范围,你不能超出这个范围,否则将承担违约责任。

(三) 合同的种类

按照不同的分类标准,合同的种类也不相同。

按合同格式可分为:表格合同、条款合同、表格条款结合式合同。

按合同签订方式可分为:口头合同、书面合同。

按合同内容,《民法典》规定主要有19种类型:买卖合同,供用电、水、气、热力合同,赠与合同,借款合同,保证合同,租赁合同,融资租赁合同,保理合同,承揽合同,建设工程合同,运输合同,技术合同,保管合同,仓储合同,委托合同,物业服务合同,行纪合同,中介合同,合伙合同。

合同的种类虽多,但结构相对稳定,一般分为四个部分:首部、正文、尾部、附件。

(四) 合同的格式

1. 首部

合同的首部由以下几个部分构成:

(1) 标题。标题即合同的名称,表明合同的种类及性质,一般由合同事项加文种构成,如"买卖合同"。当然,合同的标题也可以写得比较具体,如"工矿产品购销合同""郑州铁路局货物运输合同"。

(2) 编号。合同的编号一般位于标题右下方。

(3) 当事人名称及住所。该部分一般位于标题的左下方,当事人的名称和住所应写全称,不得用简称、代称或代号。为了行文方便,当事人后面可加括号注明"甲方""乙方",或根据合同内容称为"借方""贷方","供方""需方"等。

(4) 签订合同的时间和地点。有的合同将时间和地点放在最后。

2. 正文

正文是合同的主要内容,由两个部分构成:

(1) 引言

引言是合同正文的开头,一般应写明签订合同的依据、范围、经过和目的。常用的句式有"为了……""根据……""经过……"等。如"根据《中华人民共和国民法典》和《建设工程勘察设计管理条例》的有关规定,经双方协商一致,签订本合同,以资共同遵守"。

(2) 合同条款

合同条款是合同的主体部分,是双方享受权利、履行义务的法律依据。按照《民法典》的规定,除"当事人的姓名或者名称和住所"外,合同的条款一般还包括以下几个部分:

① 标的。标的是合同当事人各方权利和义务共同指向的对象。通俗地讲,标的就是合同的"交易物"或"成交物"。

② 数量和质量。标的的数量,是指合同成交物的多少、轻重、大小。标的的数量条款,一般由数字、计量单位、计量方法、各种数量误差的规定这四个要素组成。标的的质量是对标的质的方面的要求,它往往是决定标的价格高低、质量优劣的重要因素。

③ 价款或者报酬。这是取得产品、接受服务的一方向对方所支付的以货币数量表示的代价。除少数采取以物易物或以劳务换劳务的合同外,绝大多数合同都必须有价款或者报酬这一款。

④ 履行期限、地点和方式。履行期限是指当事人完成合同规定义务的时间范围;履行地点是指当事人履行合同的地点;履行方式是指当事人履行合同义务的具体做法。

⑤ 违约责任。是指当事人不履行合同或不恰当地履行合同时所应承担的责任。它是维护当事人双方合法权益的一种办法。

⑥ 解决争议的方法。是指在履行合同时,合同的当事人发生争议后所采取的解决方法。

3. 尾部

合同的尾部包括以下几个方面的内容:

(1) 附则内容。附则主要指合同的有效期、份数、保存方法等。

(2) 当事人签名、盖章(若代表单位,应由法定代表人签名并加盖单位公章)、法定地址、电话、开户银行和账号等。

(3) 签约日期。

4. 附件

它是对合同条款的相关说明材料及证明材料,如图纸、样品、表格、相关的文书等。附件是合同的组成部分,具有同等的法律效力。

(五) 合同主要条款的写作

合同条款既是合同的主要内容,也是合同写作的重点。下面分别加以说明。

1. 标的

标的可以是实物,如在鲜藕购销合同中,标的就是鲜藕;标的也可以是一种行为,如在运输合同里,标的就是运货这种行为;标的还可以是货币或者服务,是某项智力成果或精神产品。没有标的的合同,是无法执行的。所以,合同不仅一定要有标的,而且标的在合同中必须非常具体、准确、完整,否则在执行中就会产生不同的理解,带来纠纷,造成损失。如湖北省某单位曾委托某国际贸易公司进口某种原材料若干吨,因在抄写标的名称时漏写了一个英文字母"B",结果此物成彼物,造成巨大的经济损失。

因此,撰写标的时,如标的是商品,一定要把商品的名称、商标注册号、型号规格、花色品种、出产地、生产厂家、出厂日期、配套件等一一注明。只有在标的条款里将该商品区别其他任何一种同类商品的主要特点逐一写清楚,才符合标的的撰写要求。如是农副产品,其标的就不能简单地写成"西瓜""火腿""盐蛋"等,而应准确、完整地标示出其产地、品种等,因为不同地区、不同品种的同一类农副产品,其质量和价格有很大的区别。

2. 数量

首先,标的数量的数字要准确,包括小数点和0在内,不能错;不能随便使用"约"这样的字眼。

其次,计量单位要明确,必须使用国家统一规定的计量单位,如克、千克、吨,或元、角、分,或立方米、平方米等。如果是一项智力成果或精神产品,计量单位可以是一套(图纸)或一部(书稿)等。计量单位不能用含义不明确或模棱两可的量词,如"打""堆""捆""垛"等,以免产生歧义而引发纠纷。例如某建筑队需要一批黄沙,为此与某砂石公司签订了供应合同,数量100车,每车100元。砂石公司先用8吨的卡车运,后用4吨的车运,再后用2吨的车运。结果结算时,因计量单位"车"的不明确性,双方发生纠纷。

再次,计量方法要标示清楚,必须正确。如对交易物重量的计算方法,就有毛重、净重、公重、理论重量之分。又如标的是一种劳务的话,其计量方法则可以是人数乘天数,共需多少工时。

最后,对交易物数量的计算,应规定出各种误差要求和误差的允许范围,如合理磅差、自然损耗率、超欠幅度、交货数量的正负尾差等。只要合同对标的数量的各种误差范围事先作出明确规定,就能避免很多不必要的纠纷。

3. 质量

合同标的的质量技术要求和标准一定要详细具体,因为质量条款是一个关键性的条款,也是最容易引起纠纷的条款。

标的如果是一种行为或劳务,衡量这种行为或劳务的质量标准,就看它能否满足合同委托方的需要,这种需要也必须在合同里写清载明。标的如果是一项智力成果或精神产品,同样应规定质量的检验标准。如一份约稿合同,衡量文稿质量的标准就应是有关专家的审稿意见。标的如果是某种物,其质量就应是该物满足人们需要的属性,如该物的内在性能、外观形态、包装质量等。标的如果是工矿或机械产品等,则国家部委或地方都有相应的质量标准,而且每一种质量标准,都有一整套方法、数据、资料作为质量检查的内容和根据。至于有些经双方协商议定质量标准的合同,则应采用"立标封样"的办法:双方把样品共同封存,各自盖章,各存一份,作为今后质量检验时的一个实物依据。

4. 价款或者报酬

撰写此条款时,应注意以下几点:

(1) 确定价款或者报酬标准的原则;

(2) 必须明确规定价款的货币种类,使用的货币种类必须符合法律的规定;

(3) 价款的数额必须明白准确,没有歧义,没有弹性;

(4) 必须准确使用价格术语;

(5) 必须明确规定价款的结算方法和支付期限。

5. 履行期限、地点和方式

在商品的实际流通过程中,时间期限十分关键,因为它关系到产、供、销、运等各个环节的互相衔接,一个环节误期,常常会引起连锁反应,造成重大损失。所以合同对履行期限的规定应当明确、具体,即应确定某年某月某日,不能用"某年5月以前"这样的字眼——是5月1日以前,还是5月31日以前,区别很大。另外,如果合同是分期分批履行的,分期时间与分批数量也应写具体。这样有利于分清责任。合同中不应有"立刻装运""即期装运"等不确定的字词。

履行地点必须明确无误,否则将会造成经济损失和合同纠纷。如武汉某公司在新疆购买了一批棉花,火车托运时,合同里的交货地点是湖北武汉,结果货物在汉口的汉西火车站卸下,而该公司的仓库在武昌南湖。为此,该公司不得不雇车从汉口往武昌拖货。如果当时在合同里写明为武汉武昌火车站,则不用花这一笔冤枉钱。

履行方式一般有这几种情况:

① 当事人是一次履行还是多次履行。这必须写明确。合同里规定一次履行的,就不能多次履行。如一份家电维修合同,规定一次修好,就不能反复七八次才修好。而合同中规定多次履行的,也不能一次履行。如一份水果预购合同,规定分批分量交付,就不能一次全部交付,否则大量水果会因不能及时卖完而腐烂,给需方造成损失。

② 是由当事人亲自履行,还是允许他人代为履行。如建设工程合同里,建筑承包方是承包所有的工程,还是允许他可以部分地转包给其他人,合同里必须明确下来。一般情况下,合同必须由签约的当事人来履行,除非合同另有规定,才能由他人代为履行或部分地代为履行。

③ 合同里应该明确规定合理、经济、有效的货运方式。即在有利于生产和市场供应

的前提下,用最少的费用与时间,走最短的路线,把货物完好无损地运到履行地点。

6. 违约责任

违约责任包括经济责任和法律责任,其目的在于保证合同履行,维护当事人的利益。因此在合同中应划清责任及违约后所要采取的制裁措施及赔偿金额。

合同在此条款里,通常规定违约金或赔偿金的内容。违约金的数额,国家有规定的,应按规定来执行;国家没有规定的,则由双方协定数额,并明确写进合同里。除违约金外,合同还应对赔偿金作出明确规定。因为合同的某一方违约,给对方造成的损失超过违约金时,就应向对方另外交付赔偿金,补足违约金不足的部分。所以,任何一份合同都应有违约金的规定,它是合同的必备条款。

7. 解决争议的方法

解决争议的方法有协商、调解、仲裁、诉讼这四种。因此在合同中应明确规定解决争议的方法和机构。如选择仲裁方法,则必须注明由哪个仲裁机构来执行。

(六) 合同的写作要求

(1) 真实合法,平等互利

合法性是合同的一大特点,因此在写作时必须做到合同的各项条款都符合国家的法规政策,内容必须真实,不能有意隐瞒、欺骗对方,要遵守诚信原则,达到平等互利的目的。

(2) 格式规范,内容完备

合同是具有法律效力的文书,它关系着当事人的切身利益,因此合同的制订必须符合《民法典》的要求,保证合同条款的齐备,按照不同标的的特点,做出明确、具体、详细的规定,对当事人的义务和权利也要明确界定。

(3) 语言准确,表达严谨

合同语言必须准确,表达必须严谨,切忌用语模糊,引起误解和歧义。

三、范文评析

【例文一】

合伙经营合同

甲方:(略)　身份证号:(略)

乙方:(略)　身份证:(略)

丙方:(略)　身份证号:(略)

甲、乙、丙三方本着互利共赢、团结合作的精神,经友好协商,就共同经营事宜达成如下合伙协议:

第一条　合伙宗旨

利用合伙人自身积累的经营管理经验和人脉关系,共同经营,使合伙人通过合法的手段,创造劳动成果,分享经济利益。

第二条　合伙组织名称、合伙经营项目

合伙组织名称:(略)

合伙经营项目:(略)

第三条　合伙期限

自××××年××月××日起,至××××年××月××日止。

第四条　合伙组织财产份额分配

各合伙人占有合伙组织财产份额:(略)

第五条　工资、盈余分配与债务承担

(一)工资分配:合伙组织经营期间,各合伙人工资为:(略)

(二)盈余分配:除去经营成本、日常开支、工资、税费等的收入为净利润,即合伙创收盈余,将以各合伙人占有的合伙组织财产份额为依据,按比例分配。

(三)债务承担:如在合伙经营过程中有债务产生,合伙债务先由合伙财产偿还,合伙财产不足清偿时,以各合伙人占有的合伙组织财产份额为依据,按比例承担。

第六条　除名退伙、出资的转让

(一)除名退伙

合伙人有下列情形之一的,经其他合伙人一致同意,可以决议将其除名:

1. 个人丧失偿债能力;

2. 未履行出资义务;

3. 因故意或重大过失给合伙组织造成经济损失;

4. 执行合伙组织事务时有不正当行为;

5. 合伙人有违反本协议第九条之规定的行为。

(二)合伙组织财产份额的转让

合伙期间,未经全体合伙人书面同意,合伙人不得随意转让其在合伙组织中的全部或部分财产份额。如经其他合伙人书面同意该合伙人向合伙人以外的第三人转让,第三人应按新入伙对待。合伙人以外的第三人受让合伙组织财产份额的,经修改合伙协议即成为合伙组织的合伙人。

第七条　合伙人会议、合伙负责人及合伙事务执行

(一)合伙人会议制度

1. 召集:合伙人会议由合伙事务执行人召集和主持,合伙负责人可根据情况需要决定召开合伙人会议。

2. 时间:一般情况下每月一次,具体召开时间由合伙负责人根据情况决定。

3. 表决权:每个合伙人在合伙人会议中均享有表决权,除本协议另有约定外,重大事项决定应由占合伙组织财产份额比例三分之二以上的合伙人同意方可通过,一般事项决定由占合伙组织财产份额比例二分之一以上的合伙人同意即可。

4. 重大事项:须经合伙人会议中占合伙组织财产份额比例三分之二以上的合伙人同意方可通过。重大事项是指:

(1) 推举合伙事务执行人；

(2) 增加、减少经营种类，调整、转换经营项目，扩展业务；

……

(二) 经全体合伙人决定，委托××为合伙事务执行人，其权限为：

1. 召集主持合伙人会议，对合伙组织的重大事项(如扩展业务，调整、转换经营项目等)享有最后的决定权；

2. 对外开展业务，订立合同；

……

(三) 经全体合伙人决定，委托××担任合伙内部行政事务的负责人，负责合伙组织的内部经营和管理。其权限为：

1. 组织实施合伙人会议；

2. 对合伙组织经营进行全面日常管理；

3. 制定合伙组织的内部管理制度；

……

(四) 经全体合伙人决定，委托××担任合伙组织的财务、后勤负责人，并协助其他合伙人参与合伙组织的日常经营和管理。

1. 对合伙事务执行人负责，主持合伙组织的日常财务、后勤等工作；

2. 制定合伙组织的财务制度，编制合伙组织的财务收支计划，检查监督财务制度的执行，并及时向其他合伙人通报财务计划执行情况；

……

第八条　合伙人的权利和义务

(一) 合伙人的权利：

1. 参加合伙人会议，并对合伙事务的执行进行监督；

2. 合伙人享有合伙利益的分配权；

……

(二) 合伙人的义务：

1. 按照合伙协议的约定维护合伙组织财产的统一；

2. 分担合伙经营损失的债务；

3. 为合伙债务承担连带责任。

第九条　禁止行为

(一) 未经本合伙协议或合伙人会议授权，禁止任何合伙人私自以合伙组织名义进行业务活动，私自进行业务获得利益归全体合伙人，造成的损失由该合伙人个人全额进行赔偿；

……

第十条　违约责任

(一) 合伙人未经其他合伙人一致书面同意而转让其财产份额的，如果其他合伙人不愿接纳受让人为新的合伙人,可按退伙处理,转让的合伙人应赔偿其他合伙人因此而造成的全部损失。

....

第十一条　争议解决方式

凡因本协议或与本协议有关的一切争议,合伙人之间应先共同协商,如协商不成,提交××仲裁委员会仲裁。

第十二条　其他

(一)经协商一致,合伙人可以修改本协议或对未尽事宜进行补充约定;补充、修改内容与本协议相冲突的,以补充、修改后的内容为准。

(二)本协议一份四页,各合伙人各执一份。

(三)本协议经全体合伙人签名、盖章后生效。

全体合伙人签章处:

甲方:

乙方:

丙方:

签约时间:××××年××月××日

签约地点:

评析:此合同格式规范,标的描述详细,当事人的权利和义务及违约责任明确清晰,解决争议的方法也清楚明了。全文用语准确简朴,是标准的合同文本。

【例文二】

房屋租赁合同

甲方:张华(附身份证号码)

乙方:李明(附身份证号码)

甲、乙双方通过友好协商,就房屋租赁事宜达成协议如下:

一、租赁地址及设施

1. 租赁地址:中山路1号401室;房型规格:坐南朝北;居住面积:98.5平方米。

2. 室内附属设施

(1)电器:电话机1部,史密斯电热水器1台,美的空调2台,西门子柜式冰箱1台,海信65寸电视1台,海尔滚筒洗衣机1台,格兰仕微波炉1台。

(2)家具:三座位木沙发1套。

二、租用期限及其约定

1. 租用期限:甲方同意乙方租用5年;自2020年1月1日起至2025年1月1日。

2. 房屋租金:每月贰仟元人民币。

3. 付款方式:按月支付,另付押金叁仟元,租房终止,甲方验收无误后,将押金退还乙方,不计利息。第一次付款计伍仟元人民币。

4. 租期内的水、电、煤气、电话、有线电视、卫生治安费由乙方支付,物业管理、房屋修理等费用由甲方支付。

5. 租用期内,乙方有下列情形之一的,甲方可以终止合同,收回房屋使用权,乙方需承担全部责任,并赔偿甲方损失:

(1) 乙方擅自将房屋转租、转让或转借;
(2) 乙方利用承租房屋进行非法活动,损害公共利益;
(3) 乙方无故拖欠房屋租金达 10 天;
(4) 乙方连续 3 个月不付所有费用。

三、双方责任及义务

1. 乙方须按时交纳水、电、煤气、电话等费用,并务必将以上费用账单交给甲方,甲方须监督检查以上费用交纳情况。

2. 无论在任何情况下,乙方都不能将押金转换为房屋租金。

3. 在租用期内,甲方必须确保乙方的正常居住,不得将乙方租用的房屋转租(卖)给任何第三方,或在租赁期内房租加价。

4. 租用期满后,乙方如需继续使用,应提前一个月提出,甲方可根据实际情况,在同等条件下给予优先。

5. 甲乙双方如有一方有特殊情况需解除协议的,必须提前在租赁期内一个月通知对方,协商后解除本协议。

6. 乙方入住该房屋应保持周围环境整洁,做好防火防盗工作,如发生事故,乙方应负全部责任。

7. 乙方不得擅自改变室内结构,并爱惜使用室内设施。若发生人为损坏,应给予甲方相应赔偿;如发生自然损坏,应及时通知甲方,并配合甲方及时给予处理。

四、其他未尽事宜,由甲、乙双方协商解决,协商不成按有关现行法规办理或提交有关仲裁机关仲裁。

本协议一式两份,甲、乙双方各执一份,签字后即行生效。

甲方:张华(签名)

联系电话:1354356××××

2020 年 1 月 1 日

乙方:李明(签名)

联系电话:1312345××××

2020 年 1 月 1 日

评析:此租房合同格式规范,对于租赁房屋的现状和设施描述清楚详细,租赁双方的权利和义务及违约责任明确清晰,解决争议的方法也十分清楚。

四、注意事项

1. 主体适格、内容合法

主体适格、内容合法是拟订合同一个首要的问题。为确保合同有效性,签约前首先应考虑当事人是否具备相应的资格。合同虽然是当事人自愿订立,但并不意味着合同可以违背现行法律、法规的强制性规定。

2. 合同条款应完备

《民法典》第四百七十条列出了合同一般应当具备的基本条款。原则上,判断合同条款是否完备主要考虑两个方面:一是合同应当具备的基本条款是否具备;二是根据交易目的应当具备的条款是否具备。虽然《民法典》规定的诸如价款或者报酬、违约责任等条款的缺失并不必然导致合同无效,但充分利用这些条款,对于减少合同履行中的分歧、维护各方权益具有重要意义。

3. 明确各方当事人权利义务

权利义务不明确是合同中隐藏的风险,严重影响交易的安全性。要使权利义务明确,需要提高语言表达的精确度,加强条款间的配合,并使权利义务的表述、违约的范畴、违约的制裁、归责方式等明确且配置合理。

4. 突出条款的针对性、实用性

合同种类繁多,不同合同各具特点,条款内容必须具有针对性、实用性。条款针对性、实用性强的合同,不仅具备交易所必需的基本条款,还包括结合合同目的、合同性质、合同标的等因素订立的针对性条款,这些条款是合同基本条款的细化和延伸。

5. 优化合同结构体系

合同并不是条款的简单堆砌,许多合同之所以显得混乱就是由于其结构体系混乱,条款之间缺乏逻辑秩序。确保结构体系优化,一个简单方法就是依据《民法典》第四百七十条规定的基本条款,以此作为框架加以充实和细化。

五、写作实训

(一)文种评析

甲方是某市重要的金融机构,具有组建金融数据中心机房并托管的需求。乙方系通信运营商,有着丰富的数据中心机房托管以及建设维护的经验。双方就乙方为甲方数据中心提供建设及VP机房托管服务达成协议。该VP机房托管服务合同第1条合同标的物的条款内容为:

甲方按照本合同向乙方租用××六楼VP机房托管服务。机房设计面积为350平方米,其中VP机房托管面积为300平方米,租金为8 500元/(平方米·年),VP机房托管年租金为255万元/年;机房其余部分为监控室,按办公场所性质租用,租金为每天5元/平方米。若甲方根据需要未来将监控室更改为机房,租金按照机房价格进行计算。

为了让条款条理清晰,请仔细阅读思考并修改该条款。

(二) 写作训练

1. 小王打算购买新江花园 C 座 A 单元的一套房子,建筑面积是 110.58 平方米,三房两厅,户型为南北通透型。这套房子作为《商品房买卖合同》中的标的,该如何描述?注意写清楚房屋的建筑面积、所在位置、图纸情况等基本内容。

2. 甲乙二人签订的咖啡买卖合同中,对合同履行方式、时间没有交代清楚,只是笼统地表述为:"供方自一月开始三个月分三批交货,由供方负责包装并将货物运抵杭州东站,包装费及运费由需方负责。"请你对其进行修改,使之完善。

知识链接

公民签订合同要遵循的基本原则

公民签订合同要遵循的基本原则有:

一、平等原则:合同当事人的法律地位平等,一方不得将自己的意志强加给另一方。

二、自愿原则:当事人依法享有自愿订立合同的权利,任何单位和个人不得非法干预。

三、公平原则:当事人应当遵循公平原则确定各方的权利和义务。

四、诚实信用原则:当事人行使权利、履行义务应当遵循诚实信用原则。

五、权利滥用禁止和公序良俗原则:当事人订立、履行合同,应当遵守法律、行政法规,遵守社会公德,不得扰乱社会经济秩序,损害社会公共利益。

法律依据:

《中华人民共和国民法典》

第四条 【平等原则】民事主体在民事活动中的法律地位一律平等。

第五条 【自愿原则】民事主体从事民事活动,应当遵循自愿原则,按照自己的意思设立、变更、终止民事法律关系。

第六条 【公平原则】民事主体从事民事活动,应当遵循公平原则,合理确定各方的权利和义务。

第七条 【诚信原则】民事主体从事民事活动,应当遵循诚信原则,秉持诚实,恪守承诺。

第八条 【守法与公序良俗原则】民事主体从事民事活动,不得违反法律,不得违背公序良俗。

任务二十二 ｜ 撰写财务年度报告

学习目标
◆ 掌握财务年度报告的含义和分类
◆ 掌握财务年度报告的结构和写法
◆ 培养逻辑思维和规范意识

一、情境导入

2019年3月18日消息，深交所上市公司三维通信发布公告称，因工作量较大，延期披露2018年年度报告。

公告称，三维通信股份有限公司（简称"公司"）原计划于2019年3月26日在中国证监会指定的中小板信息披露网站上披露2018年年度报告及其摘要。但由于2018年年度报告工作量较大，相关的审计和编制工作仍在进行之中，公司无法按原定披露日出具2018年年度报告。本着审慎原则及对广大投资者负责的态度，同时为确保年度报告的准确性及完整性，经向深圳证券交易所申请，公司2018年年度报告及其摘要披露日期将由2019年3月26日变更为2019年4月27日。

二、知识梳理

（一）年度报告的含义

财务年度报告是企业根据国家的相关规定和自身的经营情况，在年度范围内对本单位的财务运行状况和经营管理情况进行总结而写成的书面材料。

（二）年度报告的分类

（1）根据时间不同，分为第一季报（披露时间为当年的4月）；半年报（披露时间为当年的7月到8月期间）；第三季报（披露时间为当年的10月）；年报（披露时间为次年的1月到4月期间）。

(2) 根据年报披露盈余情况的不同,分为好消息、无消息与坏消息三种类别。判别的标准取决于本年度年报与上一年度年报净资产收益率的离差。如果前者高于后者25%以上,就界定为好消息;如果在5%范围内波动,属于无消息;如果低于25%以上,那么就是坏消息。

(三) 年度报告的结构

年度报告包括标题、正文、落款三个组成部分。

1. 标题

标明公司的名称及报告的年度。如《××公司2024年度报告》。

2. 正文

(1) 重要提示

在年度报告的正文之前,需根据《上市公司信息披露管理办法》的规定,对年度报告中所涉及的内容加以说明(如"本公司董事会确信本报告所载资料不存在任何重大遗漏、虚假陈述或者严重误导,并对其内容的真实性、准确性和完整性负个别及连带责任。本报告由公司董事会负责解释"),以保证年度报告的写作是符合法律规定和真实可信的。此外提示还需写上"经第××届第××次董事会会议审议通过"和"经××会计师事务所审计,并出具××意见的审计报告"等内容,以示年度报告符合法定程序和经过了相关独立机构的审计。

如有董事、监事、高级管理人员对年度报告内容的真实性、准确性和完整性无法确信或存在异议的,应当声明:"××董事、监事、高级管理人员无法保证本报告内容的真实性、准确性和完整性,理由如下:……请投资者特别关注。"如有董事未出席董事会,应当单独列示其姓名。

如果执行审计的会计师事务所对公司出具了非标准审计报告,重要提示中应增加以下陈述:××会计师事务所为本公司出具了带强调事项性的无保留意见(或保留意见、无法表示意见、否定意见)的审计报告,本公司董事会、监事会对相关事项亦有详细说明,请投资者注意阅读。

公司负责人、主管会计工作负责人及会计机构负责人(会计主管人员)应当声明:保证年度报告中财务报告的真实性、完整性。

(2) 基本情况简介

该部分的目的是反映公司的行业特点。需概述以下内容:

① 公司中英文全称、简称;

② 公司法定代表人;

③ 公司董事会秘书及其证券事务代表的姓名、联系地址、电话、传真、电子信箱;

④ 公司注册地址、办公地址及其邮政编码、公司网址、电子信箱等联系方式;

⑤ 公司选定的信息披露报纸的名称、登载年度报告的中国证监会指定网站的网址、公司年度报告备置地点;

⑥ 公司简况、公司的主要产品或者主要服务项目简况、公司所在行业简况,公司所拥有的重要的工厂、矿山、房地产等财产简况;

⑦ 公司发行在外股票的情况(公司股票上市交易所、股票简称和股票代码,持有公司5%以上发行在外普通股的股东的名单及前10名最大的股东名单、公司股东数量,公司董事、监事和高级管理人员简况、持股情况和报酬);

⑧ 公司首次注册或变更注册登记日期、地点、公司营业执照号、税务登记证号、组织机构代码;

⑨ 公司的各项主营业务突出特点及规模,公司负责信息披露事务人员的姓名、地址及联系方式等。

(3) 会计数据和业务数据摘要

这是全文高度概括和浓缩的部分。主要反映至报告年度末为止的公司前三年(或自公司成立以来)的主要会计数据和财务指标。包括以下内容:

① 报告期主要财务数据(本年度实现的营业利润、利润总额、归属于上市公司股东的净利润、归属于上市公司股东的扣除非经常性损益后的净利润、经营活动产生的现金流量净额);

② 公司近三年或者成立以来的财务信息摘要;

③ 报告期内的权益变动情况;

④ 该上市公司为控股公司的,还应当包括最近两个年度的比较合并财务报告;

⑤ 证监会要求载明的其他内容。

(4) 公司经营情况和重大事项报告

这是年度报告写作的核心。主要从投入与产出的角度分析公司在报告年度内的经营情况和发展思路以及公司下一年度的发展思路和发展目标,重点反映在董事会报告、监事会报告、股东大会基本情况中。写作上要求客观真实、全面细致,能完整反映公司的实况,以使股东或投资者了解公司的发展前景和进行投资的风险。如为上市公司,还需披露股本变动及股东情况,董事、监事、高级管理人员和员工情况以及公司治理情况等信息。

3. 落款

包括署名和日期。

(四) 年度报告写作的注意事项

1. 内容真实

作为企业一定时期内经营情况的准确反映,年度报告必须是在掌握真实材料的基础上,对相关会计数据和业务数据进行认真的分析研究和合理的核实查证,然后才动手写作。内容真实是年度报告的写作前提。

2. 制发及时

根据中国证监会发布的《上市公司信息披露管理办法》第十三条规定:年度报告应当在每个会计年度结束之日起四个月内……编制完成并披露。可见,制发及时是对年度报告的硬性规定。

三、范文评析

【例文】

招商银行股份有限公司
CHINA MERCHANTS BANK CO., LTD.
二〇一五年半年度报告

(A股股票代码:600036)

重要提示

1. 本公司董事会、监事会及董事、监事和高级管理人员保证年度报告内容的真实、准确、完整，不存在虚假记载、误导性陈述或重大遗漏，并承担个别和连带的法律责任。

2. 本公司第九届董事会第三十八次会议于2015年8月25日在深圳招银大学召开。李建红董事长主持了会议，会议应参会董事17名，实际参会董事16名，黄桂林独立董事因公务未出席会议，委托梁锦松独立董事行使表决权，本公司6名监事列席了会议，符合《公司法》和《公司章程》的有关规定。

3. 本公司2015年中期不进行利润分配或资本公积转增股本。

4. 本公司2015年中期财务报告未经审计。

5. 本报告除特别说明外，金额币种为人民币。

6. 本公司董事长李建红、行长兼首席执行官田惠宇、常务副行长兼财务负责人李浩及财务机构负责人汪涛保证本报告中财务报告的真实、准确、完整。

7. 本报告包含若干对本集团财务状况、经营业绩及业务发展的展望性陈述。报告中使用诸如"将""可能""有望""力争""努力""计划""预计""目标"及类似字眼以表达展望性陈述。这些陈述乃基于现行计划、估计及预测而做出，虽然本集团相信这些展望性陈述中所反映的期望是合理的，但本集团不能保证这些期望被实现或将会证实为正确，故不构成本集团的实质承诺，投资者不应对其过分依赖并应注意投资风险。务请注意，该等展望性陈述与日后事件或本集团日后财务、业务或其他表现有关，并受若干可能会导致实际结果出现重大差异的不明确因素的影响。

释义(略)

重大风险提示

本公司已在本报告中详细描述存在的主要风险及拟采取的应对措施，敬请参阅第三章"风险管理"的相关内容。

第一章 公司简介

1 公司基本情况

1.1　法定中文名称:招商银行股份有限公司(简称:招商银行)

法定英文名称:China Merchants Bank Co.,Ltd.

1.2　法定代表人:李建红

授权代表:田惠宇、李浩

董事会秘书:许世清

联席公司秘书:许世清、沈施加美(FCIS,FCS(PE),FHKIoD,FTIHK)

证券事务代表:吴涧兵

1.3　注册及办公地址:中国广东省深圳市福田区深南大道7088号

1.4　联系地址:(略)

1.5　香港主要营业地址:香港夏悫道12号美国银行中心21楼

1.6　股票上市证券交易所:

A股:上海证券交易所

股票简称:招商银行;股票代码:600036

H股:香港联交所

股份简称:招商银行;股份代号:03968

1.7　国内会计师事务所:毕马威华振会计师事务所

办公地址:中国北京东长安街1号东方广场东2座办公楼8层

国际会计师事务所:毕马威会计师事务所

办公地址:香港中环遮打道10号太子大厦8楼

1.8　中国法律顾问:君合律师事务所

香港法律顾问:史密夫斐尔律师事务所

1.9　A股股票的托管机构:中国证券登记结算有限责任公司上海分公司

1.10　H股股份登记及过户处:香港中央证券登记有限公司

香港湾仔皇后大道东183号合和中心17楼1712~1716号铺

1.11　本公司指定的信息披露报纸和网站:(略)

1.12　本公司其他有关资料:(略)

第二章　会计数据和财务指标摘要

2.1　主要会计数据和财务指标(略)

2.2　补充财务比率(略)

2.3　补充财务指标(略)

2.4　境内外会计准则差异

本集团2015年6月末分别根据境内外会计准则计算的净利润和净资产无差异。

第三章　董事会报告

3.1　总体经营情况分析(略)

3.2　利润表分析(略)

3.3 资产负债表分析(略)

3.4 贷款质量分析(略)

3.5 资本充足率分析(略)

3.6 分部经营业绩(略)

3.7 其他(略)

3.8 业务发展战略(略)

3.9 外部环境变化及措施(略)

3.10 业务运作(略)

3.11 风险管理(略)

3.12 利润分配

2014年度利润分配方案(略)

2015年中期利润分配(略)

3.13 社会责任

2015年,本公司秉承"致力可持续金融,提升可持续价值,贡献可持续发展"的社会责任理念,不断加强社会责任管理,加强与利益相关方沟通交流,切实履行社会责任,为经济社会可持续发展做出贡献。报告期内,本公司继续支持云南武定、永仁两县发展,组织员工为两县捐款捐物;与壹基金联合发起关爱孤独症儿童活动、"为爱同行"2015公益健行活动;持续倡导"月捐"理念,推动人人公益,支持公益的可持续发展。更多详细内容将在本公司2015年社会责任报告中呈现。

承董事会命

李建红

董事长

2015年8月25日

第四章 重要事项

4.1 买卖或回购本公司上市证券

报告期内,本公司及子公司均未购买、出售或回购本公司任何上市证券。

4.2 募集资金使用情况(略)

4.3 董事、监事及高级管理人员的权益及淡仓(略)

4.4 公司、董事、监事、高管及持有5%以上股份的股东受处罚情况(略)

4.5 公司及持股5%以上的股东的承诺事项(略)

4.6 重大关联交易事项(略)

4.7 重大诉讼、仲裁和重大媒体质疑事项(略)

4.8 重大合同及其履行情况(略)

4.9 股权激励计划在报告期的实施情况

本公司股权激励计划实施情况详见第六章"员工持股计划及H股增值权激

励计划"一节。

4.10 关联方资金占用情况

就本公司所知,报告期内本公司不存在大股东及其关联方非经营性占用本公司资金的情况,也不存在通过不公允关联交易等方式变相占用本公司资金等问题。

4.11 审阅中期业绩

本公司外部审计师毕马威会计师事务所已对本公司按照国际会计准则和香港上市规则的披露要求编制的中期财务报告进行审阅,同时本公司董事会审计委员会已审阅并同意本公司截至2015年6月30日期间的业绩及财务报告。

4.12 发布中期报告

本公司按照国际会计准则和香港上市规则编制的中英文两种语言版本的中期报告,可在香港联交所网站和本公司网站查阅。在对中期报告的中英文版本理解上发生歧义时,以中文为准。

本公司按照中国会计准则和半年度报告编制规则编制的中文版本半年度报告,可在上海证券交易所网站和本公司网站查阅。

第五章 股份结构及股东基础

5.1 报告期内本公司股份变动情况(略)

5.2 前十名股东和前十名无限售条件股东(略)

5.3 香港法规下主要股东及其他人士于股份及相关股份拥有之权益及淡仓(略)

第六章 董事、监事、高级管理人员、员工和机构情况

6.1 董事、监事和高管人员情况(略)

6.2 聘任及离任人员情况(略)

6.3 董监事任职变更情况(略)

6.4 员工持股计划及H股增值权激励计划(略)

6.5 员工情况(略)

6.6 分支机构(略)

第七章 公司治理

7.1 公司治理情况综述(略)

7.2 股东大会召开情况(略)

7.3 董事会及其专门委员会会议召开情况(略)

7.4 监事会及其专门委员会会议召开情况(略)

7.5 董事、监事及有关雇员之证券交易(略)

7.6 内部控制(略)

7.7 遵守香港上市规则声明(略)

第八章 备查文件

8.1 载有本公司董事、高级管理人员签名的半年度报告正本

8.2 载有法定代表人、行长、财务负责人、财务机构负责人签名并盖章的财务报表

8.3 报告期内在中国证监会指定报纸上公开披露过的所有公司文件的正本及公告的原件

8.4 在香港联交所披露的中期报告

8.5 《招商银行股份有限公司章程》

第九章 财务报告(见附件)

附件(略)

评析:这份半年度财务报告结构比较完整,而且安排得当,重要的内容如会计数据和财务指标摘要、董事会报告、重要事项等均安排在前半部分,使读者能很快抓住报告的要领和核心内容。全文条理清楚、逻辑严密、格式规范、数据详尽。在语言的运用上,遣词造句严谨准确、简明扼要,凸显了财务报告的特点。

四、注意事项

企业在编制年度财务会计报告前,应当按照下列规定,全面清查资产、核实债务:

(1)结算款项,包括应收款项、应付款项、应交税金等是否存在,与债务、债权单位的相应债务、债权金额是否一致;

(2)原材料、在产品、自制半成品、库存商品等各项存货的实存数量与账面数量是否一致,是否有报废损失和积压物资等;

(3)各项投资是否存在,投资收益是否按照国家统一的会计制度规定进行确认和计量;

(4)房屋建筑物、机器设备、运输工具等各项固定资产的实存数量与账面数量是否一致;

(5)在建工程的实际发生额与账面记录是否一致;

(6)需要清查、核实的其他内容。

知识链接

分析年报时,采用比较法很重要,一般包括:

1. 本期的实际指标与前期的实际指标相比较

对比的方式有两种:一是确定增减变动数量;二是确定增减变动率。计算公式如下:

增减变动量=本期实际指标-前期实际指标

增减变动率(%)=(增减变动数量/前期实际指标)×100%

2. 本期的实际指标与预期目标相比较

这样可以考核公司经营者受托责任的完成情况。预期目标完成得好,则表明公司经

营者比较成功地把握了市场；还要与长远规划相比较，分析达到长远奋斗目标的可能性。但在进行这种对比时，必须检查计划目标本身的合理性和先进性，否则对比就失去了客观的依据。

3. 本期的实际指标与同类公司同类指标相比较。

这样可以清醒地认识到该上市公司在本行业中的地位，同时结合业绩情况进行分析。

一般而言，分析年报时，我们会注意到净值的大小。净值越大，表明公司的经营状况也就越好。同时还要注意到净值与固定资产的比率，净值大于固定资产，表明公司的财务安全性高。由于流动资产减去流动负债之后，余下的即为经营资金，这个数字越大，表明公司可支配的经营资金越多。还要注意负债与净值的关系，负债与净值之比在50%以下时，说明公司的经营状况尚好。

任务二十三　撰写新闻稿

学习目标
- 掌握新闻稿的概念
- 掌握新闻稿的特点和写法
- 能够正确地撰写新闻稿

一、情境导入

小王所在的公司要举行职工运动会，主管要求他写一篇新闻报道放到公司官网上作为活动宣传，那么，新闻稿到底该如何写作呢？

随着现代传媒手段的不断进步、传播渠道的日益丰富和世人交往的日渐频繁，人们渴望了解世界的愿望越来越迫切，社会对信息量的需求也越来越大。新闻作为传播信息、记录社会、反映时代的一种重要方式，其作用早已为社会所认识，也进一步为今天的社会所重视，因而学好报道新闻的新闻稿的写作，就有着特别的社会意义和实用价值。

二、知识梳理

（一）新闻、新闻稿的概念

从新闻学的角度来说，新闻有狭义和广义之分。狭义言之，新闻就是消息，就是新近或者正在发生的、对公众有知悉意义的事实的报道。就其广义而言，发表于报刊、广播、电视上的除了评论与专文外的常用文本都属于新闻之列，包括消息、通讯、特写、速写（有的将速写纳入特写之列）等。

从应用写作角度来说，新闻稿是记者、企业、政府、学校等个人和机构发送给传媒的、以公布有新闻价值的通信文稿。它通常以手稿、电子邮件、传真、书信等形式分发给网站、报社、杂志社、电台、电视台、通讯社等媒体。不少新闻稿是有关机构通过记者招待会等形式分发给传媒的消息。总之，新闻稿是新闻记者或其他个人和机构根据新闻题材撰写的稿件。

(二) 新闻稿的特点

（1）内容真实，事实准确。真实是新闻的生命。所谓真实，就是事实真实，所写的人物、时间、地点、事情发生发展的经过不能虚构；而准确，就是每个事实，包括细节在内的报道都要尽量做到确切无误。如果一条新闻失真或有误差，不仅会减低其新闻价值，失信于民，而且还会损害党和人民的事业。

（2）角度新颖，富有价值。新闻贵在新，而且要有认识意义、启迪和指导意义。新闻稿只有富于新鲜感，才能引起读者的注意。这里所说的新，不仅指要把新人物、新事件、新经验报道给读者，而且要选择有意义、有价值，能给人以启迪，有指导性和代表性的事物和角度进行如实描述。对于那种一味追求猎奇的做法，则是新闻稿应该坚决抵制的。

（3）迅速及时，讲求时效。迅速是新闻的价值体现，新闻报道速度迟缓便会降低新闻稿的价值，"新闻"变成了"旧闻"。新闻稿强调时效，就是强调其对新人、新事、新情况、新问题要进行及时而迅速的反映。

（4）简明扼要，短小精悍。简短是新闻稿，尤其是消息类新闻稿的基本要求，是新闻稿区别于其他文体的主要标志。所谓简明扼要，就是"三言两语，记清事实，寥寥数笔，显出精神，概括而不流于抽象，简短而不陷于疏漏"，用笔简洁利落，内容集中精练。当然，通讯类新闻稿比较特殊，长篇通讯篇幅较长，也是比较常见的新闻稿的写作方式。

三、范文评析

【例文一】
人民日报社论：让五四精神在新时代放射新的光芒——纪念五四运动100周年

百年岁月沧桑，百年风雨兼程，百年风华正茂。今天是五四运动100周年，我们致敬100年前那段激情燃烧的岁月，期许当代青年不辜负党的期望、人民期待、民族重托，不辜负我们这个伟大时代。

习近平总书记在纪念五四运动100周年大会上的重要讲话中，高度评价了五四运动的历史意义，明确提出了新时代发扬五四精神的重要要求，深情寄语当代青年，极大鼓舞了广大青年积极拥抱新时代、奋进新时代的坚定信心，对于我们在新时代发扬伟大五四精神，激励全党全国各族人民特别是新时代中国青年为全面建成小康社会、加快建设社会主义现代化国家、实现中华民族伟大复兴的中国梦而奋斗，具有十分重大的意义。

五四运动是中国近现代史上具有划时代意义的重大事件，五四精神是五四运动创造的宝贵精神财富。救亡图存，挽狂澜于既倒；思想启蒙，发历史之先声。爆发于民族危难之际的五四运动，是一场伟大爱国革命运动、伟大社会革命运动、伟大思想启蒙运动和新文化运动，孕育了爱国、进步、民主、科学的伟大五四精神，拉开了中国新民主主义革命的序幕，促进了马克思主义在中国的传播，推动了中国共产党的建立，在近代以来中华民族追求民族独立和发展进步的历史进程中具有里程碑意义。

从五四运动出发，马克思主义成为中国革命、建设、改革事业的指导思想，中国共产党担负起领导人民实现民族独立、人民解放和国家富强、人民幸福的历史重任，社会主义在中国落地生根并不断完善发展，中华民族迎来了从站起来、富起来到强起来的伟大飞跃。今天，站在中华民族5000多年文明史、中国人民近代以来170多年斗争史、中国共产党90多年奋斗史的长河中，回望五四运动以来实现中华民族伟大复兴的三大里程碑——建立中国共产党、成立中华人民共和国、推进改革开放和中国特色社会主义事业，我们尤其能感受五四运动对当代中国发展进步重大而深远的影响，尤其能理解五四精神对实现中华民族伟大复兴中国梦的重大意义。

青年兴则国家兴，青年强则国家强。五四运动以来的100年，是中国青年一代又一代接续奋斗、凯歌前行的100年，是中国青年用青春之我创造青春之中国、青春之民族的100年。在中国共产党领导下，一代又一代有志青年"以青春之我，创建青春之家庭，青春之国家，青春之民族，青春之人类，青春之地球，青春之宇宙"，汇聚起了中华民族穿越风雨、走向复兴的磅礴力量，谱写了一曲曲感天动地的青春乐章。历史深刻表明，青年是整个社会力量中最积极、最有生气的力量，国家的希望在青年，民族的未来在青年。正如习近平总书记所指出的："新时代中国青年运动的主题，新时代中国青年运动的方向，新时代中国青年的使命，就是坚持中国共产党领导，同人民一道，为实现'两个一百年'奋斗目标、实现中华民族伟大复兴的中国梦而奋斗。"广大青年要继续发扬五四精神，把树立远大理想和脚踏实地统一起来，把个人理想融入民族复兴伟大理想和中国特色社会主义思想，担负起时代赋予的光荣使命，奏响新时代的青春之歌。

在五四精神激励下，当代青年要激扬家国情怀，与祖国共奋进。爱国主义是五四精神的核心，是我们民族精神的核心，是中华民族团结奋斗、自强不息的精神纽带。历史充分证明，爱国主义始终围绕着实现民族富强、人民幸福而发展，最终汇流于中国特色社会主义；祖国的命运和党的命运、社会主义的命运密不可分。正如习近平总书记所强调的："当代中国，爱国主义的本质就是坚持爱国和爱党、爱社会主义高度统一。"实现"两个一百年"奋斗目标、实现中华民族伟大复兴的中国梦，是当今中国最鲜明的时代主题。广大青年要树立与这个时代主题同心同向的理想信念，坚定"四个自信"，厚植爱国主义情怀，把爱国情、强国志、报国行自觉融入实现伟大梦想的奋斗之中，努力成为社会主义建设者和接班人，努力成为担当民族复兴大任的时代新人。

在五四精神激励下，当代青年要坚持知行合一，同人民齐奋斗。同人民一起奋斗，青春才能亮丽；同人民一起前进，青春才能昂扬；同人民一起梦想，青春才能无悔。习近平总书记强调："当代中国青年要有所作为，就必须投身人民的伟大奋斗。"今天，新时代中国青年处在中华民族发展的最好时期，既面临着难得的建功立业的人生际遇,也面临着"天将降大任于斯人"的时代使命。广大青年只有把自己的小我融入祖国的大我、人民的大我之中,与时代同步伐、与人民共命运,才能更好实现人生价值、升华人生境界,在祖国的万里长空放飞青春梦想。

百年风云变幻,不变的是精神;百年沧海桑田,不老的是青春。今天,对五四运动最好的纪念,就是让五四精神在新时代放射新的光芒。让我们紧密团结在以习近平同志为核心的党中央周围,释放青春激情、追逐青春理想,拥抱新时代、奋进新时代,以青春之我、奋斗之我,为民族复兴铺路架桥,为祖国建设添砖加瓦,让青春在为祖国、为人民、为民族、为人类的奉献中焕发出更加绚丽的光彩!

评析: 这是一篇社论,标题由主题+辅题构成。标题观点鲜明,并标明了写作契机和写作缘由。观点建立在广大青年要继续发扬五四精神,把树立远大理想和脚踏实地统一起来,把个人理想融入民族复兴伟大理想和中国特色社会主义思想,担负起时代赋予的光荣使命的基础上,以"致敬100年前那段激情燃烧的岁月"为开头,奠定了社论的立意,全面阐述"青年兴则国家兴,青年强则国家强"的观点,围绕着"新时代发扬伟大五四精神"的主题,开展深刻全面的论述。

党的报刊社论作为媒体代表同级党委政府发言的舆论工具,是反映舆论、组织舆论和引发舆论的重要文体。通过鲜明的观点、有力的论据和逻辑的论证等的有机组合,在社会上形成一股引导正义和正气的力量,或驳斥错误的观点、不当的做法与歪风邪气,推动社会和谐发展。

【例文二】

"嫦娥四号"总师走进高校思政课堂 畅谈探索星空的爱国故事

新华网南京4月12日电(庞雪汀)4月11日,"爱国奋斗·南航担当"嫦娥四号研制团队校友思政公开课在南京航空航天大学开讲,嫦娥系列探测器及火星探测器总指挥总设计师顾问、南航航天学院院长叶培建院士,嫦娥四号探测器、火星探测器总设计师、南航1988级校友孙泽洲,以及2002级校友何秋鹏、2004级校友回到母校,化身"思政教师"筑坛开讲,与母校师生畅谈他们探索星空的爱国故事和时代担当。

"能来母校汇报,我感到很高兴,也很荣幸。"孙泽洲在台上激动地说。接着,他为台下1 700余名师生带来《人类首次月球背面之旅——嫦娥四号探测任务》。孙泽洲从任务概述、科学意义、取得成果等方面进行了授课。月球背面着陆到底难在哪儿呢?我们为什么要登陆月背?孙泽洲都做了深入剖析讲解。

团队攻坚和心态精神是面对挑战难题时必不可少的两个方面,孙泽洲谈到,大力协同是航天人一个很好的精神,正是这种精神,大家都能有一个共同的认识,围绕着一个目标去解决问题。"作为一个总师,有时候需要举轻若重,一个事情我一定要重视它。但有时遇到困难也要举重若轻,表现出一个良好的心态,也是对团队的激励。"孙泽洲说。

孙泽洲还为课堂准备了几个由"嫦娥四号"着陆器、巡视器拍摄的小视频。

"我们并不是简单重复国外的经验,我们有自己的特点和技术,有自己的创新,所有的过程都是通过实干来实现的。这背后的艰辛、付出和成功,都属于整个团队。"孙泽洲总结道。

现场对话环节,校友们结合未来探月工程和深空探测的规划,以及"嫦娥四号"背后的故事娓娓道来。在南航马克思主义学院党总支书记徐川的主持下,四位嘉宾与南航师生进行了一次难得的"零距离"对话。

叶培建给在场师生介绍了中国航天的宏伟规划:"我们还要到火星取样返回,还要对木星进行探测,对木星探测同时,还将穿越器向太阳边际飞行。中国的航天强国梦,将为中国的伟大复兴做出贡献!"

在叶培建描绘的航天蓝图背后,是几代航天人的初心与坚守。孙泽洲分享了嫦娥四号研制背后的心血和努力,他坦言:"认识一个新的事物就是试错的过程,但航天事业却不会给你很多机会去试错。"在研制嫦娥四号的过程中,除了对中继方案的反复尝试,团队还面临信号品质的问题。历经多个环节寻找原因,二三十人没日没夜奋斗一个礼拜,才使问题得到有效解决。

何秋鹏和高珊两位校友也回忆起了在母校南航的青春岁月,从南航入学,考研,再到毕业进入工作,两人始终坚持初心。2003年杨利伟乘坐"神舟五号"进入太空,这对何秋鹏的触动特别大,也让他坚定了航天梦想。"一开始其实也没有想过,航天会跟自己生活发生这么多交集。"高珊说,"在'嫦娥'团队工作之后,我感觉到航天确实是一个值得为之奋斗的事业。"

"仰望星空,脚踏实地。"孙泽洲与在场师生共勉。四位校友纷纷向青年们给出寄语,希望青年人将航天精神,南航担当代代传承,助力航空航天事业,为祖国发展作出贡献。

(资料来源:http://www.js.xinhuanet.com/2019-04/12/c_1124359141.htm,2019年4月12日)

评析:这是一篇活动报道,标题为单行标题,突出了活动事件的主题。导语叙述了事件主题和发生的具体时间、地点以及相关人物介绍。以"嫦娥四号研制团队校友思政公开课"这个事件为切入点,主体部分概括了主要人物的发言内容,并简单描述了活动现场的概况。结尾以"仰望星空,脚踏实地"寄语青年人将航天精神代代传承,助力航空航天事业,为祖国发展作出贡献。语言简洁,结构清晰,主题鲜明。

【例文三】

折翼海天,用生命为航母事业铺路

4.4秒,生死一瞬,他毅然选择"推杆"挽救飞机,放弃了第一时间跳伞。2016年4月27日,海军歼-15舰载机飞行员张超因飞机机械故障,在陆基模拟着舰训练中壮烈牺牲。没有留下豪言壮语,只有拼尽全力的执着,他最终倒在离梦想咫尺之遥的地方——只剩下最后7个飞行架次,他就能飞"上"航母辽宁舰。这一天,年仅29岁的他,来不及给年迈的父母、亲爱的妻子、2岁的女儿留下一句话,便匆匆走了。

"他是我选来的,也是我送走的,他是个天生的优秀飞行员。"海军某舰载航空兵部队部队长戴明盟动情地说。张超,海军少校,一级飞行员,飞过8个机型。他驾驶歼-8巡逻西沙,驾驶歼-11B在南海战备值班。从陆基转为舰基,他的飞行技能有口皆碑。着舰指挥官王亮说:"他最后一个飞行架次表现依旧出色,面对特情,他的处置冷静而准确。"

国之利器,以命铸之。舰载机上舰飞行,被喻为"刀尖上的舞蹈",是航母形成战斗力的关键。为国担当,他到舰载航空兵部队报到时与妻子张亚约定:"未来一年别来探亲,等我驾战机从航母上凯旋,再与你相聚!"凭着拼命三郎的劲头,张超和战友克服前所未有的风险和挑战,在一年之内完成歼教-9、歼-15两型战机改装。"他用自身的实践,为海军舰载战斗机飞行员快速成长探索出了一条路。"海军某舰载航空兵部队参谋长张叶说。

"无论何时,他的脸上都挂着灿烂的微笑。"这是张超留给战友最深刻的记忆。篮球场上,满场飞奔、笑声爽朗的是他;饭桌上,讲笑话逗大家乐的是他;训练中,面对风险笑容依旧的是他。最后一次飞行,他还是微笑着登上战机……张超走了,战友们才意识到:这微笑的背后,是如山的坚强。海军某舰载航空兵部队政委赵云峰说:"他用自己的牺牲换来战友们的飞行安全,用年轻的生命为航母事业铺路。"

暴雨如泣,英雄回家。他的老师不愿相信"那个品质淳朴、学习认真的阳光男孩"就这样走了;他的同学不愿相信"那个英俊帅气、有情有义的哥们"就这样走了。妻子张亚喃喃道:"超,醒一醒,你给我买的新裙子,我还没穿给你看呢。"女儿的哭声,让送行的人们泪流满面,却没能唤醒"睡着了的爸爸"。看完飞行事故视频,老父亲抹干眼泪:"崽,你尽力了,跟爸回家吧。"

评析: 在第27届中国新闻奖的评选中,刊登在《解放军报》2016年8月1日要闻版上的《折翼海天,用生命为航母事业铺路》一文,荣获文字消息一等奖。这篇消息用平凡人的视角,刻画了海军歼-15舰载机飞行员张超烈士,用生命为航母事业铺路的英雄壮举。

从新闻采写上来看,它妙用引语,使新闻的价值倍增。如文中写道:"'他是我选来的,也是我送走的,他是个天生的优秀飞行员。'海军某舰载航空兵部队部队长戴明盟动情地说。""为国担当,他到舰载航空兵部队报到时与妻子张亚约定:'未来一年别来探亲,等我驾战机从航母上凯旋,再与你相聚!'"还有文中在结尾处写的英雄的妻子、女儿、父亲说的话。全文907个字,引语就占了240个字,占全文篇幅的近三分之一。文中的引语使报道真实、客观、可信,从而使报道更加具有可读性和感染力。

另外,这篇消息在运用细节上是很成功的。它以一种近乎白描的手法,既聚焦时代近景,写出了英雄的音容笑貌,又放大时代景深,写出了英雄用生命为航母事业铺路的悲怆。如文中写的:"4.4秒,生死一瞬,他毅然选择'推杆'挽救飞机,放弃了第一时间跳伞。"消息结尾更是抓住英雄骨灰回家的诸多现场细节,读起来催人泪下。那个"国为重、己为轻"

的英雄形象使人心灵受到震撼,思想受到洗礼,并久久留驻心间。

四、写作实训

1. 近日,××大学第×届校园文化节圆满落幕,本次文化节在一个月的时间里,先后开展了多项丰富多彩的活动,包括太极表演、红歌大赛、汉服文化展览、陶艺手工集市、民族音乐会、文化讲座、演讲比赛等,请你根据上述信息,写一篇500字左右的新闻报道。

2. 阅读下面这则消息,根据内容,拟写一个双行标题。主标题揭示主要新闻事实,副标题补充说明新闻事实。字数限定在25字以内。

  本报讯(记者林靖) 2011年元旦假期将至,30多名北京铁路警方反扒民警被召集起来,参加为期10天的反扒集中培训班,以便在即将来临的春运中抓获更多扒手。

  反扒培训班从前天开始,到2011年1月9日结束,北京铁路警方刑警支队特邀市局公交总队的两名反扒专家前来授课。除了讲理论,公交反扒专家还与铁路反扒民警在火车站实地演练,这也使得火车站扒手们"厄运"连连,开班当天,他们就在北京西站现场抓获两名扒手。

  30日中午13点,在北京西站二楼中央进站口,反扒民警们发现目标人物。"看,那边两个男的一前一后,把提着包的男旅客夹在中间,肯定是掏后兜,这跟公交车挤车门的手法一样。"公交总队的反扒专家压低声音对身边的铁路民警说。几名便衣铁警悄悄跟了上去。

  当后面那个男子将手伸进旅客后裤兜时,铁警闪电般冲上前,将两名窃贼抓住,当场查获他们刚偷的508元钱和一张火车票。

  记者了解到,截至今天上午,专项反扒培训班已破获被盗案件5起,抓获扒手5名。

(资料来源:《北京晚报》2010年12月31日第11版警法新闻)

知识链接

让新闻作品更有"时代温度"

  有个问题问得好:什么才是媒体人所需?众人的眼球么?看客的嘘唏么?世界的哗然么?答案是否定的。从《饥饿的苏丹》到韩国KBS电视台直播男子跳江,再到记者"进入太平间拍摄"歌手遗体,这些新闻作品传播广泛,却无一不受质疑。就是因为,它们缺乏人性的光辉,没有新闻的温度。融化内心的坚冰,弥合社会的裂痕,鼓荡人们的雄心,唤醒沉睡的良知,书写时代的坚强与自信,最终加速实现中国梦,这才是媒体人共同努力的方向。

  外交官吴建民曾说,民主革命时期,我们党写的东西"看了要掉脑袋",但热血青年是"掉脑袋也要看",体现了对人民的感召力。20世纪50年代,魏巍的《谁是最可爱的人》,被周恩来称赞为"感动了千百万读者,鼓舞了前方的战士";后来,穆青一篇《县委书记的榜样——焦裕禄》,在亿万人民心里播撒了党的好干部"绿我涓滴,会它千顷澄碧"的精神种子;改革开放初期,徐迟的《哥德巴赫猜想》唤起一代代年轻人投身科学、报效祖国的青春激情……经典的作品穿过时光的隙缝,依然震撼着人们的心灵。

面对媒体格局和舆论生态的深刻变化,今天的新闻人遭遇着前辈们不曾遇到的挑战。在"你有登场权利,我有围观自由"的时代,如何凝聚共识、筑牢底线?在观点交流交融交锋的时代,能否在激流中坚守核心价值观?面对新媒体的冲击,如何适应分众化、差异化趋势?勘破这些新时代传媒棋局,新闻作品才能传递时代的温度,呈现人文的高度。需要强调的是,这样的作品绝不是盲目赞扬或一味抱怨,不能门缝里看成绩、放大镜下看问题,它要求媒体人,在市场竞争中不能为了抢收视率而偏离了主流价值,在灾难中不能为了抢现场而耽误了救援工作,在司法审判中不能凭一己好恶而行媒体干预。否则,当手段成为目的,就会忘记自己为何出发。

如果说社会责任是传播有"温度"新闻的基础,主流价值是呈现有"温度"新闻的方向,那么百姓视角就是传递有"温度"新闻的路径。尽管现在能够"千里边关一日还",但若抱着走马观花的心态,迈得进群众的门槛,却走不进群众的心坎。只有深入乡村,聆听留守儿童的思念,伴着空巢老人的孤灯,才能理解消弭城乡二元差距的紧迫;只有跑遍城市角落,倾听"房奴""蚁族"的心声,才能读懂群众对"获得感"的期盼……对于新闻人而言,在路上心里才有时代,在基层心里才有群众,在现场心里才有感动,腿上的泥土、身上的灰尘正是声入心通的"通行证",正是推动进步的"积分卡"。

习近平总书记强调,新闻舆论工作者要转作风改文风,俯下身、沉下心,察实情、说实话、动真情,努力推出有思想、有温度、有品质的作品。让新闻作品更有"时代温度",是新闻人"职责使命论"的生动注解。牢记48字职责使命,与时俱进,不忘初心,我们的作品就不会辜负读者,不会辜负时代。

(资料来源:《人民日报》2016年02月25日05版)

模块四

党政机关公文

任务二十四 | 撰写请示

学习目标
- 掌握请示的概念和特点
- 掌握请示的结构和写法
- 能够根据要求撰写规范的请示

一、情境导入

××职业技术学院扩招,学生人数大幅增加,现有学生宿舍已经无法满足学生住宿的需要,预计9月份新生入校后,将有1000余人无法安排在本校住宿。为了解决这一问题,学校向上级主管部门申请划拨学校旁边一块荒地新建一栋学生宿舍楼。

职业技术学院和上级主管部门属于不同的机构,划拨土地、新建楼房都属于重大事项,因此我们应当采用请示向上级进行申报。

二、知识梳理

(一)请示的概念

请示是用于向上级机关请求指示、批准的一种上行公文。

使用请示一般有以下几种情况:

(1)涉及方针、政策界限等方面的重大问题,请求上级给予明确具体的解释;

(2)在工作中遇到疑难问题,请求上级给予指示;

(3)工作中遇到新情况,需要上级支持;

(4)本单位意见分歧,需上级做出裁决;

(5)超出本机关职权处理范围的一切事项,如机构设置、人员编制、重大奖惩、财政支出、资产购置等;

(6)因情况特殊,难以执行上级的统一规定,需要灵活变通处理的问题;

(7)其他按上级规定应当请示的问题。

(二) 请示的特点

1. 请求性

这一特性是"请示"的使用范围决定的。只要本机关、本部门权限范围内无法决定的重大事项,以及在实际操作中遇到的新问题、新情况而又没有明确依据可循的时候,本单位、本部门都可用"请示"行文,请求上级机关就有关问题给予指示、决断或答复、批准。这种祈请上级机关的特性,就是请求性。

2. 求复性

请示是针对具体问题或具体事项而写的上行文。它不仅仅向上级反映问题,而且还需要上级就相关问题的处理意见给予答复。因此,上级机关对呈报的请示事项,无论同意与否,都必须给予明确的"批复"回文。

3. 单一性

请示的单一性主要表现为:①请示内容上的单一性,即一文一事。②主送单位的单一性。请示一般只写一个主送机关,即使需要同时报送其他机关,也只能用抄送形式。

4. 时效性

请示必须事前行文,等待上级批复后才能付诸行动。如果在事情得到解决后行文,则没有任何意义。

(三) 请示的分类

根据内容和写作意图的不同,请示可分为三类:

(1) 请求指示的请示。这类请示多涉及政策上、认识上的问题,即多是无章可循,不理解、不明确的事,或想变通处理的事,需上级给予明确的指示。

(2) 请求批准的请示。这类请示主要用于下级机关针对某些具体事宜向上级机关请求批准的事项,即本单位对此工作已经有初步想法和工作思路,但这个工作落实超出了本单位职权,因此需要上级批准才能执行。

(3) 请求帮助的请示。当下级机关遇到自身无法解决的问题,如人力、财力、机构等方面的实际困难和具体问题,需要上级给予帮助。

(四) 请示的结构和写法

请示一般由标题、主送机关、正文、发文机关、日期五部分组成。

1. 标题

请示标题必须规范化。标题首先要标明"请示"这个文种,同时要用请示的"事由"去限制,说明是关于什么问题的请示。例如《××单位要求增拨技术改造资金的请示》,这个标题就目标集中,规范明确。

2. 主送机关

请示的主送机关要明确,只能写一个主送机关,且多根据机关的隶属关系和职权范围来确定。受双重领导的要向直接领导机关请示,不要齐头报送,以免造成误会:或双方都不批,贻误工作;或双方都批而意见不一,难以执行。有些明知直接上级机关无权决定,而须由更高一层领导机关解决的问题,也应逐级上报,不能越级请示。

3. 正文

请示的正文包括事由、事项、结语三个部分。

(1) 事由。请示的事由需要写在正文的开头,主要内容是提出请示的原因、背景和依据。这部分的写作内容需反映出请示事项的必要性,对背景的分析需透彻,理由需充分,依据应科学、合理。另外,用语也应以简洁明确为要。

(2) 事项。请示事项部分是全文的核心。请示事项的写作需做到对情况的描述全面具体,对问题的表达切实客观,对问题的解决手段和方法应提供可行性较强的方案。下级机关在考虑解决方案时,可在请示中提供多个方案供上级从大局出发择优而取。如果请示的事项比较复杂,则需要分清主次来写,有必要的话可以分自然段写。如果请示内容简单,则可以不分段。

(3) 结语。请示中常用的结语有"以上请示,请批复""以上意见是否妥当,请批示""妥否,请指示""特此请示,请批复(请审批、请核批)"。不同类型的请示应恰当地选用不同的结语。

三、范文评析

【例文一】

××生态有限公司关于建立花卉技术创业园的请示

区政府:

我区属于亚热带季风性气候,气温特点是"冬无严寒,夏无酷暑,水热同季,无霜期长,雨量充沛",平均气温15℃,最高气温29℃,适宜多种植物生长。目前,我区有观赏植物126种,野菜50种,野花34种,但缺少人工培养花卉。根据我区"十四五"规划的总体部署和"十四五"期间市科委关于大力开展花卉技术的规划,我公司拟在本区温泉度假村西侧建立花卉技术创业园,报注册资金2 000万元,公司实行董事会领导下的总公司负责制。

以上请示妥否,请予批准。

××生态有限公司
2023年1月20日

评析:这是一份请求批准的请示,申请部门拟设立子公司,请求区政府批准。请示基于对区域自然环境和区域政策的了解,辅以数据说明,有理有据,提出明确申请事项,也提出了详细方案,为上级部门提供翔实的决策依据。

【例文二】

关于分配 2016 年度市级农村文化建设
专项资金的请示

××市政府：

　　为了更好地扶持全市农村文化建设事业发展，进一步推进农村公共文化服务体系建设，加快预算执行进度，经县区评选上报、专家评审等程序，现对年初预算安排的 2016 年度市级农村文化建设专项资金 240 万元进行分配。具体分配方案见附件。

　　妥否，请批示。

　　附件：2016 年市级农村文化建设专项资金分配方案（略）

××市财政局
2023 年 1 月 20 日

评析：这是一份请求指示的请示，首先提出建设资金分配的依据，之后请求上级指示，而不是请求上级批准，所以文末结束语是"请批示"，而不是"请批准"。

【例文三】

××单位关于增拨技术改造资金的请示

××主管局：

　　正当我单位技术改造处于关键阶段，资金告罄。前次所拨资金原本缺口较大，加之改造过程中出现了新的技术难题，需增新设备，以致资金使用超出预算。由于该项技术是我局所属大部分企业所用的核心技术，如改造不能按期完成，势必拖延全局技术更新的进程，进而影响各单位实现全年预定生产指标和利润。目前，我单位全体技术人员已充分认识到市场经济的机遇和挑战，正齐心协力，刻苦攻关。缺口资金如能及时到位，我们保证该项技术改造按期完成。现请求增拨技术改造资金××万元。

　　妥否，请批示。

　　附件：××单位技术改造资金预算表（略）

北京××××××有限公司（盖章）
2017 年×月×日

评析：这是一篇请求帮助的请示。该请示的理由充分，情况、事实非常清楚，在实事求是概述事实的基础上很自然地提出请求事项，能使上级机关明确该请求事项的必要性和急迫性，因而是一份写得比较好的请示范文。

四、注意事项

　　请示是非常重要的一个公文文种，使用频率高，其写作更直接关系到发文者行文目的是否达到、发文愿望是否得到满足等现实问题。对写好请示，我们有必要了解并力避以下诸多写作禁忌点：

(1) 事前不请示,"边斩边奏"或"先斩后奏"。请示的最大特点就是"请求性",即针对工作中出现的"新"与"难"的问题而请示上级,希望得到上级的支持帮助,使问题得以解决。同时,"请示"这一文种的设置,还包含有请批手续的意思,即上级制定相关的规章制度,使下级于工作中有章可循,必须按章请示,否则就是违规违章。因此,事前不请示或"边斩边奏"或"先斩后奏"都是不允许的。

(2) 行文标题有误。实际运用中,请示的标题很易写错,错误的类型大致有三种:

① "请示报告"式。例如"××关于固定资产折旧出售的请示报告",就是误将"请示"写成"请示报告",是文种使用上的一种混乱,应把"报告"去掉。

② "申请(请款)报告"式。例如"××局关于更新锅炉设备的请款报告""××市财政局关于申请追加广播事业费预算指标的报告"。这两例都把"请示"写成了"报告",尽管貌似以"申请""请款"替代为"请示",但落脚点还是在"报告"上,没能很好地表达"请求指示和批准"的内涵。应分别把"请款""申请"去掉,把"报告"改为"请示"。

③ "申请……请示"式。例如"××教育局关于申请追加教育经费的请示",就是对概念做了无意义的限制,用"申请"限制"请示",重复多余,应把"申请"去掉。

以上三种类型的错误,具有一定的普遍性,尤其是一些基层单位写的请示,这类错误更多,应引起重视。

(3) 多头主送、越级主送或主送领导个人。公文行文规则规定:请示只报一个上级机关,抄送有关机关(不含下级机关),不得多头上报,不得越级上报,不得主送领导个人。多头主送、越级主送或主送领导个人,是请示行文中易犯的错误。这种行文上的错误体现在写作上,将直接导致公文主送机关的误标。主送机关写得不正确,犹如南辕北辙,接到这种请示的有关上级要么彼此推诿,互相扯皮,造成"公文旅行";要么束之高阁,不理不睬;要么将请示打回让发文单位重写。不管是哪种结果,都会影响工作。

(4) 请示缘由不充分。请示是一种"说服"的艺术,凡请示总是希望得到上级的批准、同意或指示。亚里士多德说过:"蠢人用他知道的道理说服我,智者用我知道的道理说服我。"同样道理,拟写请示的缘由时也不能只从本机关、本单位的立场出发去考虑问题,还应该用换位思考的方式来陈述理由,即善于站在上级机关和首长的角度,从全局出发来考虑问题,争取用上级的道理说服上级,以求得到预期的答复。

具体说来,可从四个方面着手:一要写出客观需要,使上级机关感到请示事项有尽快解决的必要性;二要写出已具备的一定条件,使上级感到请示事项有解决的可能性;三要写出亟待解决的问题的程度,使上级机关有尽快解决请示问题的紧迫感;四要写出恳切的语气,使上级机关能够同意而尽快批复。

(5) 事项不明确、不正确、不具体。请示事项回答的是"请示什么"的问题,如果表述不明确、不具体,要么使上级机关不知所云、无法批复,要么不能引起上级机关的重视,耽误工作。

(6) 多事一请示。请示要一事一请示、一文一事,不要把多个事项都列入一个请示当中,否则,就会由于诸多请示事项难易不一、性质不同、多头管理而互相牵扯,影响上级快速及时批复。

（7）结语缺失或结语不当。请示结语在请示写作中并不是可有可无的，其作用是在陈述请示缘由、表明请示事项的基础上，更进一步地强调请求的目的，敦请上级指示或批准。谦和恳切的请示结语有助于强化请示的语体特色，同时也能使上级乐于尽快批复。

另外，请求拨款的应附预算表；请求批准规章制度的，应附规章制度的内容；请示处理问题的，本单位应先明确表态；正式印发请示送上级机关时，应在文头注明签发人姓名；等等。这些也是请示写作中应该注意的事项。

五、写作实训

（一）病文修改

关于要求解决教职工宿舍等问题的请示

市人民政府、市教育局：

　　我校今年由于住校教职工急剧增加，已有的职工宿舍已无法容纳，现在住校教师基本上是一个房间三个人睡，严重影响教师工作。为解决这一困难，我校决定再建一栋职工宿舍楼。另外，我校体育馆也不符合《普通高等学校体育馆设施、器材配备目录》的要求标准，望上级部门给予适当支持。

　　特此请示，请回复。

××省二职
2013 年 12 月 15 日

（二）写作训练

××职业学校要在暑期修缮教学大楼，经费缺口较大。请你代××职业学校向市教委要求增拨房屋修缮经费 35 万元。

知识链接

请示与报告的区别

请示和报告都是上行公文，常常被混淆使用，但实际上是有明显区别的两类文种。

一是行文目的不同、用途不同，这是两类文种最基本的区别。请示旨在请求上级批准指示，需要上级审批，重在呈请；报告是向上级汇报工作、反映情况，提出意见或建议，答复上级询问，一般不需上级答复，重在呈报。

二是呈送时间不同。请示需要事前行文，不能"先斩后奏"；报告一般在事后或者工作进行过程中行文。这正如平常工作中所说的"事前要请示，事后要报告"。

三是主送机关不同。请示一般只主送一个直接上级机关。不宜多头、多级主送，以免因责任不明造成互相推诿从而影响办事效率和质量。即使是受双重领导的机关、单位上报请示，也应根据内容分别写明主送、抄送机关，以根据主次分清承办责任，由主送机关负责答复请示的问题。而报告有时可多级多头主送,如情况紧急、需要上级领导机关尽快知道的灾情、疫情等等。

四是受文机关处理方式不同。请示属承办件,受文机关必须及时处理,明确作答,限期批复;报告多属阅知件,除需批转的建议报告外,受文机关对其他报告都不可作答复。如果把请示误写为报告,就可能因不同处理方式而误时误事。

五是涉及内容不同。请示用于向上级机关请求批准、指示,凡是下级机关、单位无权处理、无力解决以及按规定应经上级机关批准认定的问题,均可写为请示。由此可将请示分为请求指示的请示、请求批准的请示和请求批转的请示等三类,其中第一类多涉及法规政策上、认识上的问题,第二类多涉及人事、财务、机构等方面的具体事项。而报告按其内容可分为向上级汇报工作的工作报告,反映情况的情况报告,提出意见建议的建议报告,答复上级询问的答复报告,报送文件、材料或物品的报送报告。

六是写作重点不同。请示和报告虽然都要陈述、汇报情况,但报告的重点在汇报工作情况,报告中不能夹带请示事项;而请示中陈述情况只是作为请示原因,反映情况所占篇幅再大,其重点仍在请示事项。

七是文面结构形式不同。请示多采用篇段合一式、三段式或总分条文式结构,篇幅一般较短。报告常用总分条文式、分部式或贯通式(多段式)结构,篇幅一般较长。

正因为有上述区别,绝不能把请示误用为报告,也不能写为请示报告。

任务二十五 撰写通知

学习目标
◆ 掌握通知的概念和分类。
◆ 掌握通知的结构特点和格式要求。
◆ 能够根据有关要求撰写规范的通知。

一、情境导入

为了增强公司凝聚力,塑造企业文化,公司决定要在近期举办"十一"庆国庆合唱比赛。小李是××公司的宣传专员,领导让他为此次活动起草一则通知,要求公司各个部门和机构响应号召,积极参与本次活动。

那么,通知到底该如何写作呢?

二、知识梳理

(一) 通知的概念

通知是需要有关单位周知或者执行的事项的公文,是在批转下级机关的来文,转发上级机关和不相隶属机关的来文,要求下级机关办理事项,或者知晓情况,以及任免人员时使用的一种公文。

(二) 通知的分类

1. 发布性通知
发布性通知适用于上级机关发布一般行政法规、条例、办法等文件。
2. 指示性通知
上级或职能机关对下级或平行机关的某项工作有所指示或规范,要求办理或执行,而根据公文内容又不适于用命令或指示时,用指示性通知。

3. 批示性通知

批转下级机关的公文,或转发上级机关、平行机关和不相隶属机关的公文,用批示性通知。

4. 人事任免通知

上级机关在任免下级机关的领导干部或上级机关的有关任免事项需要下级机关、相关机关周知时,用人事任免通知。

5. 事务性通知

上级或职能机关需要下级或相关机关周知或办理有关事项时,适用事务性通知,如启用印章、成立以及调整或撤销某个机构、催报材料或报表、变更作息时间等。

(三) 通知的特点

1. 使用范围的广泛性

由于通知承载着很多不同的功能,所以它在党政机关中广泛使用。通知一般情况下为上级机关对下级机关或有关单位发文,它的使用范围很广,上到传达中央重要指示、精神、方针政策,下到反映基层单位的日常事务等,都可以用通知行文。

2. 写作方法的灵活性

通知的写作灵活自由,形式上多种多样,篇幅也可长可短,长可数千言,短则三言两语,如一些发表上级重要指示的通知,可以是长篇,而一些转发性质的通知,通常只有一两句话;在写作内容上,通知没有固定的模式,有的写一件事,有的则涉及几个问题;在语言表达上,通知语气平缓,不拘一格,比较灵活。

3. 受文对象的确指性

通知多是针对具体单位或人员发文,且一般为下级机关或有关人员,因此受文对象确指性较强。

4. 发文功能的指导性

作为一种晓谕性的公文,多数通知都有着或多或少的、或直接或间接的指导作用,体现着上级机关的意志,有的通知还直接写明要求下级机关办理事务的原则及方法等,因而它带有一定的约束力。

5. 发文效果的时效性

通知是一种时效性很强的文体,其所列事项一般都要求及时办理,不容拖延,尤其是一些重要的会议通知、干部任免通知等,只在一定时间内有效,如果不及时办理,就会出现重大失误。

(四) 通知的结构与写法

通知主要由标题、正文组成,但由于其写法和使用灵活,所以各种类型的通知写法也不尽相同。下面介绍各类通知这两部分的写作方法:

1. 标题。

通知的标题有完全式和省略式两种情况,完全式标题是指标题当中包含公文标题的三要素,而省略式标题则根据需要省略除文种"通知"外的一项或两项要素。具体说来,通知标题通常有四种形式:

(1) 完全式标题,由发文机关、事由和文种三部分组成,如《××市教育局关于加强中小学生思想道德教育的通知》。

(2) 省略发文机关,由事由和文种组成,如《关于清明节放假的通知》,这个标题便省略了发文机关。一般说来,省略发文机关有两种情况:一是标题太长,二是发文机关众所周知,非常明显。但有的时候,发文机关是不能省略的,那就是两个以上单位联合发通知,这时必须写明联合发文的所有机关。

(3) 发文机关和事由全部省略,只写文种《通知》。这样的通知一般使用范围很小,常见于基层单位所发的事务性的通知或一般性会议通知。

(4) 省略标题中冗长多余的"关于""通知"等词语。通知的标题应简洁明了,但在一些转批、转发类的通知中,由于所转的通知里面已经含有"关于""通知"等词语,如果这时再按照正常的标题结构去写,势必出现标题超长,且内容重复、啰唆的情况。如:《××县人民政府关于转发〈××市人民政府关于转发《××省人民政府关于转发〈农业部关于加强农田水利建设的通知〉的通知》的通知〉的通知》,这个标题涉及的机关有四个,结构也有四层,如果完全保留各种信息的话,不仅内容很长,且读起来也非常别扭,让人不好理解。这时,可以省去多余的"关于""通知",只保留末次发文机关和始发文机关就可以。据此,上面的标题可以改为《××县人民政府转发〈农业部关于加强农田水利建设的通知〉的通知》,这样就使标题简洁、清楚了。

需要补充说明的是,批转、转发类的通知,需要在标题中加"批转""转发"等字样;特殊情况下的通知还应在标题中"通知"的前面加修饰语,以示强调。如果通知的事项很重要、很紧急,则要标明"重要通知""紧急通知"。如果是几个单位联合发文,则写为"联合通知"。如果是对前发文有所补充,则写为"补充通知"。

2. 正文。

通知的正文主体主要包括缘由、事项、要求三部分,其中事项部分是重点。这三部分可用"三么"来概括,即"为什么做""做什么""怎么做",具体写法也因通知种类不同而变化。

(1) 指示性通知

正文一般由缘由、事项和执行要求三部分组成。

① 缘由。这部分主要是阐述下达该通知的背景、原因、意义等,要求概括准确、简洁明了、理由充分。一般写完缘由后还要用"特作如下通知""特通知如下"等承接语加以过渡,引出通知事项,使行文流畅。

② 事项。这部分要详细交代要求受文对象办理的事务及具体的实施步骤、方法等。

③ 执行要求。这是通知正文的结尾,要有很强的针对性,且要做到简洁有力。一般

常用的结尾有"以上事项,请认真贯彻执行""望结合当地实际情况抓紧贯彻落实"等;也有的进一步提出"执行中有什么问题和经验,请及时反馈"或"请将贯彻执行情况于×月×日上报"等具体要求。

（2）发布性、转发性、批转性通知

这类通知一般都有附件,即批转或转发、印发的文件或材料。在此类通知中,附件与正文共同构成通知的整体,不可分割。当批转或转发公文的时候,实际已经表明了发文机关对所批转或转发公文的认同或推荐,因此二者是一体的,都是发文机关意志的体现。

发布性、转发性、批转性通知的正文,一般包括发文的缘由、对附件的评价(即批语)、有关意见和要求等内容。这三类通知标题当中一般有"印发""转发""批转"等字样,篇幅短小。

（3）事务性通知

事务性通知依据事务种类的不同而有不同的写法,正文要求文字简练、准确。但总的说来,同样要遵循"三么"原则,写清楚行文的目的、理由、意义和具体事项。有时因为事务简单,可省略发文的意义和理由等项目。下面介绍常用的两种通知:

① 会议通知。会议通知在各级党政机关和企事业单位行政事务中运用非常广泛,一般紧急、临时、小型的会议可以口头或其他形式通知,但一些重大的、正式的等不宜用电话和其他形式通知的重要会议,事先要用正式文件通知。

会议通知要写得具体,很多要素不可或缺。一般会议通知包含的要素有:召开会议的机关或单位(部门)、召开会议的原因、目的、会议名称、会议基本内容、会议的起止时间、会议地点、参加会议的人员、需要准备的相关材料以及交通食宿和报到时间、地点等。

② 学习通知。在日常工作中,本单位或上级部门经常下达一些学习任务,如通知学习上级某个报告、文件、某篇文章或先进典型事迹等。撰写这类通知时,要重点写清学习的内容、学习的意义,以及学习的重点和精神实质,安排学习的时间、方法、步骤,组织领导等。此类通知和会议通知很相似,只是具体内容不同。它要求内容周密、语言准确、表述清楚。

（4）任免性通知

任免性通知写法较单一,格式也相对固定。只需写明何时、何种会议、因何原因作出任免何人、何种职务的决定就可以了。有时,直接写明任免职事项,省去任免理由。

此外,通知的结语没有固定的模式,需根据不同种类而定。一般的通知以"特此通知"作为结尾,有的通知则在文末提出希望和要求,作为结语。

三、范文评析

【例文一】

××县人民政府转发××省人民政府
关于学习宣传《中华人民共和国森林法》的通知

各乡、镇人民政府,县直各单位:

现将《××省人民政府关于学习宣传〈中华人民共和国森林法〉的通知》转发

给你们,请认真贯彻执行。

今年入冬以来,由于防火意识淡薄,我县发生多起森林火灾。各乡、镇、县直各单位应从中吸取教训,认真学习宣传《中华人民共和国森林法》,加强管理,杜绝此类事件再度发生。

×× 县人民政府(公章)
2024 年 1 月 3 日

评析: 这是一份批转下级机关文件的通知,由批转文件和批示语组成。批转的文件即需执行的内容。批示语简洁明确,但却具有行政约束力。

【例文二】

关于召开各部门 2023 年工作总结汇报会的通知

各部门:

为深入总结 2023 年各部门工作,安排部署 2024 年各项工作,经研究决定,我公司将于近期召开各部门 2023 年工作总结汇报会。现将有关事项通知如下:

一、会议时间:2023 年 12 月 28 日 8 时

二、会议地点:公司行政大楼 201 会议室

三、会议主要内容:各部门负责人汇报 2023 年各项工作任务完成情况和 2024 年具体工作打算。

四、参加会议人员:公司领导、监事会成员、各部门全体工作人员。

五、有关要求:

1. 准时参加会议,无特殊情况不得请假。各部门到会场签到后,须报送汇报材料一份。2. 汇报材料字数在 1 600 字左右,汇报时间控制在 8 分钟以内。

望各部门认真做好总结工作,届时准时参加。

×× 公司办公室(盖章)
2023 年 12 月 15 日

评析: 这是一篇会议通知。正文开头简要说明了会议目的和会议名称。文种承起语后,写了会议目的、时间、主要议程、参加人员及有关注意事项。文章层次分明,语言简洁清晰。

四、注意事项

(1) 不可滥发通知。通知作为一种下行文,从其发文的性质来看,多少带有指示性,所以使用时要区分对象。平行机关之间,或下级向上级行文时,就不能使用通知,而要选择其他如"函""请示"等种类的公文。

(2) 通知的种类很多,使用时应注意不同种类通知的规范。如批转性的通知不能写成转发性的。

(3) 注意篇幅,该详则详,当简则简。指示性的通知和会议通知内容要尽量详尽周到;印发通知、转发性通知、批转性通知及任免性的通知则要相对简约。

(4) 通知事项必须清楚明确。要明白无误地提出工作的任务和要求,切忌泛泛而谈,让人不得要领。

五、写作实训

(一) 病文修改

国务院关于发布《国家行政机关公文处理办法》的通知

各省、自治区、直辖市人民政府,国务院各部委、各直属机构:

现发布《国家行政机关公文处理办法》,自2001年1月1日起施行。1993年11月21日国务院办公厅发布,1994年1月1日起施行的《国家行政机关公文处理办法》同时废止。

二〇〇〇年八月二十四日

(二) 写作训练

某职业技术学院为庆祝建校50周年,拟于下月举行大型文艺晚会,要求各系、部分别排练两个节目参加彩排,通过彩排后准备正式参加晚会的会演。试以学校党委宣传部的名义给各系、部发通知。

知识链接

通知的演变

通知一词在古代连用的时候,指"完全了解""全都知道"等意,用作公文名称较晚,自秦汉到明清乃至北洋军阀统治时期,官府之间有事互相告知,或者上级机关告知下级机关,所使用的公文均无"通知"这一名称。1942年,国民政府为了消除公文体制上的混乱,在此前公文调整的基础上,作了新的变动,公布了新的《公文程式条例修正草案》。在这次变革中,取消了原来的"咨"和"任命状",增加了"通知"和"报告"。这是我国第一次将"通知"用作公文名称。

1949年,华北人民政府发布的《公文处理暂行办法》,把"通知"正式列为行政公文名称,其适用范围是:"对于特定事项或特定机关人员,通知以必须知照之事项,用通知。"新中国成立后,1951年9月29日,政务院颁布的《公文处理暂行办法》中未将"通知"列为独立的文种,而是附在"通报"之后,但在实际工作中,"通知"却被广泛使用。

1957年开始,"通知"被正式确定为正式公文文种。此后,国务院办公厅1981年2月发布的《国家行政机关公文处理暂行办法》以及1987年2月发布的《国家机关公文处理办法》都将"通知"列为主要文种,至今未变。

任务二十六 ｜ 撰写通报

学习目标
- ◆ 掌握通报的概念和分类
- ◆ 掌握通报的结构特点和格式要求
- ◆ 能够根据要求撰写规范的表彰性通报

一、情境导入

在2023年的各类国家级比赛活动中,王××等32名同学取得了优异的成绩,为学校争得了荣誉,学校决定对这些学生进行通报表彰。

这则通报该怎么写呢?

二、知识梳理

(一) 通报的概念

通报是知照性公文,多用于表彰先进,批评错误,传达重要精神和告知重要情况。属于下行文。

(二) 通报的分类

根据通报的适用范围,可将其分为如下几类:

1. 表彰性通报

表彰性通报用于表扬先进人物和先进集体的事迹,树立榜样,宣传典型,总结成功经验。

2. 批评性通报

批评性通报用于批评错误,通报事故或反面典型,总结教训。

3. 传达性通报

传达性通报用于传达情况,沟通信息。具体表现为传达重要情况或上级重要精神,引起人们的警觉与注意，对当前的工作起指导作用。

(三) 通报的特点

1. 真实性

通报的生命就是情况真实。通报的内容无论是反映情况，还是表彰、批评，都必须认真核实，准确无误，不允许有任何虚假成分。否则，会影响发文机关的威信，不能发挥通报应有的作用。

2. 典型性

通报的内容应当是典型事件或典型人物，或具有普遍意义的重要情况，以此来总结经验教训，教育干部群众，指导各方面工作。

3. 及时性

通报还具有指导现实工作的作用，因此在时间上要求对所发生的典型事件必须作出及时迅速的反应。

4. 倾向性

通报不仅要把事实清楚地写出来，而且应褒贬鲜明，表明发文机关的态度。表彰性通报，要号召学习先进，起到表扬激励的作用。批评性通报，要起到警示和惩戒作用。

(四) 通报的格式与写法

通报一般由标题、主送机关、正文和署名等部分组成。

1. 标题

通报的标题与其他公文文种标题的格式大致相同，由"制发机关＋事由＋文种"三部分组成。张贴性通报可省略发文机关或事由，直接标出文种。

2. 主送机关

主送机关一般为直属下级机关，或需要了解该内容的不相隶属的单位。作为"内部文件"指定下发单位的通报，要标明受文机关。普发性或张贴性通报，可不写受文机关。

3. 正文

不同类型的通报，正文写作有不同的要求。

(1) 表彰、批评性通报正文大体包含通报事实、分析评价、做出决定和提出要求四部分。

通报事实：采用概括叙述的方法，叙述先进事迹（或错误事实），包括时间、地点、人物、经过、结果，精炼概括交代事情来龙去脉。

分析评价：对先进事迹的先进性和意义进行分析评价；对错误事实的本质进行分析，寻找原因，总结经验。评价性语言注意表述准确性，避免措辞浮夸。

做出决定：表彰性通报应提出表彰方式，写明精神或物质奖励决定。批评性通报应依据相关法律规章制度，做出恰当的处分决定。有些"特予以通报表扬"或"特予以通报批评"虽然没有具体内容，但也是一种通报决定。

提出要求：表彰性通报号召人们学习先进事迹或成功的经验、做法；批评性通报要发挥惩戒作用,希望人们吸取教训,严防此类事情的发生。

(2) 传达性通报正文一般由以下三部分组成：

概述缘由：叙述基本事实,阐明发布通报的依据、目的、原因。这部分要简明扼要,篇幅不宜过长。

介绍情况：叙述具体情况,传达信息,分析说明。内容较多的,要进行分类梳理。

提出要求：向受文单位提出相应的意见要求,或申明态度,提出指导原则和解决问题的办法。

4. 署名

在正文后右下方标注发文机关的名称、成文日期,盖章生效。

三、范文评析

【例文一】

××省化工总公司党委关于
授予张××"优秀共产党员"荣誉称号的通报

各分公司党委、总公司党委各部门、各直属机构：

张××同志是××分公司所属天宏化工厂管道维修工人,共产党员,今年5月25日上午10时16分,该厂成品车间后处理工段油气管道突然爆炸起火,正在利用公休日清理夜间。施工现场的张××被爆炸气浪猛烈推倒,头部、右臂和大腿等多处受伤,鲜血直流,鞋子也被甩出很远。在这危急关头,张××强忍剧痛,迅速爬起来,顾不得穿鞋和查看伤势,踩着玻璃碎片,冲入烈火之中,迅速关闭了喷胶阀门、油气分层罐手阀、蒸汽总阀,接着先后用了十余个干粉灭火器扑救颗粒泵、混胶罐等处的大火,在随后赶来的保安人员的援助下,共同英勇奋战十余分钟,最终将大火全部扑灭,避免了火势的蔓延。

张××同志在身体多处受伤、火势凶猛并随时可能发生更大爆炸的万分危急关头,将个人生死置之度外,果断处理突发事件,为遏制火势蔓延,防止事故扩大,减少国家财产损失,作出了突出的贡献。他的行为体现了为保护国家财产和人民利益而置个人生命安危于度外的崇高精神品质,谱写了一曲保持共产党人先进性的正气之歌。

为了表彰张××的英雄行为和崇高的革命精神,总公司党委研究决定：授予张××"优秀共产党员"荣誉称号,将张××奋力灭火的英勇事迹通报全公司,晋升二级工资,并颁发灭火奖励10 000元,以资鼓励。

希望各分公司党委、各直属机构组织广大共产党员和干部职工以张××为榜样,落实安全生产责任,努力做好本职工作,为化工行业的改革与发展作出更大的贡献。

××省化工总公司党委（印）
××××年××月××日

评析：这是一份表彰性通报，正文叙述张××的先进事迹，对该同志的行为作了恰当的分析和评议，目的句之后写决定事项，最后提出发文单位的希望号召。该通报注重将英勇行为上升到恰当的境界予以评议，全文结构合理，格式规范，语言通俗流畅。美中不足的是对事件过程的叙述不够简练。

【例文二】

<h3 style="text-align:center">关于近期建筑施工领域生产安全事故情况的通报</h3>

县、区人民政府，经开区管委会，市安委会有关成员单位：

2019年2月份以来，我市接连发生2起在建工地生产安全事故，共造成4人死亡，1人受伤。

2月26日14时10分左右，××建筑有限公司承建的××项目11#楼地下车库施工工地，一台QTZ280塔式起重机在吊运钢筋过程中整体倒塌，造成3人死亡，1人受伤。

3月27日16时40分左右，××项目施工工地在进行拆模作业时造成1起生产安全事故，造成1人死亡。

上述2起事故的发生，充分暴露出一些企业主体责任不落实，属地监管和行业监管存在缺失。为深刻吸取事故教训，加强监管，落实企业主体责任，有效遏制建筑施工领域生产安全事故频发多发的态势，现将以上2起事故予以通报，并提出如下要求：

一、强化红线意识，压实安全责任。各县区、开发区、有关单位要牢牢坚守安全生产这条"高压线"，始终把安全生产摆在第一位，进一步落实好属地、行业监管责任，提升监管力度，严格督促本辖区、本行业内企业切实落实好安全生产主体责任，全面加强隐患排查治理、人员教育培训等工作，确保安全稳定。

二、紧盯关键环节，迅速排查整改。部分施工单位安全管理不到位，安全生产红线意识不牢，存在侥幸心理。事故单位总承包、专业承包、劳务分包界限不清、职责不明，存在以包代管、包而不管，建设、监理等单位对工程项目的安全管理缺乏有效监管，培训工作不到位，流于形式。各县区、开发区、有关单位要对各类非法违法建设情况迅速组织摸排，严查工程外包和劳务外包中存在的非法违法行为，排查一处、纠正一处，发现一处、查处一处。

此外，还要结合季节特点，督促企业强化用电、用火、员工宿舍、有限空间等安全管控。

三、强化执法检查，着力消除隐患。各县区、开发区、有关单位要紧盯危险化学品、非煤矿山、烟花爆竹、金属冶炼、建筑施工、道路运输、消防、旅游、城镇燃气、人员密集场所等薄弱环节，采取日常检查与专项检查相结合、"双随机"与"四不两直"相结合的综合检查手段，对本辖区、本行业内所有生产经营单位实行全覆盖检查，对发现的问题要建立隐患、责任、整改"三清单"，所有隐患要实行闭环整改。要严格执法手段，对符合停产、停业、停电要求的，坚决执行到位，对存在重大安全隐患而拒不整改的企业纳入安全生产诚信"黑名单"管理,合理运用联合惩戒机制。让安全生产违法行为无处遁形、受到惩罚,达到惩处一处、警示一片的效果。

四、加强宣传培训,强化警示教育。各县区、开发区、有关单位要深度推进安全生产宣传教育培训,推进安全生产知识普及。要对企业"三级"安全教育开展专项督查检查,确保企业班班受警示、人人受教育,切实提高广大从业人员安全生产意识,全力提升企业班组长以上人员的安全生产管理水平。

××市安全生产委员会办公室

2019年××月××日

评析:这是一份情况通报,通报了××市近期发生的建筑施工事故的情况,分别对两起生产安全事故做了简要的说明,并有针对性地对今后的工作提出了意见和具体要求。是一份非常规范的情况通报。

四、注意事项

写作通报的时候,要充分考虑这种文体的特性,因此真实和典型是写作时最起码的要求,另外还需要注意以下几点:

1. 时效性

发通报的目的主要是交流,是通过先进典型或反面事例的宣传,使人接受教育,达到提高工作效率的目的。如果通报一些过时的事件,就会大大降低事件本身的典型性,同时也使得人们失去了接受的兴趣,因而也就达不到宣传交流的目的。就此而言,通报一定要贴近生活,依据工作实际,发现鲜活生动的例子,突出时效性的特点。

2. 用语分寸

通报的用语要谨慎,要充分考虑通报发出后可能产生的后果,因此把握好一个合适的尺度十分重要。即要依据上级或有关法律法规的精神,对所通报的对象进行合理的定位:是表扬的,该表扬到何种程度;是批评的,该以何种方式进行批评。不能凭主观喜好进行褒贬,否则有失公允。另外,在遣词造句的时候,一定要做到客观公正,尽量少用一些文学性的语言,以免带有主观情绪,误导人们。

3. 选择典型事例

通报具有一定的教育意义,因此在进行通报时一定要选择对工作有普遍指导意义的典型来发通报,不能事无巨细都发通报,那就失去了教育意义。只有典型事例选的好,才能起到激励教育、推动工作和批评警戒的作用。

五、写作实训

(一) 病文修改

1. 指出下面这篇通报有什么问题。

关于给予李××同学记过处分的通报

我校建筑工程技术专业一年级学生李××于3月17日在校外参与打架斗殴,造成两人受伤,严重违反校纪校规。为教育本人,经研究决定给予记过处分。特此通报。

××职业技术学院
5月23日

2. 指出下面通报的错误,并重写。

关于给予王××同学表扬的通报

我校艺术设计专业三年级学生王××数年如一日,长期帮助孤寡老人陈××,受到了社会各界的称赞。为表彰先进,决定给予王××同学通报表扬。

××职业技术学院
5月23日

(二) 写作训练

请拟写一份《××大学关于表彰2023—2024学年度优秀学生干部的通报》。

知识链接

通知和通报的区别

通知和通报虽然有共同之处,但从适用范围、目的、效果、事项构成和所提要求上看,二者是有一定区别的,具体有以下几方面:

第一,从适用范围上看,批转下级机关的公文,转发上级机关、不相隶属机关的公文,发布规章,传达要求下级机关办理和需要周知或共同执行的事项,任免和聘用干部,用"通知"。表彰先进,批评错误,传达重要情况,用"通报"。

第二,从目的上看,发通知是使受文单位了解发文单位要求做什么和怎么做,从而行动起来。发通报则是使受文单位了解某一重要情况或典型事件,从而受到教育。

第三,从效果上看,通知不允许任何一个受文单位在行动上有不同的表示(对特指单位的特例要求例外),通报的效果则视受文单位情况的不同而有所不同。

第四,从事项构成上看,通知由要求受文单位做什么和怎么做两部分内容构成,一般直陈直述,不举例和议论。一些生疏或不易理解的事项,可以偶尔举个例子,但不是为了论证,而是为了把问题说得更清楚、更具体,便于受文单位理解和执行。但通报却不同,它由情况概述或典型事例构成,需对情况或事例作简要的分析,或赞扬或批评,明确发文单位的态度和处理决定,这是全文的主旨——奖惩决定。

第五,要求不同。通知提出的要求是明确的、具体的,要求受文单位执行;通报提出的要求是在对典型事例通报表彰或批评时产生的,具有再现性、强调性的精神属性。这种再现性、强调性与它的教育目的密切相关。

任务二十七 ｜ 撰写会议纪要

学习目标
◆ 掌握会议纪要的概念和分类
◆ 掌握会议纪要的特点和写作要求
◆ 能够根据会议记录整理出规范的会议纪要

一、情境导入

李华是一名职场新人，这天他怀着紧张而兴奋的心情走进会议室，因为今天是他第一次为总经理办公会做会议记录，并且会后还要写会议纪要。领导开始发言了，李华也迅速进行会议记录。虽然李华铆足了劲记得飞快，但还是感觉跟不上：这个领导刚讲完，那个领导又讲；这个话音刚落，那个又开始发言；中间有个领导说的一句话，还没明白是啥意思，又不能耽搁……李华紧张得开始冒汗。会终于开完了，李华拿着自己写的第一份会议纪要，不安地送到总经理办公室，请总经理签发……

二、知识梳理

（一）会议纪要的含义

会议纪要是一种具有纪实性和指导性的公文。它可以平行，也可以下行。它适用于记载、传达会议情况和议定事项。

（二）会议纪要的特点

1. 纪实性
它是根据会议记录和会议议程、决议等各种会议材料整理而成的，真实、准确地体现会议基本情况和会议精神。

2. 纪要性
它不是对会议所有内容的逐一记载，而是综合、概括、选择和归纳。

3. 指导性

多数会议纪要具有指导工作的作用,一般不带有指令性。即使是注明本级人民政府同意的,也多只有一定的指导性,一般不作硬性的贯彻要求。

(三) 会议纪要的分类

根据性质和内容,会议纪要可分为三种类型:

1. 办公会议纪要

办公会议就是机关和企事业单位研究日常工作、日常事务的会议。此类会议纪要主要用来宣布各种日常办公会议决定的事项,大多是机关团体、企事业单位领导层集体开会决定了工作中的一些具体事宜后所使用的一种纪要。

2. 指示会议纪要

对某一范围较大或重要方面的工作会议记录进行综合整理而成的会议纪要。既有对党的方针政策的具体贯彻意见,又有对这一重要工作的统一认识,还包括对工作的具体部署、要求。有的行政约束力较强。

3. 研讨会议纪要

主要记载和反映经验交流会议、学术性会议或专业会议等的研讨情况,旨在阐明各方的主要观点、意见或情况。它一般不具有法定的行政权威和约束力,只具有参考性。

(四) 会议纪要的结构与写法

1. 标题

通常有三种写法:

(1) 会议名称+文种,如《××市长第××次常务办公会议纪要》。

(2) 会议中心议题+文种,如《全国农村工作会议纪要》。

(3) 正标题+副标题,正标题阐述会议的内容或意义,副标题说明会议名称和文种。如《培养创造型人才教育要做大变革——京津沪地区部分高校负责人座谈会议纪要》。

2. 正文

一般由会议概述、内容纪要、结尾三部分组成。

(1) 会议概述:一般简述会议概况,如会议的时间、地点、主持人、与会人员、会议议题、议程、结果、对会议总的评价等。

(2) 内容纪要:是会议纪要的核心、主体,一般包括讨论情况和议定事项。

简单的小型会议纪要,如日常办公会议,直接写议定事项,不写讨论情况。大中型会议纪要,一般要交代会议的讨论情况,尤其是学术会议、座谈会,既要反映讨论中大多数人的一致意见,也要反映少数有代表性或有价值的不同意见。

根据会议性质、规模、议题等的不同,这部分的结构安排有以下三种:

发言提要式:把会上具有代表性的发言加以整理,提炼出内容要点和精神实质,然后按照发言顺序或不同内容,分别加以阐述说明。

分类归纳式:按照内容性质分类来写,每一类有一个相对独立的分中心,并用小标题或数字标明。

综合叙述式:将前两个分述形式综合在一起使用。

(3) 结尾:一般提出希望或发出号召,有时也对会议作出简要评价。当然,是否写结尾,应酌情决定,有的会议纪要就没有结尾。

三、范文评析

【例文一】

××企业集团办公会议纪要
(××××年1月11日)

××××年1月11日下午,××总裁在总部主持召开了新年第一次总裁办公会议,确立今年企业集团的工作思路,布置了工作任务。参加会议的有各部门负责人。会议议定事项如下:

一、企业集团今年的工作思路是:"扶持和培育10～15家骨干企业;稳定30家左右中等企业;搬、并、停、转、重组一批小企业和困难企业",减少企业集团下属子企业数量,促进有潜力的企业快速发展。会议要求集团总部各部门依据工作思路制订出今年的工作计划。

二、今年的工作重点是建立"三库",即建立企业资产财务信息库、人力资源库和企业基本情况数据库。

三、今年要加强集团内部管理,强化服务意识,理顺工作程序,严格考勤考核工作,增强执行制度和各项规定的自觉性,树立企业集团的良好形象。

四、年初出台新的企业考核体系。对不同性质的企业出台不同的考核办法。

评析:这是一篇分项式会议纪要。导言部分介绍了会议主题、会议时间、地点、主持人和出席人员。文中承起语后,分条列项地写了会议议定的四方面事项。文章指导思想明确,层次分明,语言明晰。

【例文二 病文示例】

××建工集团第二建筑公司贯彻《企业职工奖惩条例》座谈会会议纪要

时间:××××年××月××日下午

地点:公司大楼八楼会议室

出席人:秦××(公司党委书记)

　　　　赵××(公司生产副总经理)

　　　　魏××(公司人力资源部经理)

　　　　丁××(公司工会主席)

　　　　宋××(公司监察室主任)

主持人:张××(公司总经理)

记录人：王××（公司秘书）

张××：说明开会的意义，宣读《企业职工奖惩条例》，提出讨论的三个方面问题。（略）

丁××：国务院颁发的《企业职工奖惩条例》，规定得很具体，给我们指明了目标，应该干什么，不该干什么，说得清清楚楚，能够调动大家的积极性，促进工作和生产。

秦××：实行奖惩条例很有必要，国有国法，厂有厂规……（此处两句话没听清），赏罚严明，有利于改变不良的社会风气，使好人好事受到表彰，歪风邪气受到抵制。这对企业的整顿、职工队伍的建设，都有重要的作用。

赵××：老秦说得对，确实是这样。就拿我们公司来说吧，大多数的职工能够很好地遵守劳动纪律，但总有一部分人仍然是非不清，不以干好工作为光荣，倒把消极怠工看做本事，随便迟到，无故旷工，谁也管不了。以前我们也讲奖惩，实际上"奖"好说，"惩"难办，怕得罪人。现在有了明文规定，统一了思想，腰板也硬了。

魏××：条例虽好，贯彻不了也是一纸空文，关键在于怎么执行。"奖"要拿出个样子来，比如晋级，给大家树立榜样。对违反规章的，就严格处理，再也不能那么软了。

宋××：在贯彻中要一碗水端平，条例面前人人平等，执法要公平。

张××：今天，大家讲的意见都很好，希望大家做好宣传工作，把《企业职工奖惩条例》迅速地贯彻下去，对大家提的意见，我们认真考虑，在贯彻中努力做到以下三点。（略）

散会。

评析：这篇会议纪要主要存在以下不足：一是混淆文种，没有分清会议记录和会议纪要的区别；二是对会议的内容没有概括，写出来像流水账；三是没有概括出会议的主要意见和精神，没有运用会议纪要的常用语，如"会议一致认为""会议决定""会议指出"等。

四、注意事项

会议纪要是机关和企事业单位的一种常用文书，虽然可以借助会议记录和其他资料来写，但要真正写好它并不容易，还有许多写作要点和值得注意的事项：

1. 完整记录会议过程

主要做到以下三点：一是要全过程记录，即会议从头至尾都要记录，不留空白；二是完整记录，对会议中间的询问性插话以及答话、解释等内容，都要一一记录；三是准确记录，即原始地记录与会人员的发言，保持发言的原貌，不做任何加工，以便查证。

可以说，一个完整的会议记录是写好会议纪要的重要前提。没有完整的会议记录是很难写好会议纪要的。

2. 忠实于会议内容

撰写者可以对会议的发言进行概括和提炼,但是会议没有的内容不能写入,撰写者个人的见解也不能掺杂进去,关键性的观点和数据一定要准确无误,须客观地反映会议实际情况。

3. 体现"纪"和"要"

这里的"纪"不同于"记录","纪"是指理出头绪、整理纲要。所以,在写作之前,要以会议记录作为依据和基础,在会议结束后,对于会议的全面情况进行分析,加以归纳整理,区分材料主次,合理安排层次结构;应抓住要点,突出会议的主要精神和议定事项,概括提炼内容,以突出要点。

4. 正确反映会议意见

会议上讨论的意见各式各样,公文性质的会议纪要应以会议召集人的总结意见为主、综合与会人员意见而形成,会议纪要一般用"会议一致认为"或"会议同意""会议决定""会议指出"等来表述会议基本共识。但也有参加会议的人员意见明显分歧的情况,尤其是在讨论涉及人员任命、项目上下、资金进出等重大问题时,这种分歧可能会更多,因此纪要在文字表述上必须十分慎重。当大部分与会人员意见一致、小部分意见有分歧时,会议纪要的表述只能是"会议基本同意"或"大部分同志认为",还应把有分歧的意见概括地写进纪要,这既是对持不同意见同志的尊重,也是为了日后有案可查。

最后,除发言记录式写法外,一般的会议纪要中不写发言者姓名,只有主要报告或重要的发言才写出发言者姓名,综合性意见多用"与会者认为""会议提出"等方法表述。

五、写作实训

将下面的会议记录改为会议纪要。

××学院××次办公会议记录

时间:2024 年 9 月 21 日

地点:第×会议室

出席人:刘××(院长)、杨××(总务长)、李××(教务处处长)、万××(院长办公室主任)、吴××(院长办公室秘书)以及各系部门主要负责人

缺席人:王××、张××(因公出差)

主持人:刘××(院长)

记录人:吴××(院长办公室秘书)

(一)报告

1. 杨××报告学院基本建设进展情况(略)。

2. 主持人传达省人民政府《关于压缩行政经费的通知》(略)。

(二)讨论

我院如何按照省人民政府的《通知》精神抓好行政经费的合理开支,切实做到既勤俭节约,又不影响教学、科研等活动的开展。

（三）决议

1. 利用两个半天时间（具体时间由各系各单位自己安排，但必须在本周内）组织有关人员集中传达学习《通知》精神，提高认识，统一思想。

2. 各系各单位负责人在认真学习的基础上，利用下周政治学习时间向群众传达、宣讲。

3. 各系各单位责成有关人员根据《通知》精神压缩指标，重新审查和修改本年度行政经费开支预算，并于两周内报院长办公室。

4. 各系各单位必须严格控制派出参加校外会议及外出学习的人数，财务部门更要严格把关。

5. 利用学习和贯彻《通知》精神的机会，对全院师生员工普遍开展一次勤俭节约、艰苦朴素的传统教育。

散会。

主持人：刘××（签名）
记录人：吴××（签名）

知识链接

会议纪要和会议记录的区别

会议纪要和会议记录联系十分密切，它们都是会议中形成的文字材料，都忠实反映会议的基本精神，但两者的区别也较为明显。

1. 性质和作用不同

会议记录是事务性文书，其作用是为单位内部积累资料，作为进一步分析和研究问题和检查总结工作的依据，也可以成为撰写各种文件的材料。

会议纪要是法定公文，其作用是传达会议情况和议定事项，宣传贯彻会议精神。

2. 所记内容与方式不同

会议记录记载会议的全部情况，并且严格按照会议的原始面貌，不加取舍、不分巨细地逐项而记。

会议纪要则是以包括会议记录在内的全部会议资料为基础，进行整理、加工、提炼，择其要而成文。

3. 形式与结构不同

会议记录的形式比较自由，在写作上按照时间顺序安排结构，一般采用的是与会议议程同步的纵式结构。

会议纪要具有公文的规范格式，通常采用总分式结构进行叙述。

会议纪要和会议简报的区别

两者区别主要表现为：

1. 承担的任务不同

会议纪要有一定的行政约束力。会议纪要的结论用于指导有关方面统一认识，其议定的事项要求有关方面贯彻执行。

会议简报没有约束力,只要大家了解,它本身还可以作为会议纪要的素材。

2. 承载的容量不同

会议纪要着眼于会议的全局,抓住会议的主要问题和重大方面来写。

会议简报一般反映会议的某一方面、某一局部或某一具体问题。

3. 写作的时间不同

会议纪要一般在会议结束或会后形成,一次会议只能有一份会议纪要。

会议简报在会议的每个阶段都可印发,尤其大型会议往往不止一期简报。

参考文献

[1] 徐中玉. 应用文写作[M]. 北京:高等教育出版社,2016.
[2] 岳海翔,董金凤. 新编高职应用写作实训教程[M]. 北京:高等教育出版社,2013.
[3] 毛燕敏,李永宏. 应用文写作[M]. 北京:高等教育出版社,2016.
[4] 李永霞,陈志洁,王娟. 应用文写作[M]. 上海:上海交通大学出版社,2021.
[5] 李娜. 现代应用文写作[M]. 北京:清华大学出版社,2012.
[6] 洪威雷,刘伟伟. 新编大学应用文写作(第三版)[M]. 武汉:武汉大学出版社,2013.